Dessin technique, design industriel

Titre original en langue espagnole
DIBUJO PARA DISEÑADORES INDUSTRIALES

Traduction
YVES COLEMAN

Mise en pages et adaptation couverture
ISABELLE CHANDON

Ronda de San Pere, 5, 08010 Barcelone (Espagne)
www.parramon.com

61 boulevard Saint-Germain
75240 Paris Cedex 05
ISBN : 2-212-11743-4
www.editions-eyrolles.com

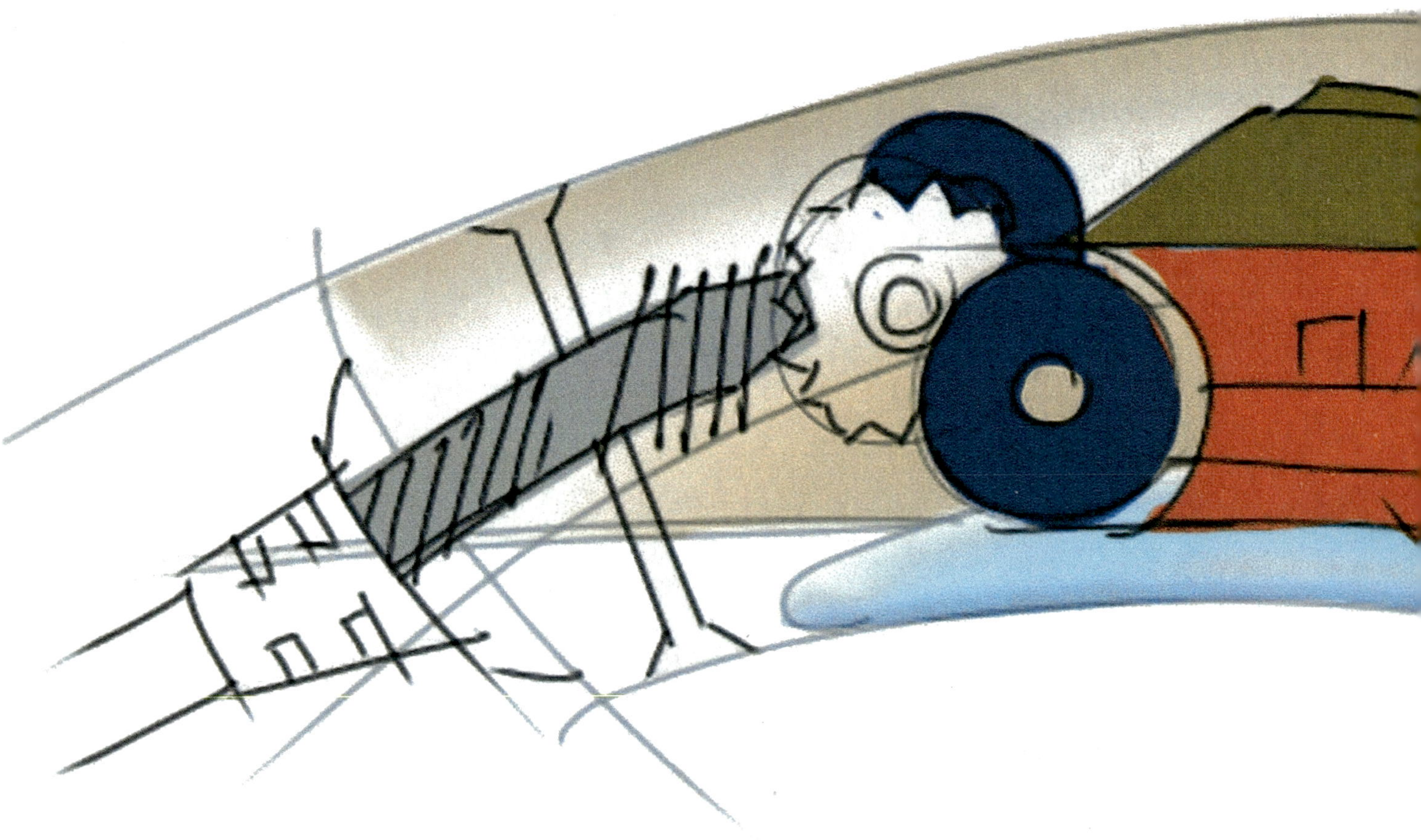

Dessin technique, design industriel

Fernando Julián
Jesús Albarracín

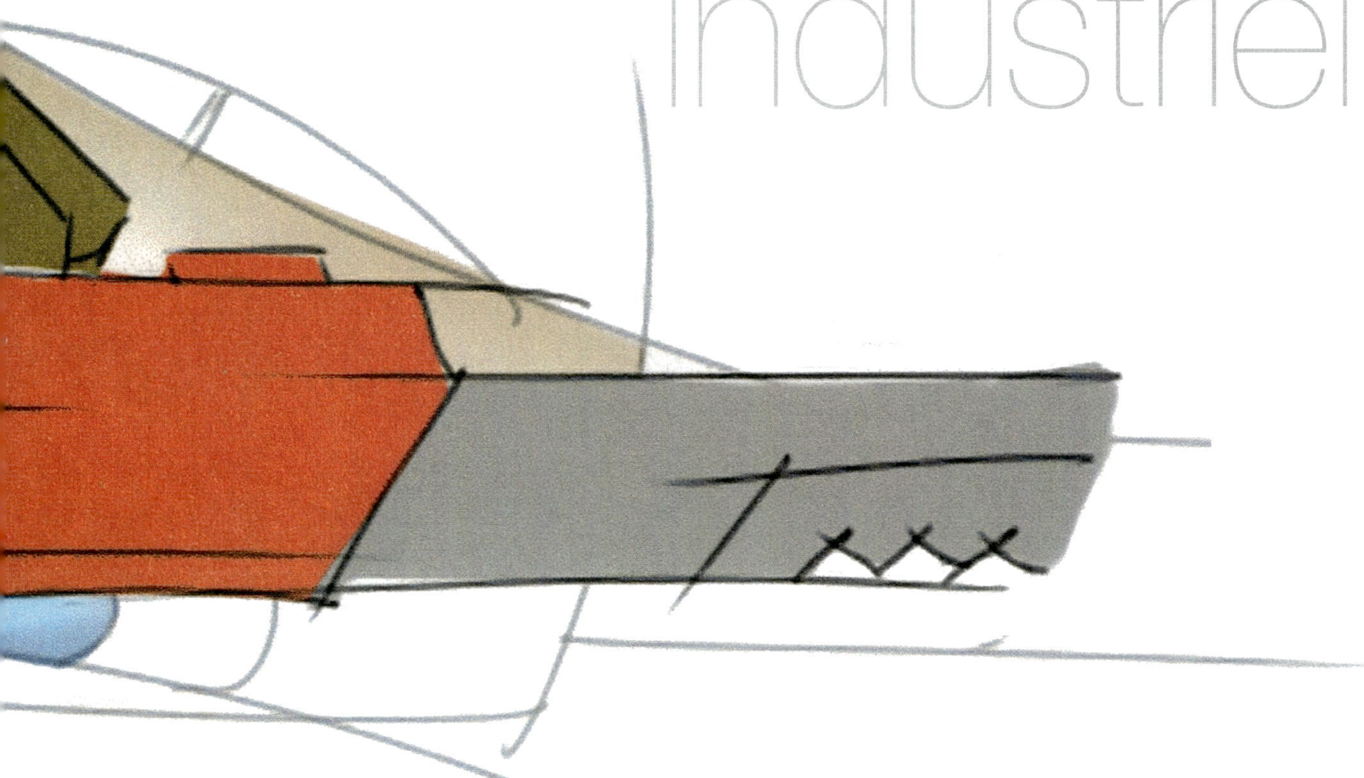

EYROLLES

Sommaire

Préambule

Dimension essentielle du travail du concepteur-designer, le dessin constitue le pendant graphique du processus de conceptualisation. Si la pratique du dessin n'est pas fluide, le projet est moins créatif et moins abouti. Le dessin doit ainsi être un mode d'expression privilégié, un terrain d'expérimentation, et non une contrainte.

On peut distinguer deux fonctions essentielles du dessin : aider le concepteur-designer à faire progresser sa réflexion propre, et lui permettre de présenter son projet à un groupe. Dans les deux cas, le but est de faire évoluer le concept par une série d'essais et d'ajustements, dont le dessin est à la fois le témoin et le catalyseur.

Le dessinateur habile sait entrevoir, dès les premières phases du projet, une infinité de possibilités, il est apte à développer un grand nombre d'idées et à explorer différents axes de travail. Un défaut de maîtrise ne permet de réaliser que des esquisses approximatives, le plus souvent éloignées du projet imaginé. Nous vous conseillons de toujours commencer par ce que le projet a de plus évident et de progresser par étapes vers des dessins plus complexes, mais en conservant une vision d'ensemble. Le débutant a en général du mal à saisir l'essentiel et à percevoir comment les différentes composantes du projet s'articulent. S'il dessine une forme sur un plan sans considérer la relation qu'elle entretient avec ce plan, il manque au dessin des informations essentielles – et le résultat paraît incohérent.

L'apprentissage du dessin industriel passe par une maîtrise des techniques du dessin et par une pratique assidue.

Comme nous le verrons, il est primordial de maîtriser les techniques, des plus simples (la ligne, les à-plats, les dégradés) aux plus avancées (représentations dans différents systèmes de perspective), utilisées en particulier pour le dessin d'exécution. Plus le répertoire graphique du concepteur-designer est étendu, plus son dessin est proche de ce qu'il a imaginé.

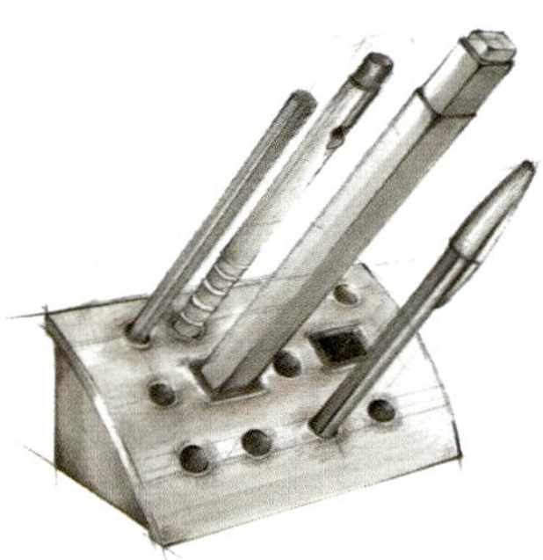

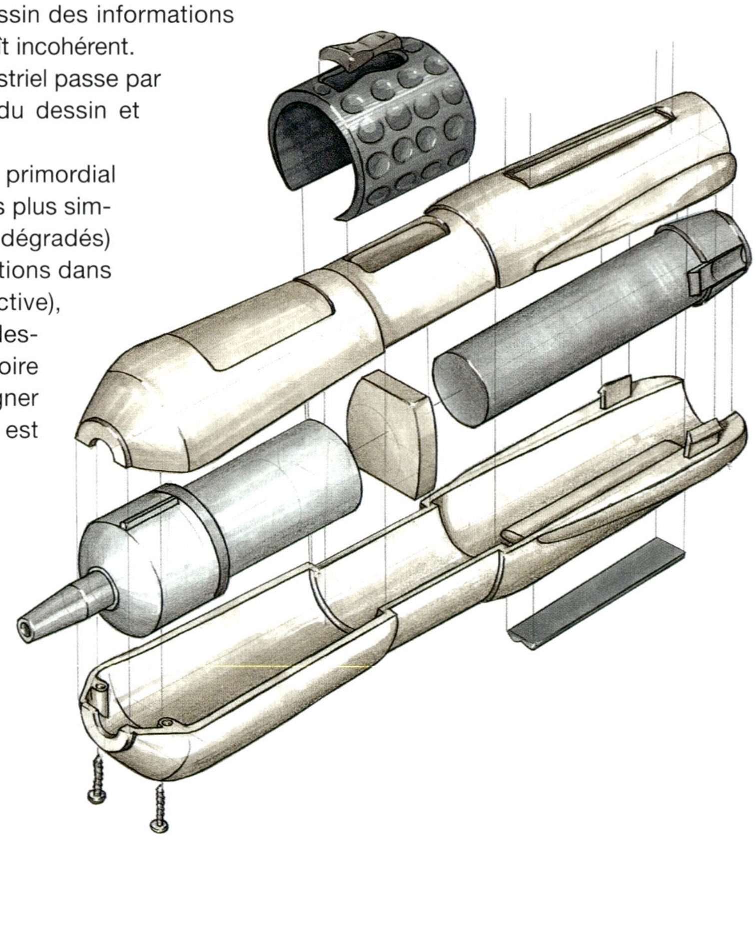

« Qu'appelle-t-on design industriel ? Toute activité qui tend à transformer des concepts susceptibles de satisfaire les besoins déterminés d'un groupe en un produit industriel dont la fabrication est envisageable. »

Bernd Löbach

L'étude des techniques doit aller de pair avec une pratique assidue du dessin, car on ne peut se contenter d'une approche seulement théorique. Nous avons tous la capacité de dessiner, avec plus ou moins de talent, à condition de nous exercer suffisamment. Copier des dessins peut aider à progresser, mais nous étudierons également différentes méthodes de travail permettant d'éduquer le geste et de former le regard.
Pour éviter tout blocage, mieux vaut se débarrasser de ses idées préconçues : au cours de l'apprentissage du dessin, vous découvrirez progressivement quels sont les outils et les techniques qui vous permettront de vous exprimer le mieux. Faites preuve d'esprit critique en essayant sans cesse d'améliorer votre travail.
Ce livre présente les techniques employées dans les phases de conception de produits industriels, mais aborde aussi le dessin d'exécution. Il constitue un outil pratique et une source d'inspiration pour l'étudiant ou l'amateur qui s'intéresse au design. Au fil des pages, le lecteur se familiarise ainsi avec les matériaux et les outils de dessin, s'entraîne au tracé de lignes et d'ellipses, puis apprend à maîtriser les différents indices de profondeur. Il étudie la représentation graphique des formes et des textures, et apprend à restituer l'emboîtement des formes et à respecter les échelles. Mais le présent livre ne se contente pas de décrire des techniques de dessin : les exemples qu'il offre aident à acquérir une capacité de synthèse qui permet de développer le potentiel créatif.

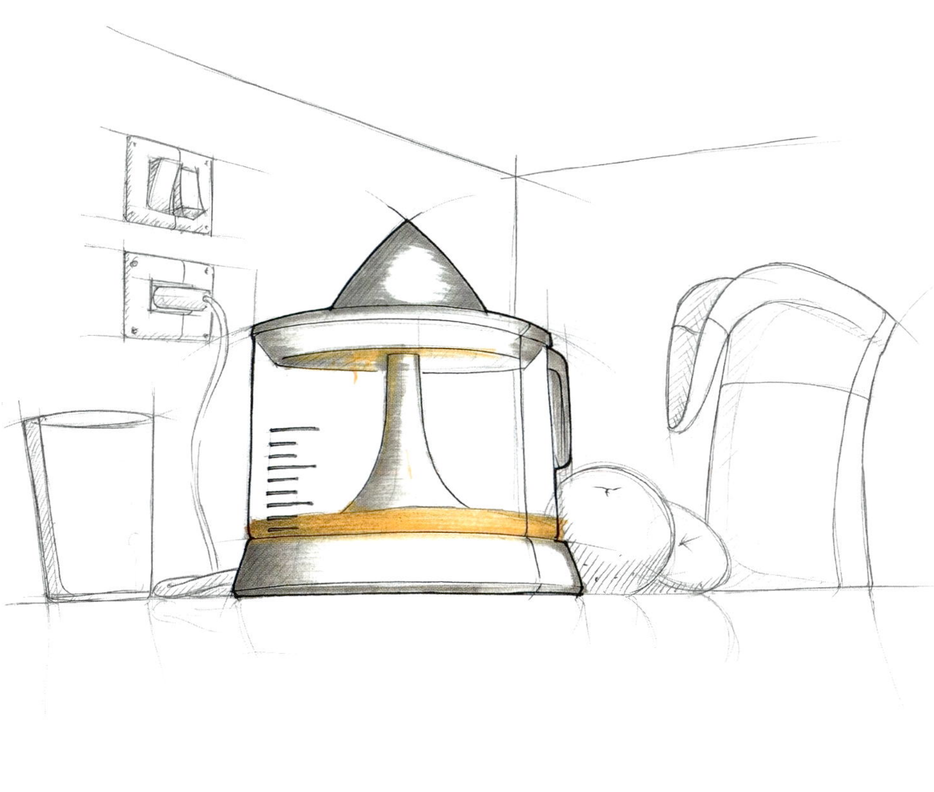

Fernando Julián Pérez

Docteur en beaux-arts de l'université de Barcelone, Fernando Julián Perez a obtenu une licence de design à la faculté des beaux-arts du Pays basque et un diplôme supérieur en conception de produits à l'École nationale supérieure des arts décoratifs. Il combine actuellement l'enseignement, la conception et le développement de produits. Depuis 1992, il enseigne la conception de produits à l'université de Girona aux étudiants qui se sont spécialisés dans le design industriel et le développement de produits, et l'expression graphique aux autres élèves ingénieurs.

Jesús Albarracín García

Diplômé en design industriel de l'école Massana (Barcelone) en 1983, Jesús Albarracín García a été concepteur-designer au sein de différentes entreprises. Il a conçu ses propres projets, mais a aussi collaboré avec des équipes de tous les pays. Aujourd'hui, il travaille pour le département design de la division sanitaire de la société Roca. Depuis 1999, il enseigne la gestion de projets industriels à l'école Elisava.

les Matériaux et les outils

« CHAQUE DESSINATEUR DOIT DÉCOUVRIR LES MATÉRIAUX ET LES INSTRUMENTS QUI LUI CONVIENNENT LE MIEUX. IL A TOUT INTERÊT À EXPÉRIMENTER DIFFÉRENTS INSTRUMENTS FACILES À UTILISER ET À ENTRETENIR, ET AISÉMENT TRANSPORTABLES. »
Paul Laseau, La expresión gráfica para arquitectos y diseñadores, 1982

les Instruments

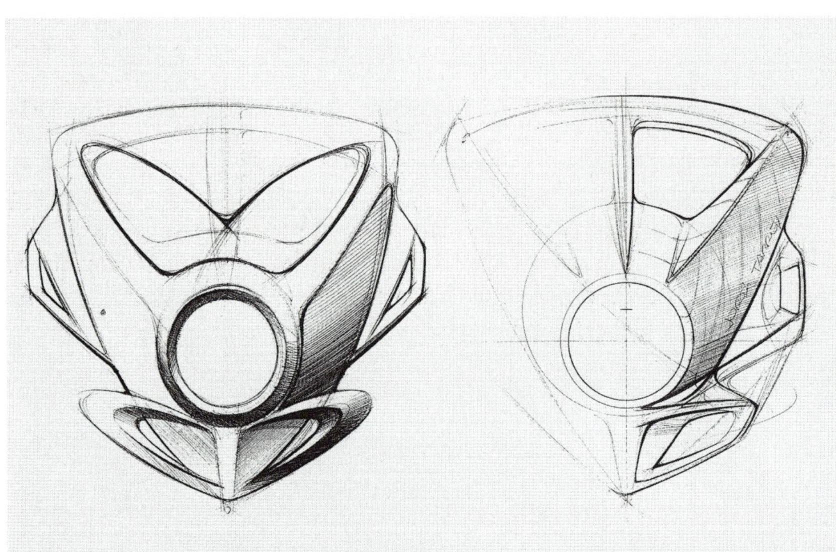

JORDI MILA.
PHARE POUR UNE MOTO DE TRIAL. ESQUISSE RÉALISÉE AU PORTE-MINE AVEC UNE MINE GRAPHITE.

et les supports

Dessiner est un acte créatif, mais qui implique de connaître et de maîtriser les outils appropriés.

Pour dessiner, un outil et un support suffisent. Encore faut-il savoir les choisir, car une solution particulière peut être trouvée à chaque besoin. Gardez aussi à l'esprit qu'outil et support fonctionnent de manière complémentaire, et qu'il faut donc s'assurer de leur compatibilité avant de les utiliser.

Le concepteur-designer a aujourd'hui à sa disposition un très grand nombre de produits. Beaucoup d'entre eux sont également présents dans d'autres domaines faisant appel au dessin, comme l'architecture ou les beaux-arts. Nous allons présenter dans ce chapitre ceux qui sont les plus employés par les professionnels, en décrivant leurs caractéristiques et les applications qui peuvent en être faites.

le Graphite, un matériau d'une grande souplesse

Le graphite permet de réaliser aussi bien des traits d'une grande finesse que des à-plats très étendus. Ce matériau friable et gras, qui a en outre l'avantage de s'effacer facilement, peut être utilisé sous diverses formes : crayons, mines, bâtons ou même poudre. Les différents degrés de dureté déterminent l'intensité du trait.
Le graphite convient aux papiers à grain fin, épais ou satiné. Il adhère bien à toutes les surfaces, c'est pourquoi il est en général inutile de le fixer avec une colle en aérosol – sauf lorsqu'on utilise des mines très molles. Dans ce cas, il faut travailler avec soin pour éviter que le frottement de la main entraîne des taches. La polyvalence du graphite permet de l'utiliser tant pour les premières phases du projet (esquisses, dessins préparatoires) que pour la finition (ombres et détails).

Concepteurs-designers et architectes utilisent le graphite sous diverses formes : crayon, mine, poudre, etc.

Le graphite permet de réaliser des traits nets, mais aussi des ombres et des dégradés.

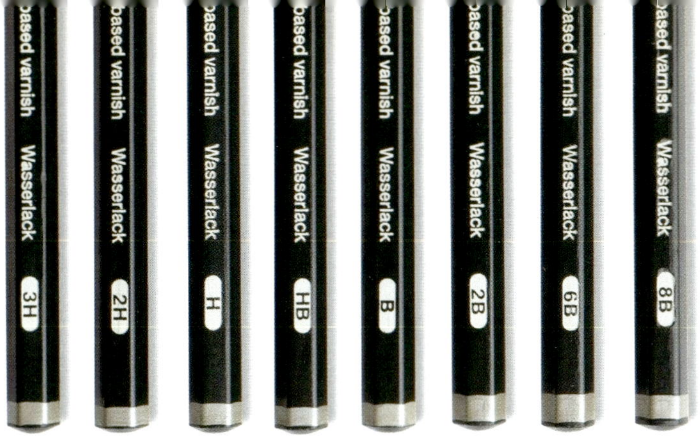

Le degré de dureté de la mine est indiqué à l'extrémité du crayon.

Dans un même croquis, on peut jouer sur l'intensité et la largeur du trait en faisant varier le degré de dureté du crayon, la finesse de sa pointe et la pression exercée.

CRAYON TRADITIONNEL

Le crayon graphite est l'un des outils de dessin les plus répandus. Il est composé d'une mine de graphite entourée d'une « gaine » de bois qui la protège et évite de tacher la main. Son trait est propre, facile à exécuter et à gommer. Il ne nécessite aucun entretien particulier, à part bien sûr une taille régulière.

Le crayon graphite permet de réaliser des traits clairs et fermes, que l'on combine généralement avec différentes trames (pointillés, ombrages ou estompes). Outil précis, rapide, le crayon permet de travailler sur le vif. Il est un instrument indispensable pour le concepteur-designer.

DEGRÉS DE DURETÉ

On classe les crayons selon leur degré de dureté. Les crayons à mine tendre, qui donnent des traits foncés, sont ainsi classés de B à 6B. Ils permettent d'obtenir des traits particulièrement expressifs, mais aussi de réaliser des trames ou de noircir des surfaces. Le HB (initiales anglaises de *hard* et *black*, dur et noir) a une dureté moyenne. C'est le crayon qui offre le plus de possibilités, car il permet de réaliser à la fois des lignes douces et des traits intenses. À l'autre extrémité de l'échelle tonale on trouve les crayons classés de H à 9H, caractérisés par un trait fin et grisé. On les utilise surtout pour les dessins techniques. Enfin, parmi les crayons les moins communs, on trouve le F (« ferme »), et les plus tendres : EB et EE.

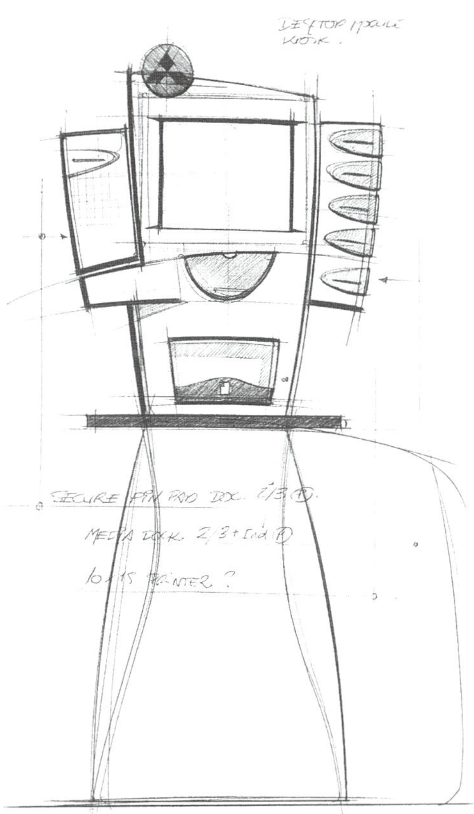

Dans un dessin au graphite, les traits soulignent les lignes principales tandis que les grisés définissent les textures et les volumes.

Les mines dures permettent d'obtenir un trait clair et fin, les mines épaisses un trait foncé. Pour ombrer une surface au crayon, on peut recourir aux grisés (en frottant le papier légèrement, avec la pointe du crayon légèrement inclinée) ou aux trames composées de pointillés ou de traits parallèles ou croisés.

Deux types de porte-mine pour esquisses.

PORTE-MINE

Le crayon mécanique, qu'on appelle le plus souvent porte-mine, dispose d'un bouton-poussoir qui permet de libérer la mine au fur et à mesure qu'elle s'use. La taille des mines peut varier de 0,3 à 5,6 mm de diamètre. Les porte-mines à mine épaisse – à partir de 2 mm de diamètre – sont appelés porte-mines pour esquisses. La gamme de dureté est aussi étendue que pour les crayons traditionnels.

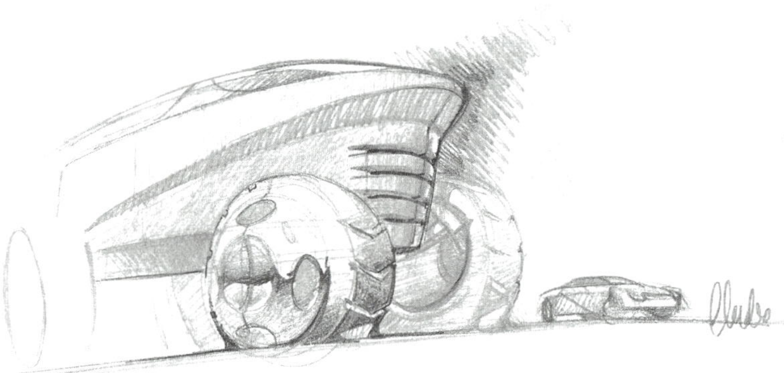

Les porte-mines pour esquisses sont très utiles au concepteur-designer.

Différents niveaux de détail pour un même croquis. À l'extrême gauche on s'est contenté d'une définition générale de la structure de l'objet, à l'extrême droite les ombres et les textures sont très présentes.

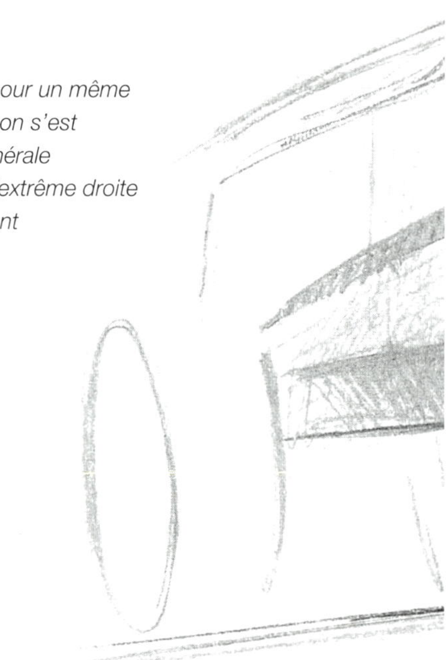

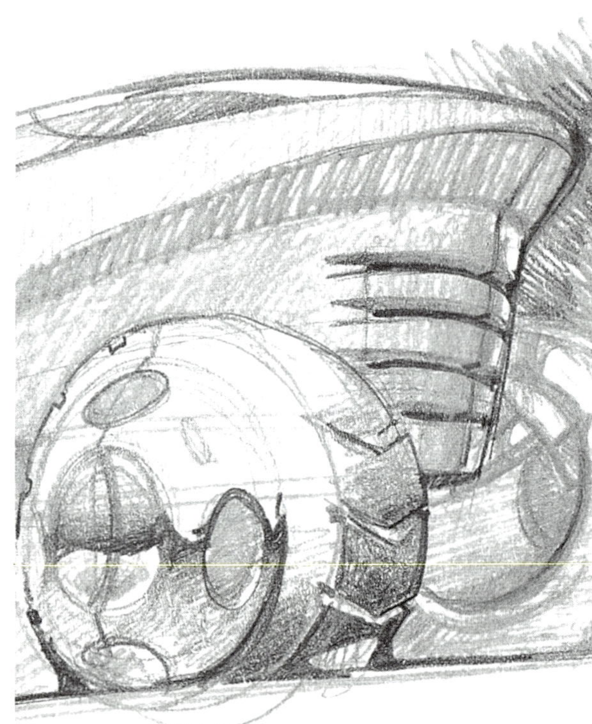

Les porte-mines sont utilisés aux différentes étapes de la conception, depuis l'esquisse jusqu'au dessin technique final. Selon le degré de finition d'un croquis, on fait varier le diamètre et la dureté de la mine.
Les mines de 0,3 à 0,9 mm de diamètre n'offrent pas une grande variété de traits mais sont utiles pour dessiner les détails. Pour des esquisses, nous vous recommandons les mines HB de 0,5 ou de 0,7 mm. Pour les travaux préparatoires, les mines de plus de 2 mm de diamètre sont très efficaces. D'une manière générale, plus la mine est épaisse, plus le porte-mine peut être incliné par rapport au papier, ce qui permet une plus grande variété de traits. L'inconvénient des mines épaisses est qu'il faut les tailler fréquemment.
Si les mines de graphite sont les plus répandues, on peut aussi des mines bleues, vertes ou rouges pour le dessin de conception.

Porte-mines équipés de mines de différents diamètres.

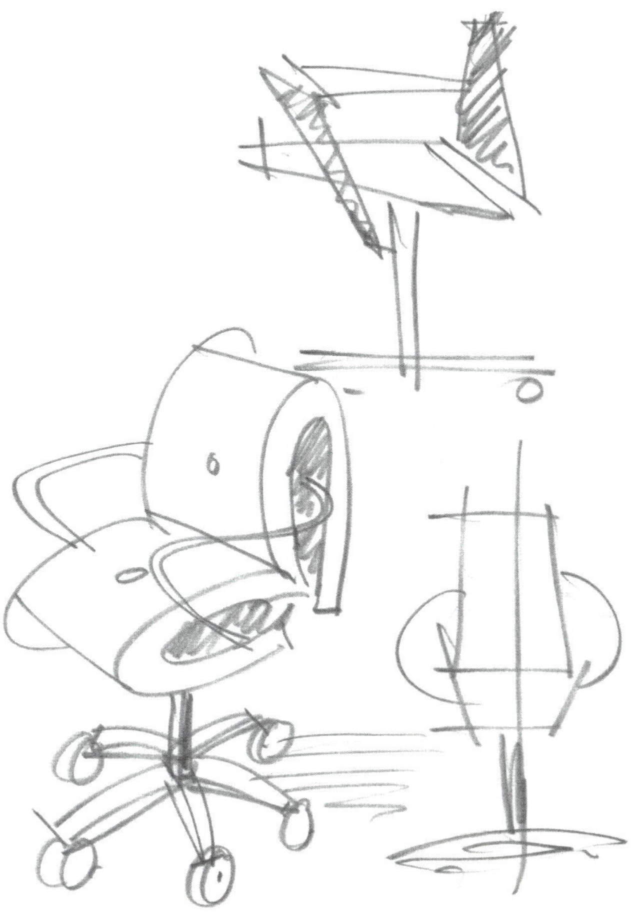

Croquis de détail d'un assemblage. Le trait fin du porte-mine permet de représenter clairement les caractéristiques techniques de l'objet.

Dans le commerce, on trouve des mines d'épaisseurs et de duretés variées.

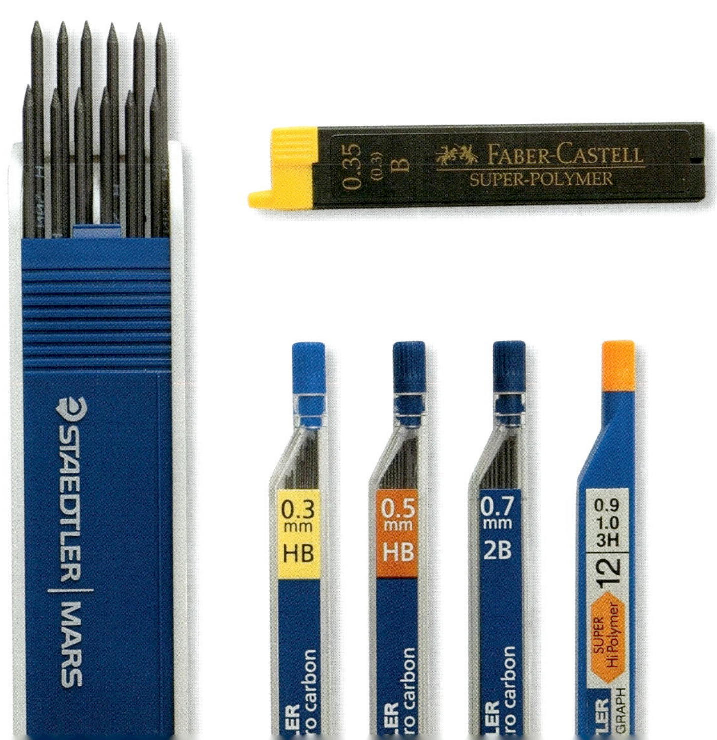

les Crayons de couleur, la douceur des tons

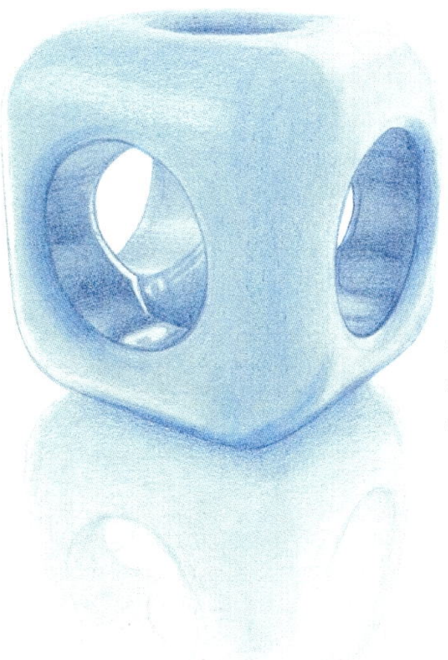

Esquisse monochrome réalisée avec un crayon de couleur.

Comme le crayon graphite, les crayons de couleur sont constitués d'une mine insérée dans une « gaine » en bois. Cette mine est composée d'un mélange de pigments, de kaolin blanc, de cire et de colle.
Les crayons de couleur permettent d'obtenir à la fois des lignes subtiles et des traits de couleur vives. On peut les acheter à l'unité ou dans des boîtes ou étuis contenant de 12 à 72 unités (pour les plus complets). Pour garder un trait fin et assuré, on les taille de temps en temps avec un taille-crayon ou un cutter.

CRAYONS TRADITIONNELS

Selon leur dureté, on distingue deux types de crayons de couleur : les crayons traditionnels et les crayons gras.
Les premiers contiennent un plus grand pourcentage d'agglutinant et de craie, et ont donc une pointe rigide et dure. Ils sont parfaits pour dessiner des lignes nettes et subtiles.
Les seconds possèdent un plus grand pourcentage de pigments. Ayant un plus grand pouvoir couvrant que les crayons traditionnels, ils sont utilisés pour colorier et ombrer. Leur pointe s'use rapidement et se brise plus souvent.
On trouve des crayons de différentes épaisseurs. Les mines de 3,5 mm de diamètre sont particulièrement indiquées pour les travaux très détaillés. Les mines de 4 mm permettent d'obtenir des traits larges et intenses.

Boîtes de 12 et de 30 crayons de couleur.

Disposer d'une vaste gamme de couleurs permet de travailler sans avoir à réaliser trop de superpositions de couches pour trouver la teinte juste.

EMPLOI DES CRAYONS DE COULEUR

On se sert des crayons de couleur à peu près de la même façon que des crayons graphite. En exerçant une pression faible, on peut appliquer la couleur de façon subtile, en laissant transparaître le blanc du papier. Avec des traits vigoureux, on peut recouvrir complètement le support.

Les crayons de couleur ont tout de même quelques particularités : ils s'usent plus rapidement que les graphites, leur trait ne peut être estompé et leur consistance grasse empêche de les effacer complètement avec une gomme (sur un papier blanc, il reste toujours une légère trace).

CRAYONS DE COULEUR AQUARELLABLES

Leur composition est proche de celle des crayons de couleur traditionnels, mais inclut un agglutinant soluble qui permet la dilution de la couleur lorsque celle-ci entre en contact avec l'eau. Les ombres peuvent ainsi être travaillées avec un pinceau humide, ce qui permet d'intégrer au dessin les techniques de l'aquarelle. Certains professionnels utilisent ces crayons comme des crayons de couleur traditionnels à mine tendre.

Effet produit par le trait d'un crayon aquarelle, une fois humidifié avec un pinceau.

Croquis de l'intérieur d'un véhicule réalisée avec différents crayons de couleur. Cette technique permet de différencier facilement les surfaces.

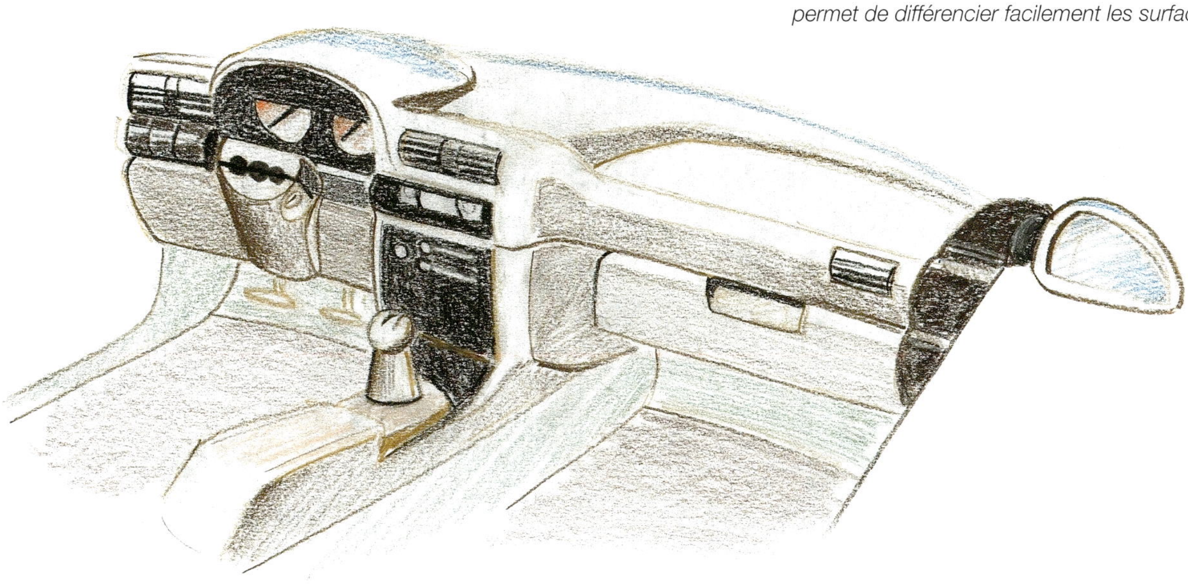

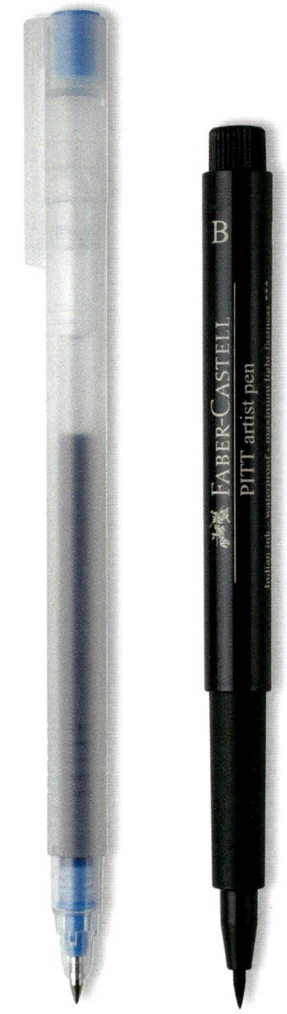

Les stylos à bille sont simples à utiliser, d'où leur popularité.

Nets et indélébiles, les traits réalisés avec un stylo à bille, une plume ou un feutre donnent de la vie à un dessin. Ils sont par contre peu adaptés pour les ombres et ne peuvent que difficilement rendre les textures.

Stylos à bille, plumes, feutres, la précision du trait

STYLO À BILLE

Inventé en 1938 par Lászlo Biro et popularisé par le Français Marcel Bich, le stylo-bille est constitué d'une sphère rotative (la bille) insérée dans une pointe. Au contact du papier, la bille tourne sur elle-même et libère l'encre. On trouve différents types de stylos à bille, les plus courants étant ceux équipés d'une pointe métallique. Il en existe aussi avec des billes en céramique, dont le trait ressemble à celui des pointes en feutre ou en fibre.
Le stylo à bille a un inconvénient majeur : son trait uniforme est peu expressif. Il est en outre difficile d'arrêter le trait précisément à l'endroit souhaité.

Un trait agile de stylo à bille donne au dessin une bonne lisibilité en même temps qu'une vraie personnalité.

FEUTRE

Comme leur nom l'indique, les feutres se terminent généralement par une pointe rigide en feutre. Ce matériau donne un trait plus ample et plus expressif qu'une pointe de stylo à bille. L'opacité du trait dépend de la rapidité du tracé : quand le déplacement de la main est plutôt lent, l'encre imprègne complètement le papier ; avec un mouvement plus rapide, la ligne apparaît peu dense et incomplète. Pour travailler avec cet instrument, le mieux est d'utiliser un papier légèrement satiné, donc peu absorbant.

Les crayons à pointe fibre (généralement en polyester) sont beaucoup plus résistants que les feutres et conservent une largeur de trait constante. On les trouve en différentes épaisseurs. Les bonnes marques commercialisent des feutres à deux pointes (fine et épaisse), une à chaque extrémité du stylo.

Les modèles à pointe aiguille ont une pointe plus dure et plus compacte que ceux à pointe fibre, c'est pourquoi ils durent plus longtemps. Par contre, ils glissent de façon moins douce et fluide sur le papier. Les tailles de pointe aiguille les plus répandues sont 0,2, 0,4, 0,5 et 0,7 mm.

Les feutres à pointe flexible imitent le trait d'un pinceau. On les utilise peu pour le dessin de conception, bien que ce soient les feutres qui permettent la plus grande expressivité.

Si vous devez travailler avec un feutre, commencez par faire un essai afin de vérifier que votre trait reste bien uniforme.

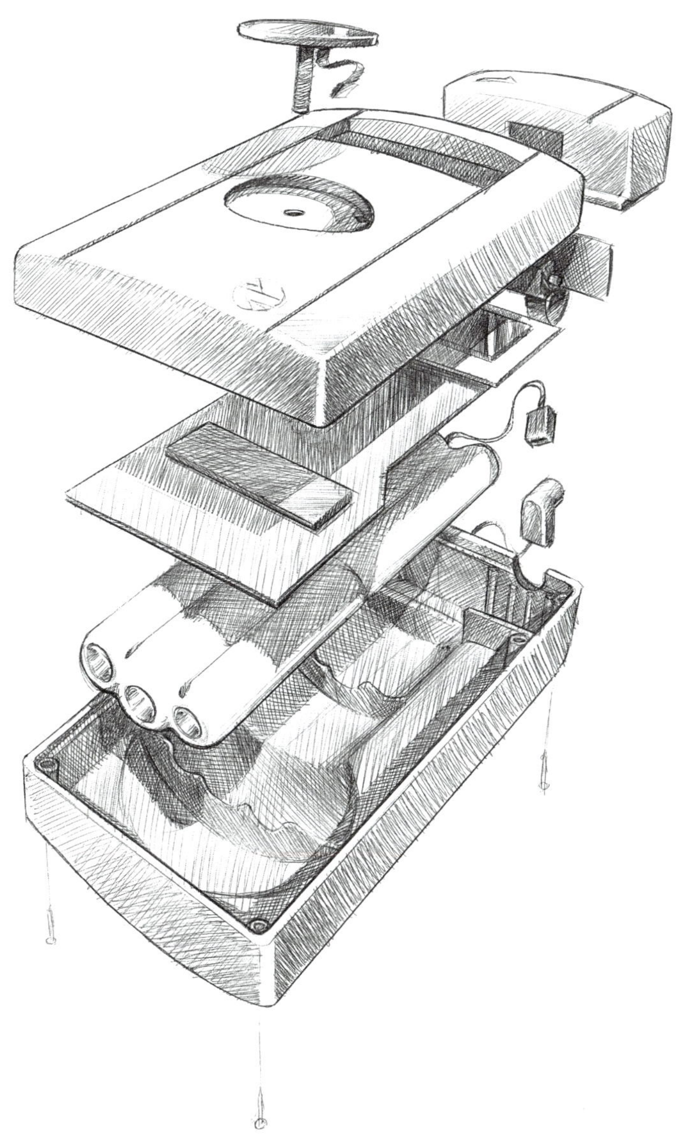

Vue éclatée. La précision des lignes et le traitement des ombres permettent d'obtenir un dessin riche en renseignements – mais sa réalisation prend du temps.

En variant la pression ou l'inclinaison de la plume, on obtient des traits différents. Pour obtenir un tracé très fin, il est même possible de dessiner avec le revers de la plume.

STYLO PLUME

Le terme générique de plume permet de désigner, entre autres, la plume stylographique, la plume métallique, le stylo et le roseau.

Pour dessiner avec fermeté ou rapidité, nous vous conseillons la plume stylographique, qui court sur le papier sans effort. Si vous voulez obtenir plus de précision et une plus grande variété de traits, la plume métallique est la plus appropriée. Avec cet outil, les lignes ont une grosseur différente selon la pression exercée (qui permet de faire varier la quantité d'encre libérée) et l'inclinaison de la pointe par rapport au papier. Il faut travailler avec soin car la pointe tend à se planter facilement dans le papier et l'encre peut faire de petites taches. On trouve de nombreux modèles sur le marché.

Le stylographe, plus connu sous l'appellation de stylo, est l'instrument le plus moderne. Le trait qu'il produit est toujours constant. Ce trait ressemble à celui d'un feutre à pointe fine, mais l'encre est plus dense et la pointe plus fine (de 0,1 à 1 mm).

Le roseau est l'outil qui permet le plus d'effets. Composé d'un morceau de bambou taillé en forme de plume à une extrémité, il ne retient qu'une petite quantité d'encre : son trait est peu dense et d'intensité variable. Il convient parfaitement pour les ombres en dégradé.

Tous ces instruments donnent de meilleurs résultats sur un papier satiné. De plus, avec une gomme abrasive ou une lame effilée, on peut y éliminer de petites taches déjà sèches – à condition de travailler avec douceur.

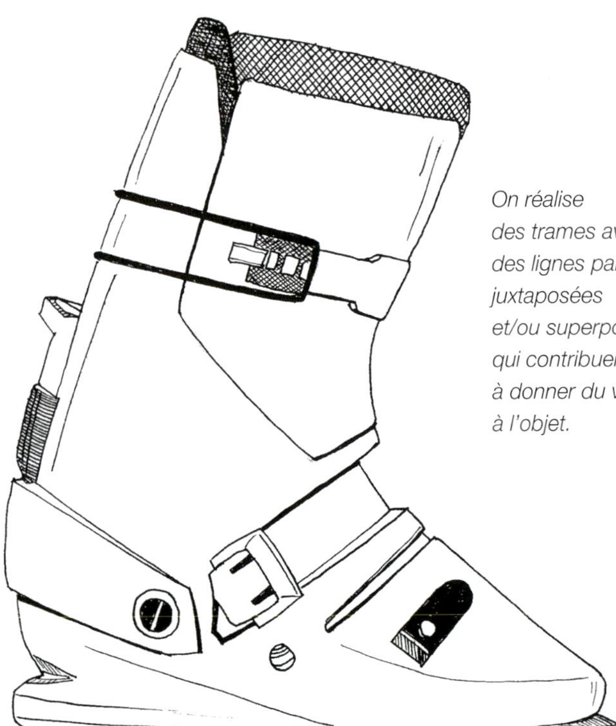

On réalise des trames avec des lignes parallèles juxtaposées et/ou superposées qui contribuent à donner du volume à l'objet.

Le choix des plumes dépend de la précision recherchée.

FEUTRE À POINTE LARGE

Ce feutre offre des couleurs au ton uniforme et permet de recouvrir une vaste surface en très peu de temps. Les couleurs sèchent rapidement, et on peut superposer une couleur claire à une autre sans qu'elles se mélangent. On utilise des papiers semi-transparents, ce qui permet de calquer facilement.

Utiliser des feutres de qualité assure un confort de travail très appréciable. Pour choisir la marque, on doit tenir compte des cinq facteurs suivants.

Facilité d'emploi : le nom de la couleur doit être aisément visible et la forme du feutre doit s'adapter facilement à votre main.

Gamme de couleurs : elle doit être complète et inclure différents tons de gris chauds et froids.

Possibilité de recharge : mieux vaut choisir un feutre pouvant être rechargé.

Uniformité de la couleur : lorsque l'on recouvre une surface importante, il ne faut pas que se produisent des changements de ton. De même, quand un feutre est vide et qu'on l'échange avec un autre ayant la même référence, il ne doit pas y avoir de variation importante de couleur.

Changement de pointes : on doit pouvoir les changer quand elles sont abîmées.

Il existe de nombreux types de pointes : échangeables, rechargeables, doubles, etc. La forme la plus courante est le biseau, mais on trouve également des pointes coniques, cylindriques, planes ou qui imitent un pinceau. La pointe biseautée offre une grande flexibilité puisqu'elle permet trois épaisseurs de trait en fonction du degré d'inclinaison. Aujourd'hui, on tend à utiliser les pointes en fibre acrylique et en polyester plutôt que celles en feutre. D'une manière générale, plus dure est la pointe, meilleure est la précision des lignes. N'oubliez pas qu'avec l'usure, la pointe perd de sa dureté.

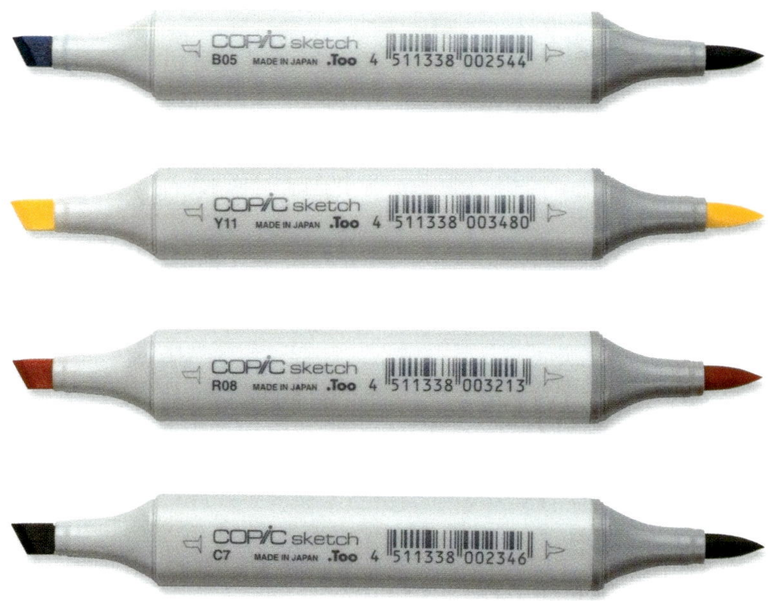

Certains feutres ont deux pointes, une épaisse et une fine. Toutes deux peuvent être remplacées si elles s'abîment. La référence de la couleur est indiquée sur chaque modèle.

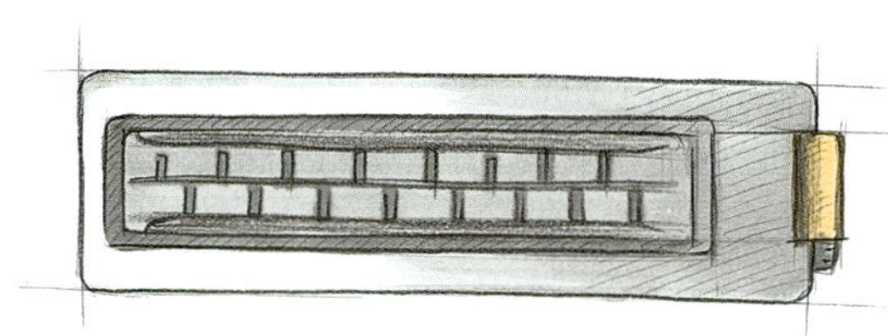

Le feutre permet de travailler très vite et de donner une finition vive et colorée à une esquisse.

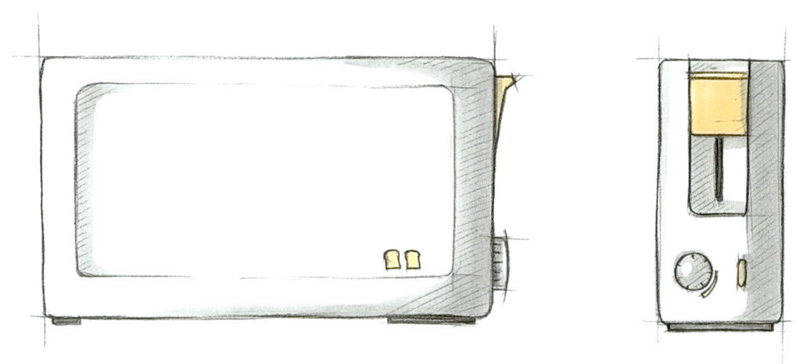

On enlève la pointe pour recharger les feutres. Il convient d'avoir toujours des recharges disponibles pour les couleurs les plus utilisées.

Encre et aquarelle, des techniques humides

Les techniques de peinture à l'eau nécessitent de travailler avec des pinceaux, qui permettent de superposer des lavis de couleurs distinctes. Le processus de travail est simple : il suffit de diluer la couleur dans l'eau avec un pinceau, de la déposer sur le support, et d'ajouter de nouveaux lavis jusqu'à obtenir le ton désiré.

L'ombrage est l'élément fort de ce croquis. Les ombres ont été peintes au pinceau avec de l'encre diluée dans de l'eau.

ENCRE

Ce pigment liquide, qui peut être travaillé à la plume ou au pinceau, permet de réaliser des mises en couleur très efficaces. Si on emploie la couleur telle quelle, le résultat est contrasté et précis ; si on dégrade la couleur, le rendu est délicat et plein de nuances.

Il existe une grande variété d'encres, qui se différencient par leurs propriétés et leurs couleurs. L'encre de Chine noire est la plus employée par les dessinateurs, car elle donne un noir très intense, opaque et insoluble dans l'eau une fois sec. Vous pouvez dégrader l'encre de Chine en la diluant dans l'eau, ce qui permet de l'utiliser comme l'aquarelle.

On trouve dans le commerce un grand nombre de couleurs pour l'encre de Chine. Les encres les plus utilisées sont les anilines (aquarelles liquides), qui permettent d'exécuter des lavis aux couleurs vives et intenses. Il existe une autre variété d'encre très utilisée, la sépia, d'aspect marron brûlé, qui provient à l'origine du liquide sécrété par la seiche (*sepia* en latin), et qu'on fabrique aujourd'hui de façon artificielle.

Les couleurs des encres et des anilines sont peu stables à la lumière, et elles se décolorent si on les expose trop longtemps. Les dessins réalisés avec ces substances doivent donc être conservés dans des chemises.

On trouve une grande diversité de couleurs d'encre.

AQUARELLE

La technique de l'aquarelle met à profit les effets de transparence que permettent d'obtenir les pigments dilués dans l'eau. En effet, selon la quantité d'eau qu'on ajoute sur la palette, la couleur obtenue change : d'opaque lorsqu'on lui ajoute peu d'eau, elle devient claire et lumineuse au fur et à mesure qu'on la dilue, jusqu'à devenir diaphane.

Dans la peinture à l'aquarelle, on n'utilise pas de blanc. C'est le papier lui-même, lorsqu'il est laissé vierge de toute couleur, qui permet de l'obtenir.

Composée principalement de gomme arabique, de glycérine et de pigments, l'aquarelle est vendue sous forme de pastilles (que l'on doit amollir un peu avant de peindre) ou en tubes (dont la pâte est plus facile à diluer). Les pinceaux à poils fins sont recommandés pour l'aquarelle, car ils absorbent bien la couleur, retiennent l'eau, sont flexibles et retrouvent facilement leur forme initiale. Les dessinateurs apprécient les pinceaux dont les soies sont légèrement biseautées, car ils permettent de réaliser des traits fins même si la touffe de poils est épaisse. Des éponges et de petits rouleaux sont utilisés pour les à-plats.

Les illustrateurs recourent fréquemment à l'aquarelle, bien que le travail sur ordinateur se soit beaucoup développé ces dernières années. En ce qui concerne le dessin de conception, l'aquarelle est très présente dans la mode, mais peu répandue dans le dessin.

Le travail à l'aquarelle nécessite un bon jeu de pinceaux, des plus fins aux plus épais.

Jusqu'à l'apparition des feutres, seule l'aquarelle pouvait offrir autant de nuances d'ombre.

En tubes ou en pastilles, l'aquarelle donne les mêmes résultats.

le Pastel, une technique sèche

Le pastel est vendu sous forme de bâtonnets aux couleurs caractéristiques, composés d'un pigment sec en poudre mélangé avec un agglutinant jusqu'à former une pâte qui durcit en séchant.
Il existe des bâtonnets tendres, moyens ou durs, selon la quantité d'agglutinant qu'ils contiennent. Les pastels tendres se présentent sous forme de bâtonnets cylindriques très friables, les moyens et les durs sont cylindriques ou carrés.

On frotte ces bâtonnets de couleur sur le papier, composés de pigments quasiment purs, pour dessiner ou colorier. L'intensité du trait dépend de la dureté du pastel, de la rugosité de la surface et de la pression exercée. Utilisé avec soin, cet outil permet de créer des transitions délicates entre les tons ou les couleurs.
On peut également travailler avec des bâtonnets de pastel pulvérisé. Cette technique exige certaines précautions pour éviter de tacher le dessin.

Le pastel est une technique délicate à maîtriser, mais les effets obtenus sont à la hauteur du temps investi.

Il est indispensable de disposer d'une vaste gamme de couleurs pour profiter de toutes les possibilités du pastel, et notamment pour réaliser des fondus et des dégradés.

Le bâtonnet de pastel permet de tracer des lignes douces et fines, ou de recouvrir rapidement la surface du papier. Si on exerce une pression, le trait s'intensifie et son pouvoir couvrant augmente.

Une fois le pastel appliqué, on se sert d'un coton ou d'une estompe pour brouiller le trait, créer des dégradés et fondre deux couleurs – la difficulté étant d'empêcher que la trame des traits transparaisse. On peut aussi gratter les pastels avec un cutter pour obtenir une poudre, qu'on applique ensuite avec une estompe ou un coton. En cas d'erreur, vous pouvez enlever la couleur avec un pinceau en poils de cochon ou une gomme à effacer (de préférence souple). Procédez avec délicatesse pour éviter que la surface du papier se satine et perde ainsi sa capacité à retenir les particules de couleur.

Matériau instable, le pastel doit être fixé au papier à la fin de chaque travail. Le mieux est d'utiliser un fixateur en aérosol. Le pastel peut être combiné avec d'autres techniques. En le dissolvant dans l'eau, on réalise par exemple des aquarelles ou des dégradés. Un dissolvant et un coton permettent d'obtenir des textures striées ou veinées.

Friables donc fragiles, les pastels doivent être rangés dans de petites boîtes.

La propreté de vos mains est essentielle pour le travail au pastel, qui se salissent toujours après une estompe, risquant de faire des taches sur le papier. Il faut donc les nettoyer fréquemment avec un chiffon ou du papier absorbant.

On utilise la craie de pastel en poudre en la frottant contre le papier, mais on ne l'applique jamais directement sur le support.

les Supports adaptés à chaque outil

Il existe de nombreux types de papier, qui permettent des résultats très variés. Le choix dépend de l'outil qu'on utilise pour peindre, de la taille du dessin ou du projet, mais aussi des préférences personnelles.
Le grammage du papier se mesure en grammes par mètre carré (g/m²). Plus le grammage est important, plus le papier est épais, absorbant et résistant. Le papier d'esquisse a un grammage de 50 à 70 g, celui du papier utilisé pour le dessin technique se situe entre 96 et 150 g, et celui du papier pour aérographe et aquarelle entre 285 et 535 g. La texture du papier et sa capacité d'absorption dépendent également des agents de remplissage (craie, talc ou argile) ajoutés lors de sa fabrication, et de la façon dont ce mélange a été pressé. Les papiers à grain fin permettent de réaliser de plus beaux dégradés que ceux à grain épais, qui eux rendent mieux les ambiances.
Les tailles de papier sont standards. La feuille A0 est la plus grande, elle mesure un mètre carré de surface. Les tailles suivantes – A1, A2, A3, A4 et A5 – sont chacune moitié plus petite que la précédente, et le côté le plus large est égal au côté le plus petit de la taille précédente.

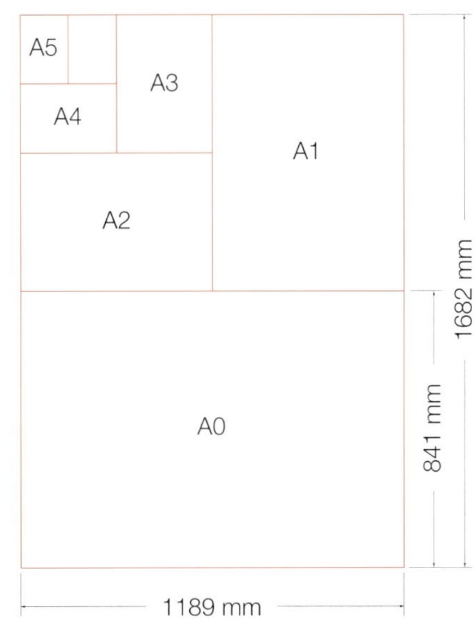

Les formats normalisés vont du A5 (le plus petit) au A0 (le plus grand).

PAPIERS POUR GRAPHITE

Les papiers à grain fin et les satinés, comme le bristol, conviennent généralement bien au crayon graphite. Offrant une ample gamme de gris, ils sont bien adaptés aux fondus et aux estompes. Le papier texturé est utilisé de façon ponctuelle, pour créer des effets permettant de rendre une ambiance.
Ces papiers sont vendus à l'unité ou en paquets A3 ou A4, dans les papeteries et les magasins spécialisés. Le papier blanc est le plus répandu, mais les dessinateurs apprécient aussi les tons grisés ou légèrement jaunes.

PAPIERS POUR CRAYONS DE COULEUR

Il est recommandé d'utiliser des papiers à grain fin pour travailler avec des crayons de couleur, car ils sont parfaits pour les grisés et les lignes diaphanes. Les papiers à plus fort grammage, moins fréquents, sont plus rugueux et risquent de briser vos traits et vos dégradés. Évitez le papier couché, trop lisse, qui ne favorise pas l'adhérence du crayon de couleur. Par contre, le papier layout convient parfaitement car il donne de l'intensité aux couleurs.

Le papier dessin se vend en feuilles simples, montées sur carton ou en rouleaux (mesures maximales : 2 x 10 m). On trouve aussi des blocs à spirales ou reliés. Lorsque le papier a été fabriqué à la main, les marges ont une finition irrégulière : les barbes.

Pour choisir la taille du papier, il faut prendre en compte les besoins du dessin, mais aussi les difficultés de manipulation qu'un encombrement trop important peut créer.

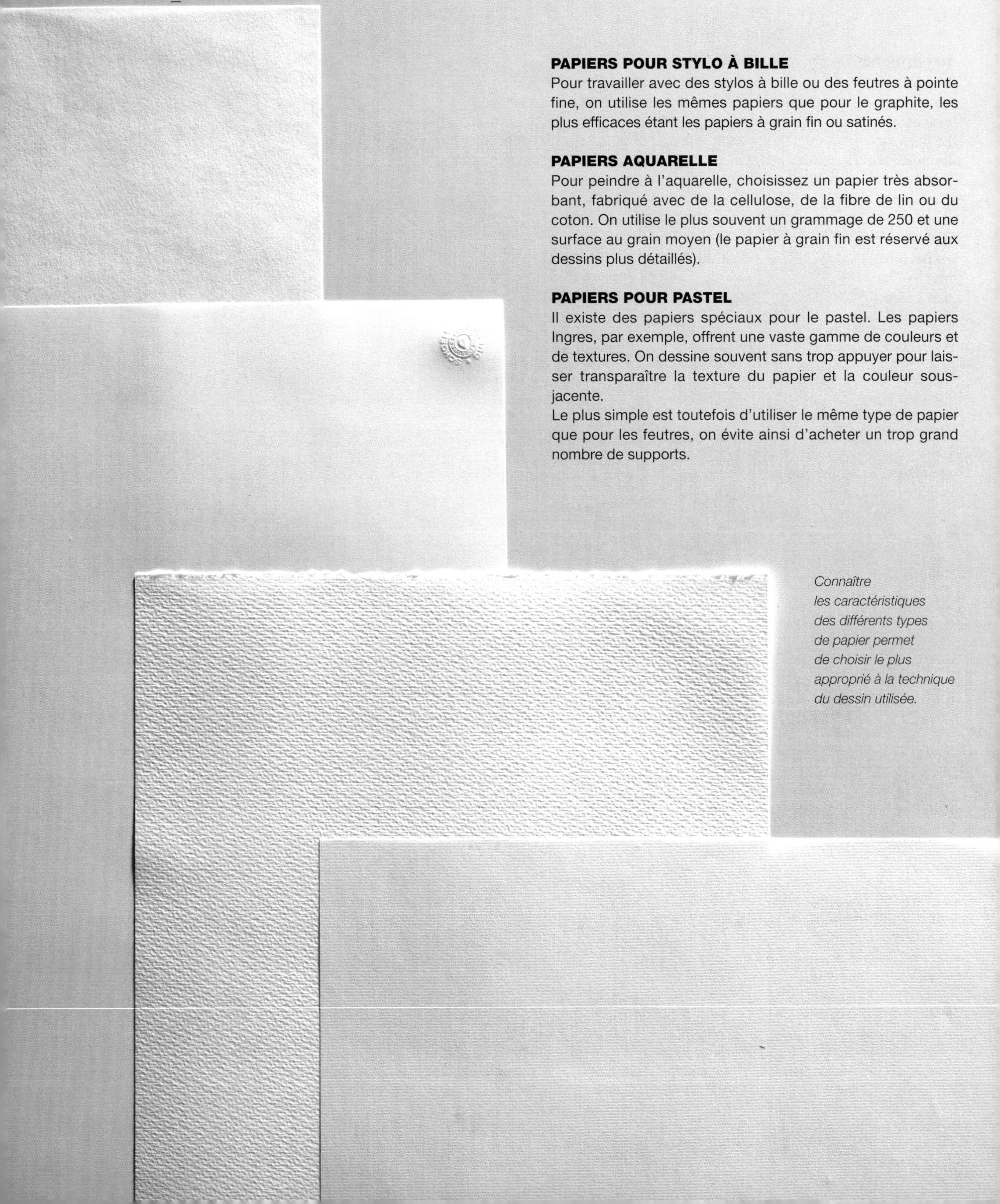

PAPIERS POUR STYLO À BILLE

Pour travailler avec des stylos à bille ou des feutres à pointe fine, on utilise les mêmes papiers que pour le graphite, les plus efficaces étant les papiers à grain fin ou satinés.

PAPIERS AQUARELLE

Pour peindre à l'aquarelle, choisissez un papier très absorbant, fabriqué avec de la cellulose, de la fibre de lin ou du coton. On utilise le plus souvent un grammage de 250 et une surface au grain moyen (le papier à grain fin est réservé aux dessins plus détaillés).

PAPIERS POUR PASTEL

Il existe des papiers spéciaux pour le pastel. Les papiers Ingres, par exemple, offrent une vaste gamme de couleurs et de textures. On dessine souvent sans trop appuyer pour laisser transparaître la texture du papier et la couleur sous-jacente.
Le plus simple est toutefois d'utiliser le même type de papier que pour les feutres, on évite ainsi d'acheter un trop grand nombre de supports.

Connaître les caractéristiques des différents types de papier permet de choisir le plus approprié à la technique du dessin utilisée.

Pour que leurs clients repèrent la qualité du papier, les fabricants impriment leur marque à sec (obtenue par repoussage du papier – voir image ci-contre) dans l'un des coins de la feuille, ou gravent leur logotype avec la traditionnelle marque à l'eau (aussi appelée filigrane), que l'on voit à contre-jour.

PAPIERS POUR FEUTRES

La transparence du tracé des feutres oblige à écarter les papiers de couleur. De façon générale, il vaut mieux travailler sur un fond clair car il apporte de la lumière aux couleurs.

Le papier layout constitue le meilleur choix pour travailler avec des feutres. En effet il retient bien l'encre, ce qui évite qu'elle bave (ce papier a deux faces, mais une seule a été traitée pour recevoir l'encre). Légèrement transparent, ce papier est idéal pour décalquer. Son seul inconvénient est qu'il se déchire facilement si on le fixe avec du ruban adhésif.

Le papier layout est vendu en blocs de taille normalisée, généralement A3 et A4. Le grammage le plus courant est de 45 g, on se sert de papier 60 g pour les dessins de présentation ou les travaux plus achevés (il tolère mieux le ruban adhésif, mais est aussi plus opaque).

PAPIERS DE COULEUR

Il existe une vaste gamme de papiers de couleur, ce qui permet d'en trouver un adapté à chaque outil. Pour un dessin détaillé, nous vous recommandons le papier Ingres, qui a deux faces différentes : la plus fine convient aux dessins minutieux et la face texturée aux dessins plus épurés. Plus grossier, le papier Canson est aussi intéressant.

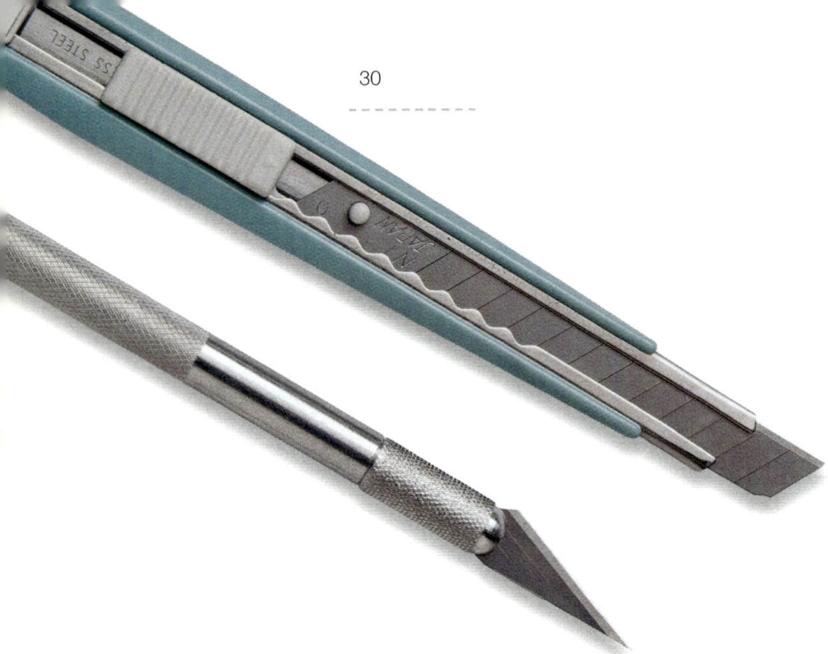

les autres Outils

FERNANDO JULIAN.
Projet pour une voiture, 2005.
Esquisse réalisée aux crayons de couleur et au feutre.

du dessinateur

Les outils présentés ici permettent d'améliorer la qualité du dessin et le confort de travail.

De nombreux outils, qui servent à mieux tracer des lignes, à découper du papier, à prendre des mesures ou à améliorer les nuances des textures et des finitions, viennent s'ajouter à la panoplie du designer industriel.
Si rien ne peut remplacer le savoir-faire du dessinateur, ces outils peuvent l'aider à travailler plus précisément et à obtenir un résultat plus professionnel. Ils constituent un complément indispensable.
Ce chapitre présente les plus utilisés d'entre eux. Leur nombre peut sembler élevé, mais vous pourrez en faire progressivement l'acquisition afin d'échelonner vos dépenses.

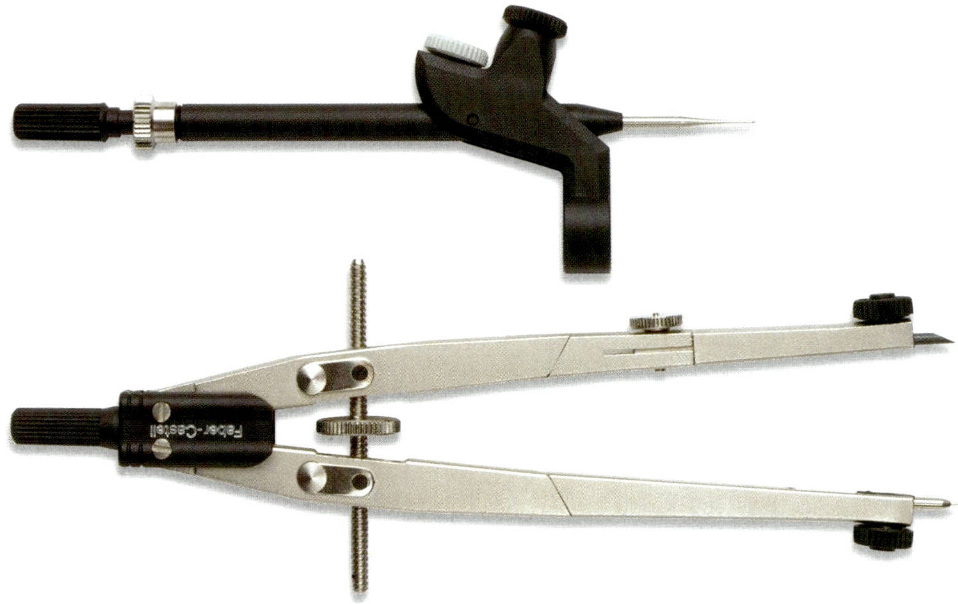

Compas.

les Instruments de précision

Pour un concepteur-designer, l'esquisse est synonyme de dessin à main levée. Néanmoins, dans certaines occasions, il est nécessaire de recourir à des accessoires qui facilitent le tracé, surtout quand il s'agit de dessins techniques.

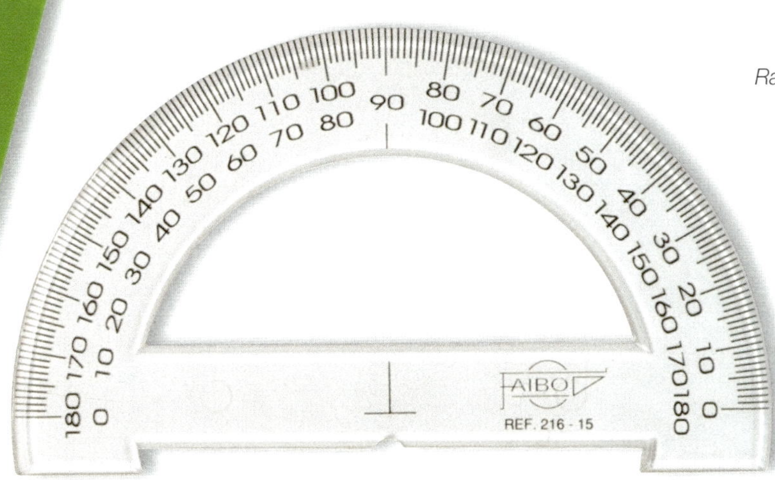

Rapporteur.

RÈGLE

En bois, en plastique ou en métal, la règle est un accessoire indispensable pour tracer des lignes droites. Nous vous recommandons la règle en aluminium : elle est beaucoup plus résistante que les autres et permet de découper du papier ou du carton avec un cutter. Les règles en aluminium pour professionnels sont légères et revêtues d'un produit antidérapant.

Équerre, règle et équerre isocèle.

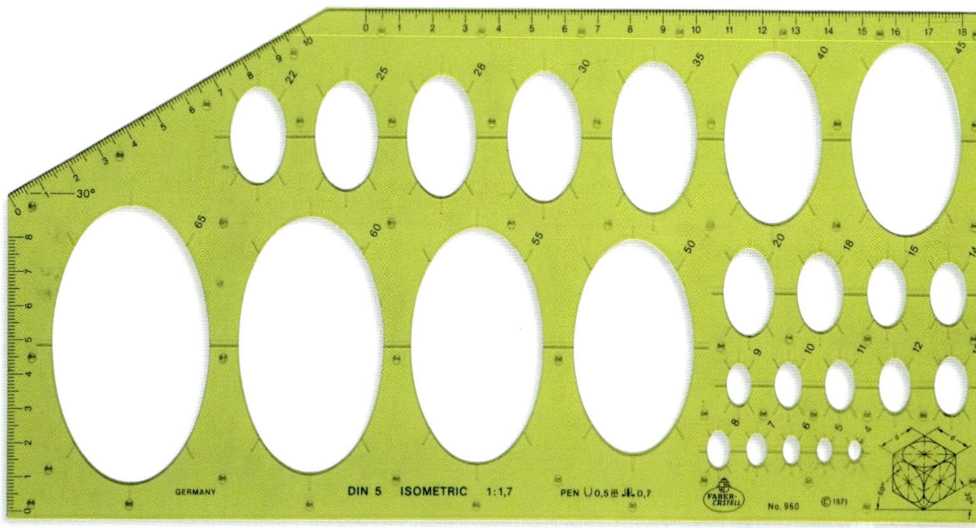

Trace-ellipses.

ÉQUERRES 60° ET 45°
L'équerre 60° possède en principe un angle de 90°, un de 60°, et trois côtés inégaux, l'équerre 45° a aussi un angle droit, un à 45°, et deux côtés égaux. Elles servent à tracer, avec une grande précision, des angles et des lignes perpendiculaires ou parallèles. Une équerre 60° et une équerre 45° de taille moyenne vous suffiront.

RAPPORTEUR
Cet instrument semi-circulaire sert à mesurer un angle pour le reproduire à l'identique. On l'utilise lorsqu'il est nécessaire d'analyser diverses inclinaisons ou ouvertures.

COMPAS
Composé de deux tiges liées entre elles à une extrémité, le compas sert à tracer des cercles. Il existe des compas rudimentaires, pour tracer des cercles simples, mais aussi des instruments de grande précision. Nous vous conseillons d'utiliser un compas traditionnel équipé d'une pointe mine. Les compas porte-crayon présentent l'avantage de pouvoir intégrer d'autres outils de dessin : crayons de couleur, stylos à bille, feutres, etc.

GABARITS
Un gabarit sert de guide pour reproduire une forme donnée. Dans le dessin de conception, on n'emploie que trois types de gabarit : le pistolet (également appelé virgule), le trace-ellipses et la règle souple. Ces trois outils font gagner beaucoup de temps au dessinateur.
Permettant de tracer des cercles, le pistolet remplace le compas. On en trouve de différentes tailles. Il est très facile à manier, à condition que le diamètre qu'il propose corresponde à la mesure requise.
Le trace-ellipses est utilisé pour les perspectives, mais aussi pour différentes mesures concernant les degrés. Le modèle le plus utilisé est celui qui sert à construire des perspectives isométriques, (surtout au lycée, lorsqu'on étudie la perspective axonométrique). On peut également utiliser un trace-ellipses pour les représentations en perspective conique.

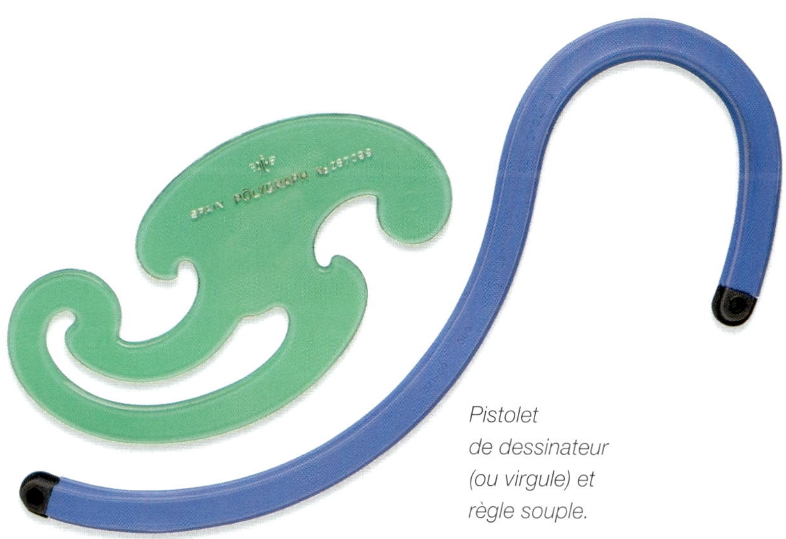

Pistolet de dessinateur (ou virgule) et règle souple.

Il existe enfin des règles souples qui peuvent être ajustées exactement aux dimensions de la courbe voulue. Il est préférable qu'elles soient de petite dimension, car, lorsqu'elles sont trop grandes, il est difficile de les plier de façon homogène.

les Instruments
de coupe et de taille

Les outils décrits ci-dessous permettent de dessiner et de construire des maquettes simples qui faciliteront la conception d'un produit.

CISEAUX

Ce sont les outils de coupe les plus répandus, mais ils ne permettent pas d'obtenir une coupe très précise, surtout dans les courbes. Pour les coupes difficiles, on utilisera le bistouri ou le cutter.

BISTOURI

Le bistouri est équipé d'une lame très aiguisée montée sur un manche métallique. Cette lame, interchangeable, est vendue en différentes tailles dans le commerce. Le bistouri est un outil précieux pour les travaux délicats car il permet de contrôler avec précision la trajectoire de la coupe.

PLAQUE DE COUPE

On trouve des plaques de coupe de différentes tailles (A4, A3, A2 et A1) et couleurs (bleu, blanc, noir et vert). Nous recommandons un format A2.

Fabriquées en PVC, les plaques de coupe n'abîment pas la lame quand elle s'y enfonce ; une fois la coupe réalisée, elles retrouvent leur forme initiale. La surface ne produit pas de reflets. Elles sont quadrillées et divisées en colonnes d'un centimètre de large qui facilitent le tracé de lignes et la réalisation de coupes.

Pour une coupe précise, on se sert d'un bistouri ou d'un cutter.

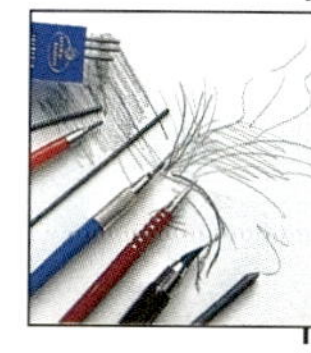

Il convient d'avoir plusieurs taille-crayons et taille-mines à disposition pour pouvoir tailler des outils de différents diamètres.

CUTTER

Le cutter est un des instruments de coupe les plus courants. On l'utilise pour découper les bords d'un dessin, créer des gabarits, gratter un pastel, mélanger les couleurs, etc.

Il existe différents types de cutters, depuis les plus petits, qui sont aussi les plus précis, jusqu'à ceux de grande taille, qui servent à découper des surfaces épaisses. Il existe également des cutters spéciaux pour courbes et cercles. Dans un premier temps, vous pourrez simplement travailler avec un cutter de taille moyenne (pour couper le papier) et un autre plus résistant (pour le carton à fort grammage).

TAILLE-CRAYON ET TAILLE-MINE

On trouve différents instruments sur le marché, depuis le taille-crayon jusqu'au taille-mine.

Le taille-crayon manuel est un classique. Nous vous conseillons d'en acheter pourvu d'une manivelle. Avec ce modèle, les mâchoires exercent une pression uniforme, ce qui évite de briser la mine. Il est certes un peu volumineux, mais on peut facilement le fixer à une table de travail.

Il existe aussi des modèles avec un moteur intégré, appelés machines à tailler. Contrôlez bien la pression exercée sur la mine, sous peine de devoir fréquemment acheter de nouveaux crayons...

Les taille-mines sont utilisés pour les porte-mines. On introduit la mine dans la partie supérieure et elle entre en contact avec des rouleaux affûtés. Le pigment en poudre se dépose à l'intérieur du récipient. Lorsqu'on retire la mine taillée, elle est recouverte d'une poudre de graphite qu'on enlève avec un dispositif de nettoyage en général situé sur la partie supérieure de l'outil.

Ces quatre accessoires permettent de tailler une mine de crayon.

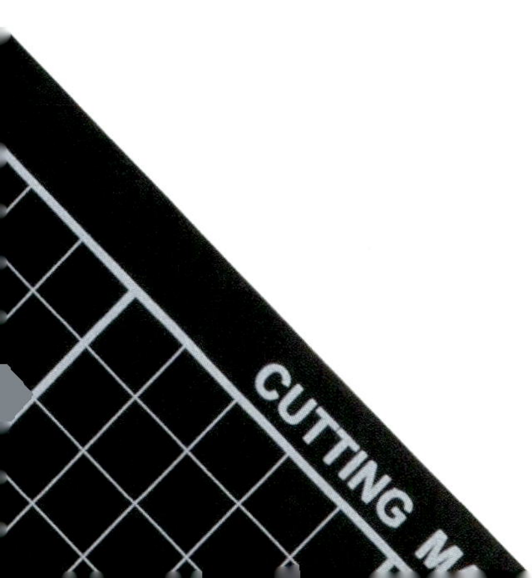

Quelques accessoires importants

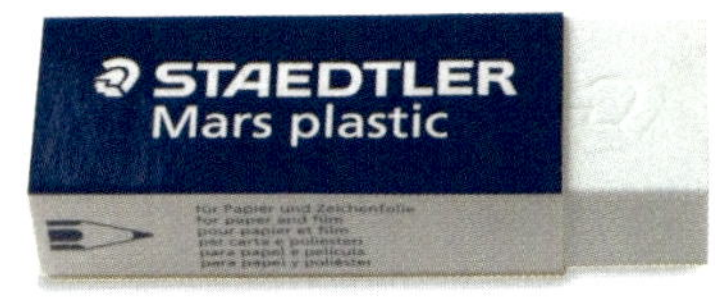

A

B

C

Gomme en plastique (A), souple (B), mie de pain (C).

GOMME

Les gommes permettent bien sûr de nettoyer une zone de papier, mais aussi d'estomper un trait ou de dessiner en négatif sur des surfaces ombrées. Elles aident à souligner des touches de lumière et à réaliser des transparences. Les plus molles conviennent plutôt au travail avec le graphite, tandis que celles en vinyle non abrasif sont parfaites pour les dessins à l'encre. Souvent, pour gagner en maniabilité et en précision, les dessinateurs taillent leur gomme.

FIXATIF

Lorsqu'on utilise des techniques de frottement – qu'il s'agisse d'un travail au graphite, à la craie, au pastel, etc. –, la surface du papier est recouverte de pigment en poudre. Il faut le retenir avec un fixatif pour éviter qu'il se détache, en entrant en contact avec un autre papier par exemple. Le plus simple est d'utiliser un fixatif en bombe aérosol : on l'applique par fines couches, à environ 30 cm de la feuille afin d'éviter des effets de brillance indésirables. Il existe des fixatifs spécifiques, en particulier pour les esquisses exécutées avec du graphite tendre ou un bâton de pastel.

Stylo gomme (ou porte-gomme).

SOLVANT

Avec un coton imbibé de solvant, on peut estomper les pastels et créer divers effets. L'essence à briquet est un solvant facile à trouver et qui se manipule aisément (on peut fermer hermétiquement l'orifice de sortie du liquide), l'alcool à 90° convient également.

Fixatifs.

Solvants.

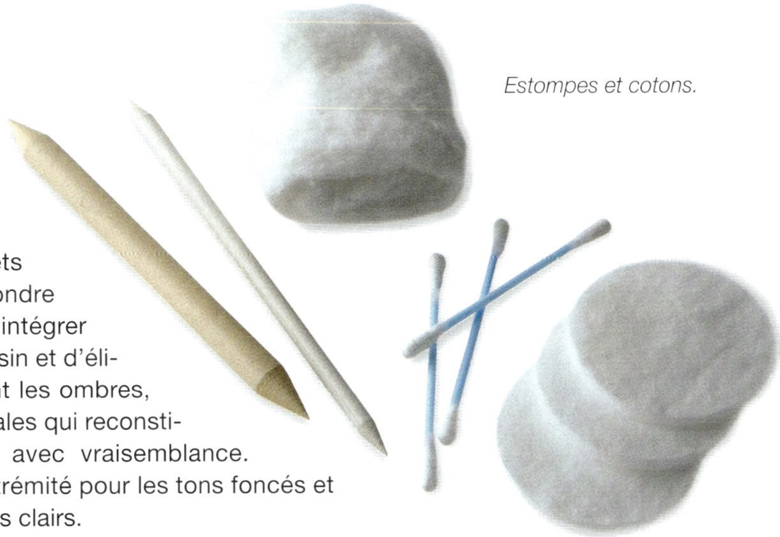

Estompes et cotons.

Stockez les aérosols loin de toute source de chaleur, dans des endroits aérés et hors de portée des enfants.

ESTOMPES

On utilise ces petits bâtonnets de papier spongieux pour fondre les couleurs. Ils permettent d'intégrer des traits dans le reste du dessin et d'éliminer les blancs. En modelant les ombres, on obtient des gradations tonales qui reconstituent le volume des objets avec vraisemblance.
Le mieux est d'utiliser une extrémité pour les tons foncés et de réserver l'autre pour les tons clairs.
Le pastel peut être estompé avec des petites boules de coton ou des disques de maquillage, qu'on trouve dans les pharmacies. Des cotons-tiges peuvent être utilisés pour les petites retouches. Enfin, si l'on doit couvrir une vaste zone avec des solvants, un carton doublé de coton permettra d'obtenir un résultat uniforme.

COLLE EN AÉROSOL

Une bombe aérosol est précieuse pour encoller une surface de façon homogène. Il existe des colles pour montages successifs, qui permettent de coller et de décoller plusieurs fois un morceau de papier sans l'endommager.
La colle est toxique et doit être utilisée dans des espaces bien ventilés. Ne vaporisez jamais sur votre table de travail, car le nuage de colle tend à se déposer sur les surfaces et les objets alentour.

RUBAN ADHÉSIF DE MARQUAGE

Pour préserver des parties du dessin ou obtenir des marges bien définies, on utilise du ruban adhésif de masquage. Une fois le travail terminé ce ruban peut être retiré facilement, sans abîmer la surface du papier.

Colle en aérosol.

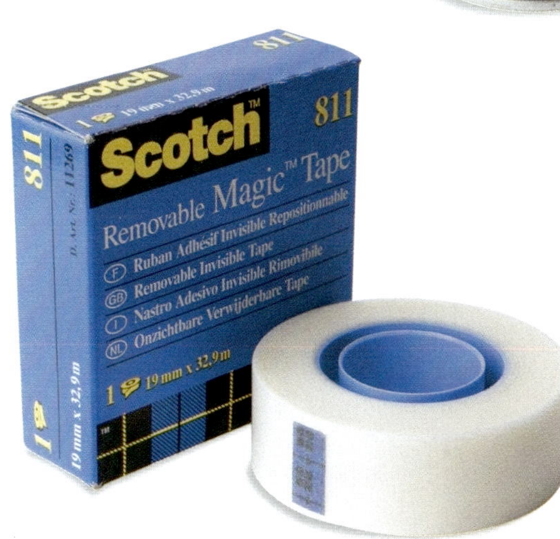

Ruban adhésif.

Maîtriser les techniques de base

« UN BON DESSIN EST CARACTÉRISÉ PAR LA FERMETÉ ET LA NETTETÉ DE SES CONTOURS, UNE BONNE SYMÉTRIE ET UN CLAIR-OBSCUR PRÉCIS ET RÉALISTE : SI CES ÉLÉMENTS LUI FONT DÉFAUT, PEU IMPORTE QU'IL SOIT HABILEMENT MENÉ, IL SERA MAUVAIS. »

Antonio Palomino, El museo pictórico y escala óptica, 1988.

le Geste

FRANCESCO CARRERAS.
Projet d'une automobile, 2005. Esquisse réalisée au crayon graphite.

et le regard

Tout doit être mis en œuvre pour que la transposition de la pensée en traits soit la plus fluide et la plus précise possible.

Si le dessin est pour beaucoup lié à la pratique et à l'habileté du dessinateur, il existe des principes qui permettent de commencer sur de bonnes bases. L'apprentissage du geste est ainsi fondamental : il s'agit, par exemple, de pouvoir tracer des lignes longues et courbes, ou de réaliser des perpendiculaires et des parallèles précises. Au-delà de cette habileté technique, le concepteur-designer doit également éduquer son regard pour savoir déterminer les qualités tridimensionnelles d'un objet, comprendre comment s'articulent les éléments qui le composent, et les dessiner avec assurance. Enfin, le soin porté à l'espace de travail doit permettre de dessiner dans de bonnes conditions.
Une fois ces aspects pratiques maîtrisés, on peut commencer à tracer des vues frontales des objets et s'exercer à des représentations plus complexes, incluant le rendu des ombres et de la volumétrie.

l'Espace de travail

Pour travailler dans de bonnes conditions, il est important que vous vous constituiez un espace de travail qui vous convienne.

TABLE

Votre table de travail doit être propre et débarrassée de tout élément inutile. Gardez sous la main vos principaux instruments et rangez dans un endroit à part ceux que vous utilisez moins souvent. Faites également en sorte qu'elle vous offre un espace de travail suffisamment grand, car vous devrez fréquemment déplacer la feuille de papier sur laquelle vous dessinez.

Ne négligez pas ces quelques principes, car un espace de travail commode et vaste incite à travailler, les sensations que l'on y éprouve sont plus agréables. Au final, votre créativité en sera favorisée.

Les instruments le plus souvent utilisés sont placés autour de la zone de travail, à portée de main.

ÉCLAIRAGE

L'idéal est de travailler en éclairage naturel, vous diminuerez ainsi la fatigue visuelle et gagnerez en confort. Faites en sorte que l'éclairage soit latéral plutôt que frontal (pour éviter des problèmes d'éblouissement) ou postérieur (problèmes d'ombres). Dans l'idéal, la fenêtre doit être à votre gauche si vous êtes droitier, ou à votre droite si vous êtes gaucher.

Si on ne dispose que d'une lumière artificielle, il convient d'utiliser une lampe de bureau fluorescente, qui génère peu de chaleur et diffuse une lumière de qualité. Pour un éclairage placé au plafond, employez aussi une lumière fluorescente, et incorporez des déflecteurs qui la feront rebondir pour qu'elle arrive estompée. Vous obtiendrez ainsi une lumière proche de la lumière du jour, sans reflets, qui permettra un travail agréable.

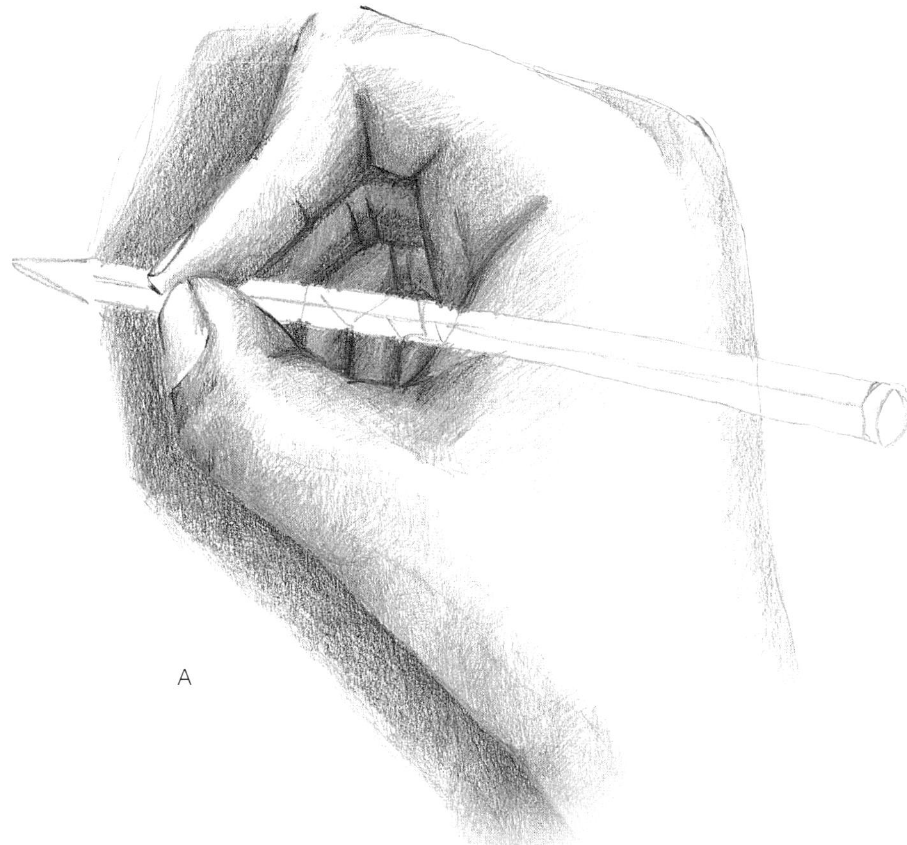

A

OUTILS INDISPENSABLES

Sur votre table de travail, vous devez avoir à portée de main un certain nombre d'instruments indispensables : le support, un porte-mine, un crayon, un stylo à bille ou une plume (selon l'outil et la technique choisis), une gomme, un taille-mine, des crayons de couleur (au moins un blanc et un noir), deux ou trois feutres de la gamme de couleurs que vous voulez travailler. De l'encre blanche, une boîte de pastels et du coton, un cutter et du solvant pourront également vous être utiles.

Lorsque vous arrivez à une phase avancée du travail, vos esquisses deviennent plus précises et plus réalistes. Votre table de travail se transforme alors et se remplit de matériaux propres à la technique choisie pour les croquis de présentation. Si vous manipulez plusieurs feutres, placez à portée de main toute la gamme avec laquelle vous travaillez. Avec des pastels, veillez à ne pas tacher le reste de la table avec la poudre qu'ils dégagent. Ayez toujours un chiffon à proximité : vous pourrez ainsi vous nettoyer fréquemment les mains, ce qui vous évitera de salir les dessins.

B

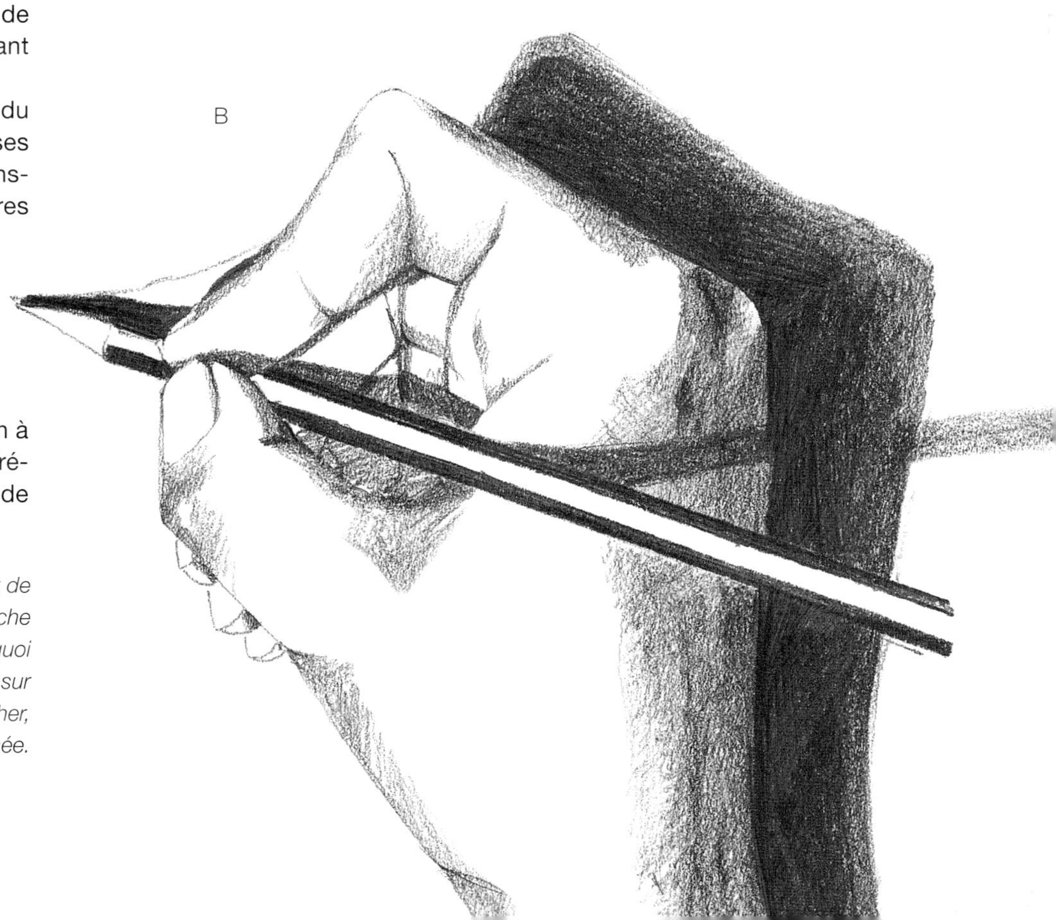

Si vous êtes droitier et que la lumière provient de votre droite, votre main projette une ombre qui cache les traits que vous dessinez (A). C'est pourquoi il convient que la source de lumière soit située sur votre gauche (B). Si vous êtes gaucher, la situation est inversée.

les Lignes élémentaires

Dans une esquisse, on évite d'utiliser règles et autres instruments d'aide au tracé de lignes. Il faut au contraire s'entraîner à dessiner à main levée rapidement et avec aisance. Les quelques recommandations données ci-dessous vous seront utiles.

VERTICALES OU HORIZONTALES

Les bords de votre feuille vous servent toujours de points de référence pour tracer les lignes verticales ou horizontales. Pour que votre bras soit placé dans une position naturelle, inclinez-le de façon à ce qu'il forme un angle d'environ 30° avec la feuille.

Pour dessiner des lignes courtes, la main doit s'appuyer sur la feuille. Pour les lignes plus longues, le bras et l'avant-bras doivent être mobiles : le mouvement concerne le coude et l'épaule autant que le poignet.

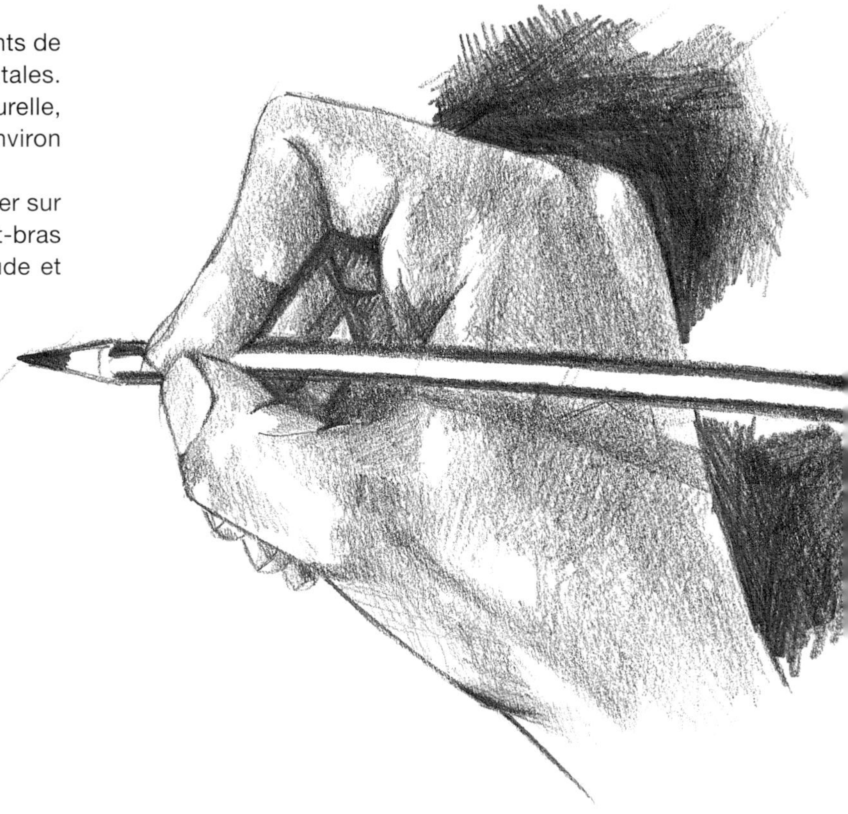

PARALLÈLES

Suivez les recommandations données ci-dessus, mais en prenant cette fois-ci pour référence principale la ligne à laquelle votre tracé doit être parallèle.

PERPENDICULAIRES

Les bords de la feuille servent ici aussi de références, de même que la ligne à laquelle votre tracé est perpendiculaire.

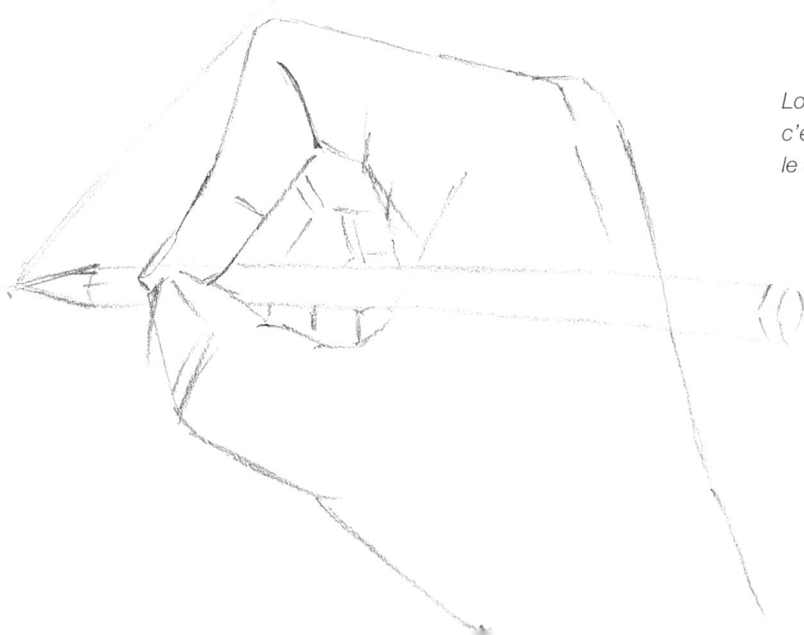

Lorsqu'on exécute un trait, c'est le regard qui dirige le déplacement de la main.

PRATIQUE DU TRACÉ DE LIGNES

Faites-vous la main en traçant des séries de verticales, d'horizontales, de parallèles et de perpendiculaires sur des feuilles de brouillon. Petit à petit, vous maîtriserez l'exécution de ces lignes et travaillerez de plus en plus vite. Pour vous aider, vous pouvez placer votre feuille blanche sur une page quadrillée : commencez par calquer les lignes, puis éliminez la feuille quadrillée et continuez à dessiner des lignes de la même façon.

Voici quelques autres conseils qui pourront vous être utiles.

• Choisissez une position assise commode et placez-vous à environ une paume et demie de la feuille (cela vous permettra de bien contrôler votre support et de diminuer la fatigue visuelle).

• Vos deux mains doivent se trouver sur la table, l'une dessine et l'autre est laissée disponible pour retenir ou déplacer la feuille. Ne soutenez pas votre tête avec cette main !

• La main tenant le crayon doit s'appuyer sur le papier, mais légèrement, en glissant doucement.

• Bougez tout le bras, principalement l'épaule et le coude, et dans une moindre mesure le poignet.

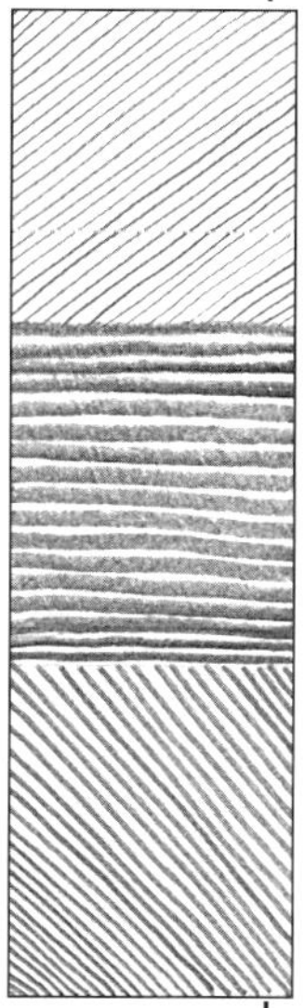

Si on place le crayon à 45° par rapport au papier, le trait est intense et régulier. Si on l'incline à 30° et qu'un petit à-plat se forme sur la mine, le trait est beaucoup plus large. En retournant le crayon du côté opposé à l'à-plat, on peut tracer des lignes très fines.

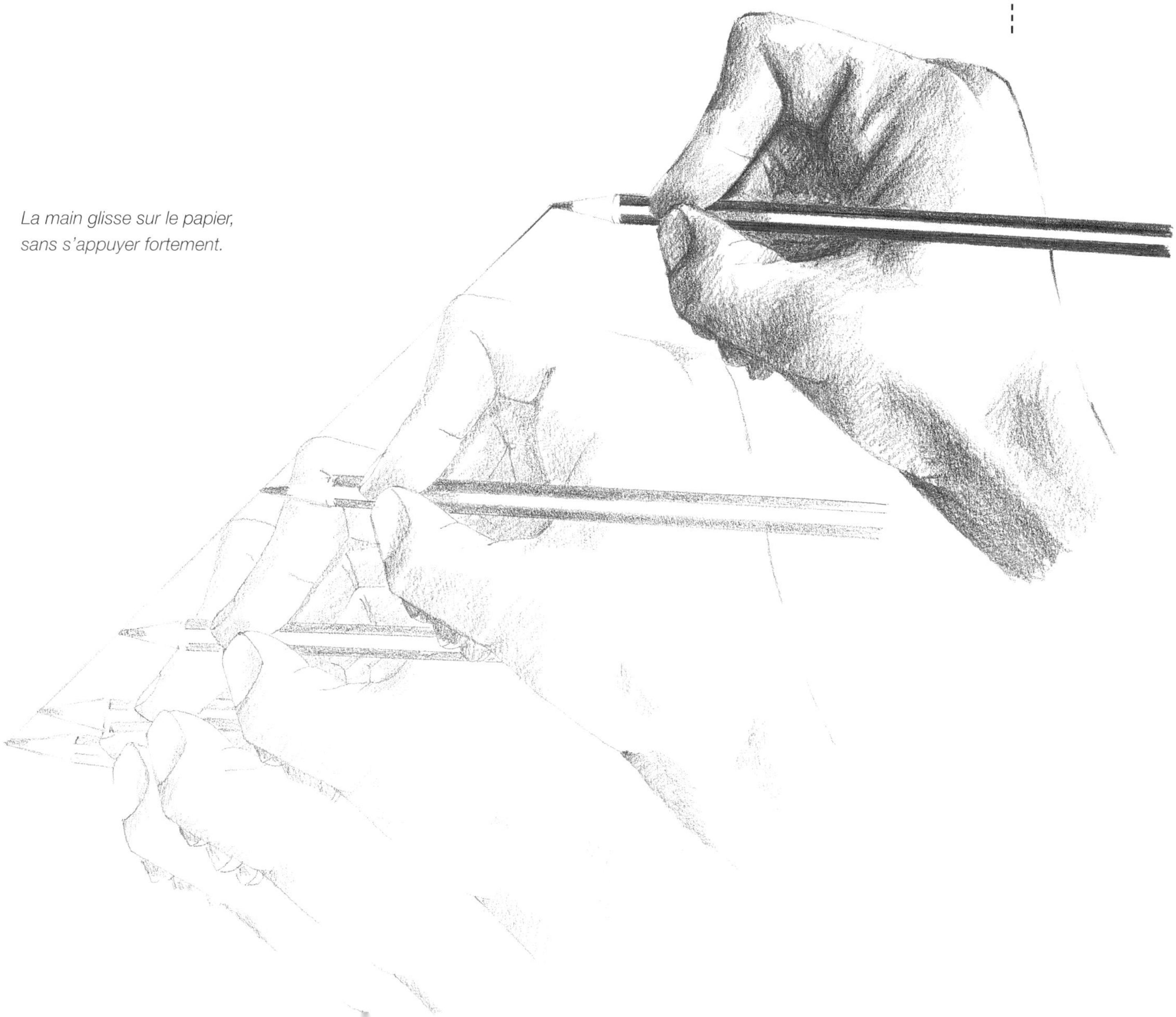

La main glisse sur le papier, sans s'appuyer fortement.

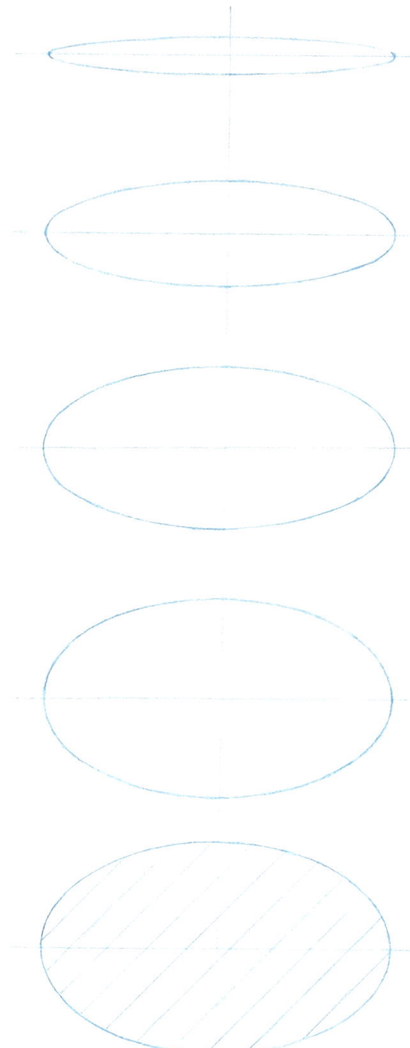

Si vous travaillez en perspective (voir page 58) et que votre dessin représente une partie d'un objet dont la section est circulaire, vous devrez le plus souvent la représenter sous forme d'ellipse. Cette forme de projection se retrouve dans les deux perspectives que nous étudierons principalement ici : la perspective axonométrique et la perspective conique.

les Ellipses
ou cercles en perspective

NATURE DE L'ELLIPSE

L'ellipse est définie comme une courbe fermée symétrique par rapport à deux axes (voir ci-contre). On peut la modifier en donnant des valeurs différentes à la partie de chaque axe comprise à l'intérieur de l'ellipse.

Il existe des méthodes simples qui aident à dessiner des cercles aplatis : on peut par exemple, utiliser un trace-ellipses ou les tracer à main levée à partir d'un carré dessiné en perspective.

Lorsqu'on réalise une esquisse, il faut travailler vite et avec fluidité. L'utilisation d'outils permettant de projeter les ellipses, tels que le trace-ellipses ralentit le processus. On travaille donc plutôt à main levée, en réservant ces outils pour les croquis techniques.

En diminuant la valeur du petit axe, on obtient une ellipse plus aplatie.

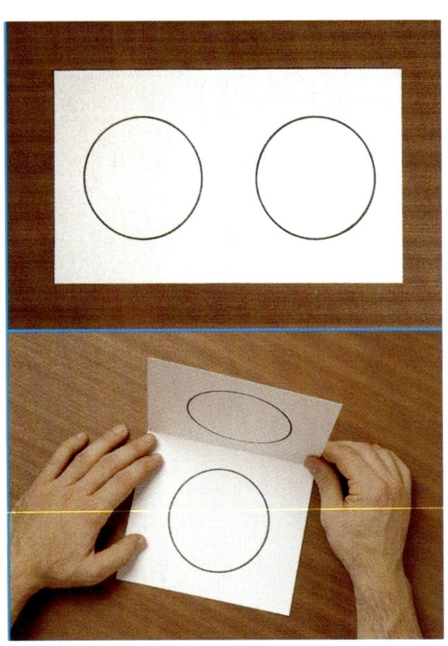

Pour voir comment un cercle se transforme en ellipse, on dessine deux cercles identiques sur un papier, puis on plie le papier en deux selon un angle supérieur à 90°. On se place ensuite face à un des deux cercles : il apparaît effectivement sous forme de cercle, tandis que l'autre apparaît sous forme d'ellipse.

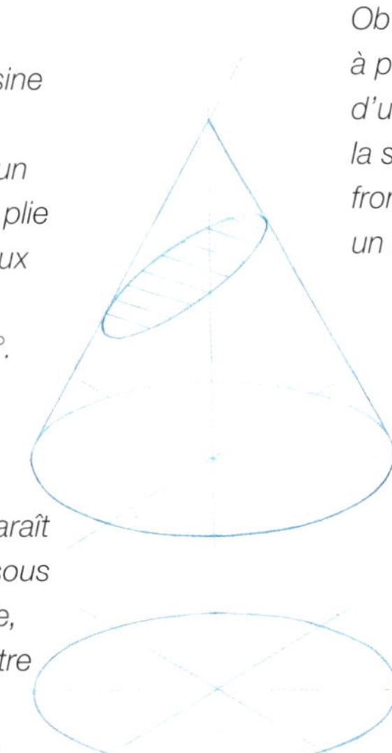

Obtention d'une ellipse à partir de la section d'un cône. Si on observe la section à partir d'une vue frontale (projection) on verra un cercle.

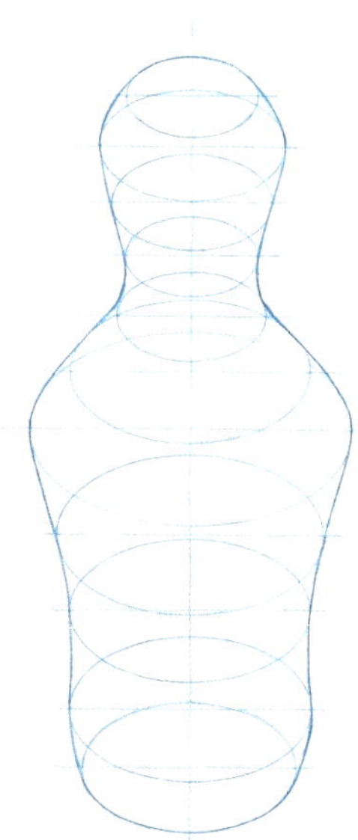

Dans ce cas, l'observateur a l'impression que tous les cercles ont le même angle d'inclinaison. Les deux axes conservent le même rapport de proportions d'une ellipse à l'autre ; seule leur dimension varie.

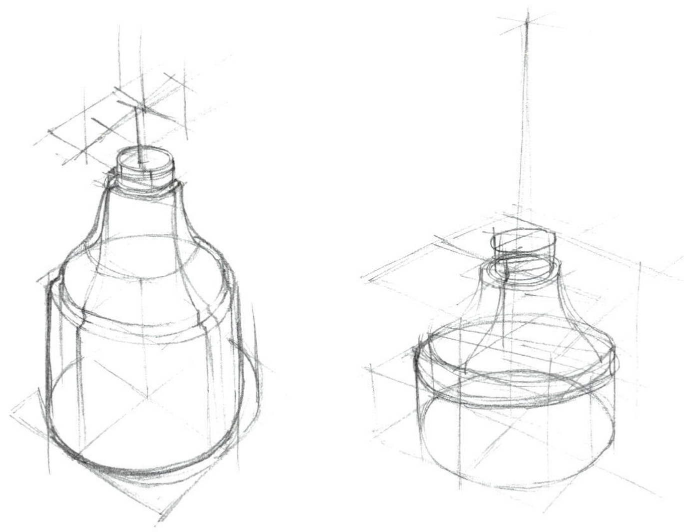

Deux exemples d'utilisation d'ellipses.

PRATIQUE DU TRACÉ D'ELLIPSES

Sur un papier, dessinez trois ou quatre lignes horizontales parallèles à quelques centimètres les unes des autres : elles vont constituer les axes principaux des ellipses que vous allez tracer. Tracez ensuite des axes secondaires, perpendiculaires aux premiers.

En prenant ces deux axes pour références, tracez des ellipses, toutes de la même taille, les unes en dessous des autres. Dessinez d'abord l'ellipse dans le vide, pour ajuster le mouvement que vous allez faire. Abaissez ensuite lentement votre main jusqu'à toucher la feuille avec la pointe de votre crayon, puis exécutez chaque ellipse en deux ou trois gestes. On repasse en général à deux ou trois reprises, en affermissant le trait à chaque fois.

Répétez cet exercice autant de fois que nécessaire, jusqu'à ce que vous obteniez une ellipse suffisamment nette et précise. Pour changer d'angle d'inclinaison, on modifie la valeur de l'axe principal et on répète la même opération.

Pour bien dessiner les ellipses, il faut s'exercer jusqu'à obtenir un tracé précis.

Que ce soit pour une esquisse rapide ou pour un dessin technique, garder une posture adaptée et maintenir votre esprit en éveil permet de travailler avec efficacité.

le Regard, la posture et le trait

EFFORT DE TRANSPOSITION

Pour dessiner, le professionnel doit s'efforcer de voir plus loin que l'objet réel : il lui faut essayer d'analyser la structure de l'objet, ses lignes directrices, ses proportions, et de synthétiser les formes complexes pour en extraire une vision d'ensemble. Comme nous le verrons, différentes techniques de représentation permettent de transcrire les formes sur le papier. Vous apprendrez à les maîtriser avec le temps, et leur utilisation se fera de plus en plus naturelle.

MÉMOIRE VISUELLE

Il est important de mémoriser le mode de représentation d'un certain nombre d'objets. Il vous suffira alors de reproduire les techniques qui ont fonctionné avec ceux-ci pour représenter des objets similaires.

POSTURE ADÉQUATE

La qualité du dessin passe d'abord par une bonne posture de travail. Celle-ci favorise la concentration et la précision du trait. Appuyer la tête sur la main ou sur le bras tendu amène à forcer le point de vue, ce qui se traduit à la longue par des erreurs de perspective. La mobilité de la feuille sur la table est en outre entravée.
Une bonne position face au support évite que vous vous leviez de table ou que vous effectuiez de peu efficaces jongleries pour dessiner.

Une posture de travail correcte facilite votre travail créatif, vous évite des problèmes de dos et de vue, et vous fatigue moins. Tous ces facteurs contribuent à créer des conditions de travail agréables.

Une bonne position
et un angle adéquat
d'inclinaison
du crayon,
telles sont les bases
qui vous permettront
d'améliorer
votre vitesse et
qualité d'éxécution.

CHOIX DU TYPE DE TRAIT

Le choix du trait est la dernière étape avant le dessin proprement dit. Le tracé peut être sinueux, dense et synthétique si l'on travaille une structure, ferme et épais si l'on souligne un contour, etc. Comme nous le verrons, ce choix joue un rôle fondamental à chaque phase du projet. La hiérarchie et le traitement des traits diffèrent en effet selon qu'on doit réaliser une esquisse rapide, un dessin d'avant-projet ou un dessin technique.

Projection
orthographique et respect des proportions

La projection orthographique, ou orthogonale, permet au dessinateur de représenter un objet de façon qu'on puisse en distinguer clairement la forme et les dimensions, ainsi que les matériaux qui le constituent et leurs textures, au moyen de plusieurs vues frontales correspondant aux différentes faces de l'objet. Éludant la perspective, elle reste bidimensionnelle. Elle est beaucoup moins complexe à réaliser qu'une esquisse incluant un ou des points de fuite. Ses lignes sont souvent diaphanes et claires.

SYSTÈME ORTHOGRAPHIQUE

En grec *ortho* signifie « droit », ou « à angles droits », et *grafos*, « écrit » ou « dessiné ». L'expression projection orthographique signifie donc littéralement « projeté en avant avec des angles droits ». Dans ce système de représentation, les vues sont frontales, et obtenues en traçant des perpendiculaires entre l'objet et le plan de projection.

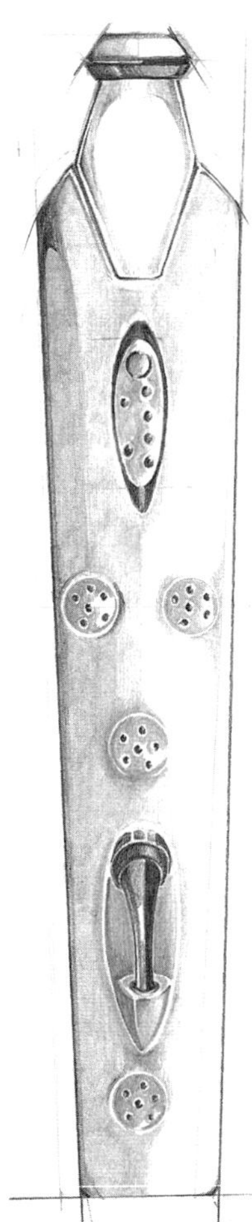

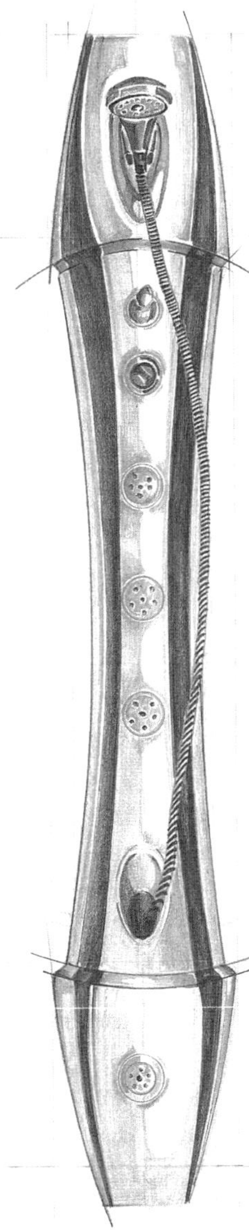

Les vues orthographiques de ces colonnes de douche apportent des informations précises sur les deux projets présentés.

Au contraire, la vue orthographique de ce récipient n'apporte que peu d'informations. Il faudra réaliser une vue en perspective pour mieux donner à voir les formes de l'objet et sa contenance.

Quelle est la différence entre le dessin orthographique (utilisé, par exemple, pour présenter un projet à un client) et le dessin des plans techniques ? Dans le premier cas, l'objectif est de montrer un aspect, une finition ; dans le second, on indiquera des mesures et on pourra préciser des aspects techniques spécifiques.
Le dessinateur utilise surtout ces représentations pour des projets où l'idée fondamentale est concentrée sur l'une des faces de l'objet. D'autres professionnels y ont recours dans le cas de projets particulièrement complexes : face à la problématique d'une bonne représentation en perspective, ils préfèrent multiplier les vues orthographiques de l'objet (vues frontales des différentes faces et coupes).

La vue orthographique ne représente pas l'objet dans son ensemble, elle en montre simplement la face la plus significative. Elle permet par exemple de comparer les dimensions d'objets similaires ou différents modèles d'un même produit.

RÔLE DE LA LUMIÈRE

Pour souligner le volume de l'objet et ses zones de relief, on recourt aux ombres. Il suffit pour cela de définir des échelles tonales qui différencient les parties éclairées de celles qui restent dans l'ombre. Si nous n'apportons aucune valeur tonale au dessin, celui-ci se définira uniquement par des lignes et son aspect final se rapprochera de celui d'un dessin technique.
Nous vous conseillons de commencer par déterminer le sens de la lumière pour votre croquis. Le contraste entre la partie claire et la partie obscure de l'objet doit être suffisant pour lui donner du volume (voir aussi pages 64 et suivantes).

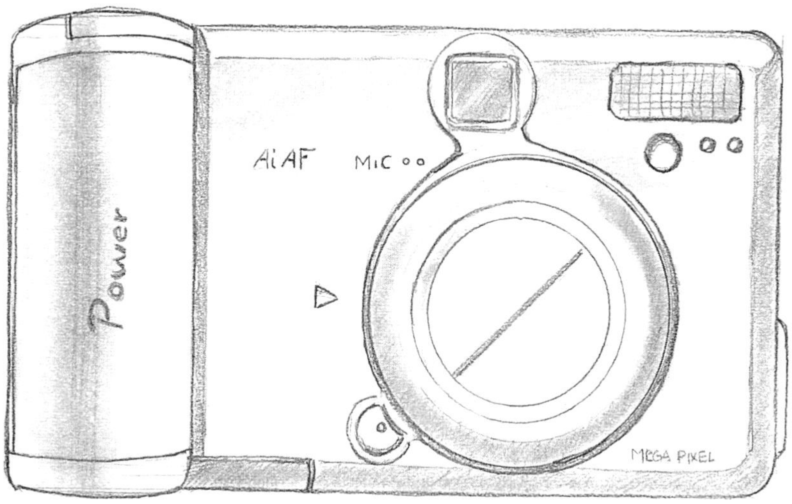

Vue orthographique d'un appareil photo : les légères touches d'ombre donnent de la présence au dessin. Elles soulignent en particulier la forme cylindrique de la partie gauche de l'objet.

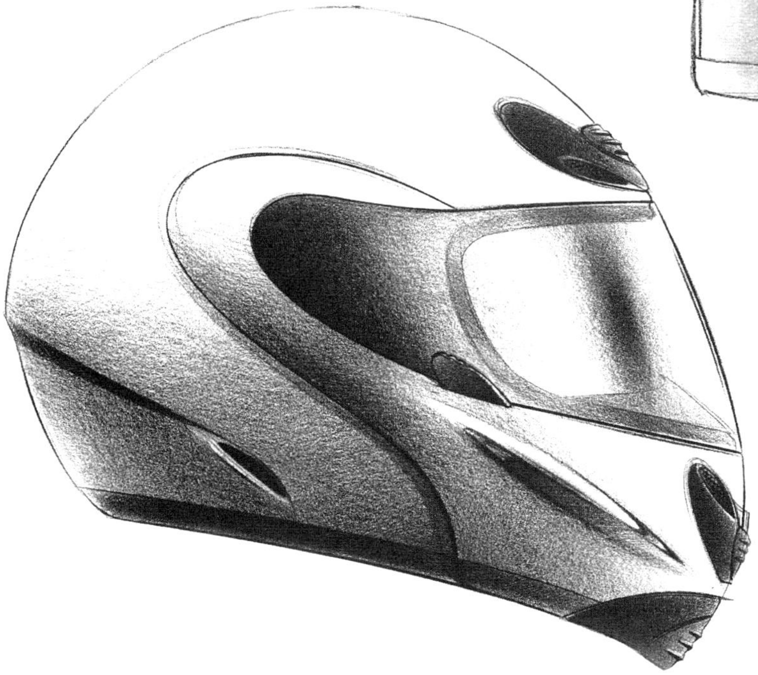

Pour mettre en valeur le volume, on travaille ce casque comme une sphère, en réalisant un dégradé de grisés sur les zones d'ombre et en réservant les zones de lumière.

les Effets de

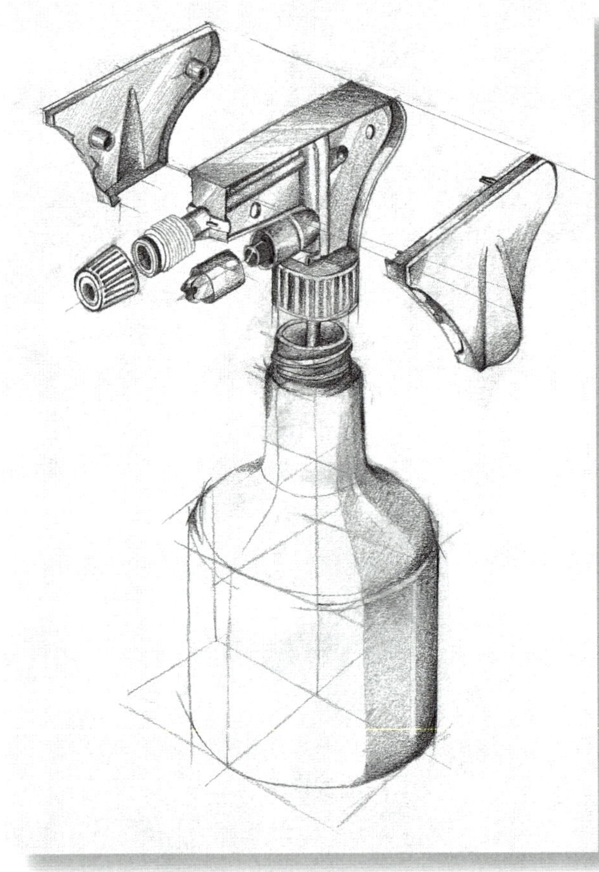

NURIA TRIADO.
Vue éclatée d'un pulvérisateur manuel. 2004. Esquisse réalisée au porte-mine.

profondeur

Il existe une différence évidente entre le modèle réel et son dessin : le premier a trois dimensions (hauteur, largeur et profondeur) tandis que le second n'en a que deux (hauteur et largeur).

L'interprétation de la profondeur et du volume dans la représentation graphique est en partie liée à une série d'indicateurs que l'être humain interprète. Vous devez connaître ces indicateurs – la géométrie de l'espace, l'incidence de la lumière, les ombres, les couleurs – et savoir les utiliser. Certains effets très simples de profondeur permettent de donner l'illusion du volume mais il vous faudra aussi recourir aux construstions géométriques en perspectives.
Quand il réalise les dessins définitifs, le concepteur-designer doit de plus faire appel à des techniques liées à la perception des formes et à la sémiotique de l'objet (soit aux sens connotés de ses formes et de ses proportions).

les Contrastes de plans

Le simple contraste entre deux plans d'un même objet renforce les lignes structurelles de sa forme. On modèlera donc l'objet avec la lumière et l'ombre, sans prendre en compte une source de lumière particulière. En mettant en place une gradation subtile et en créant des contrastes entre les différents plans, on obtient une forte impression de profondeur, ce qui permet de bien distinguer le volume des corps.
L'espace est matérialisé par la position relative des corps entre eux, les différents plans établissant une relation d'obliquité et de verticalité par rapport à un axe donné. Ces plans définissent le volume de l'objet. Tout objet représenté sur une surface bidimensionnelle dépend aussi fondamentalement des indications d'espace dans sa constitution.

Il faut toujours avoir en tête les parties saillantes et en creux d'un objet.

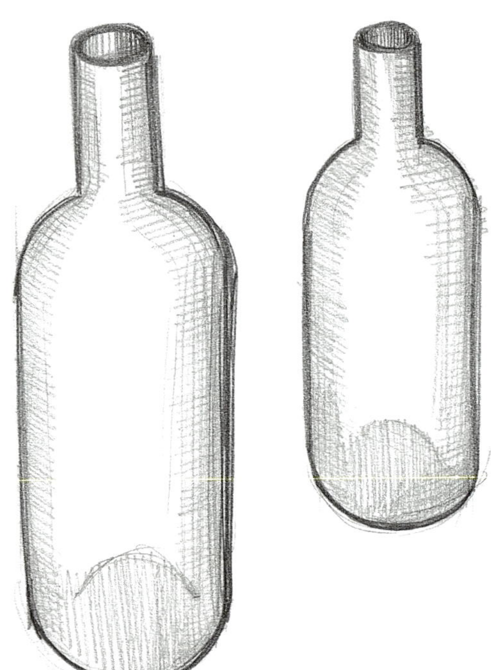

Jouer sur la taille des objets permet de créer un effet d'éloignement.

COMPARAISON DES DIMENSIONS

Face à la représentation de deux objets identiques, par exemple deux bouteilles, l'une proportionnellement plus petite que l'autre et occupant une position plus élevée sur le papier, peu d'observateurs pensent qu'il s'agit d'une grande bouteille et d'une plus petite qui flotte à côté de la première : la majorité des gens perçoivent deux bouteilles situées à une distance différente du point d'observation. D'un point de vue sémiotique et psychologique, tout individu intériorise l'idée que la taille des objets diminue au fur et à mesure qu'ils s'éloignent.

POSITION DANS LE PLAN

Il se produit quelque chose de semblable quand deux corps identiques se trouvent à une hauteur différente sur la page. Même s'il est de même taille que celui qui occupe la position la plus basse, celui qui est placé plus haut paraît plus éloigné.

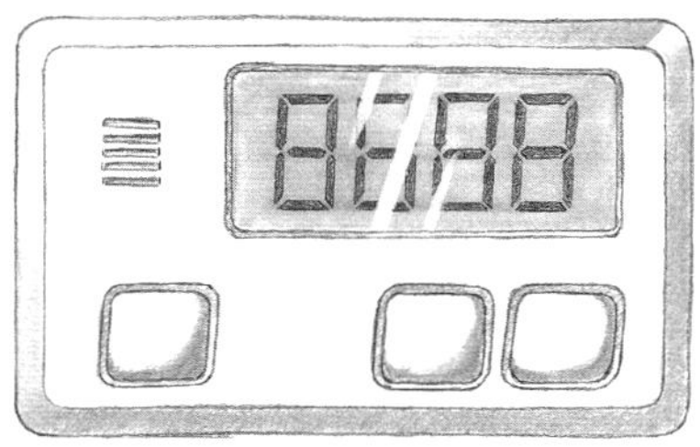

Jusqu'à la Renaissance, époque à laquelle est apparue pour la première fois la perspective à caractère scientifique, les artistes situaient fréquemment les objets à différentes hauteurs pour représenter la profondeur. Dans l'art oriental, on rencontre encore ce type de représentation.

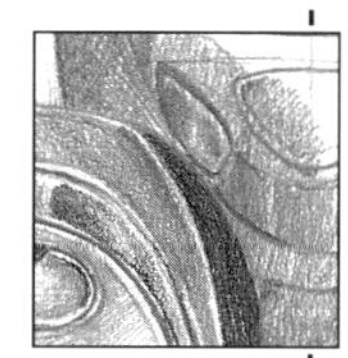

La superposition des objets utilise l'objet lui-même comme fond ; on peut ainsi souligner les points forts du produit en introduisant de petites variations qui serviront à présenter diverses options dans la conception d'un même objet.

SUPERPOSITION D'OBJETS DANS LE CHAMP VISUEL

Les objets situés sur deux plans différents ont tendance à se superposer. Lorsqu'un objet en dissimule partiellement un autre, nous savons, par expérience, que le premier est devant le second, donc qu'il se trouve plus près de nous.

La transparence est une variante de la superposition. Pour l'obtenir, il faut laisser entrevoir, au moins en partie, l'objet au second plan. Le traitement du premier plan jouera un rôle plus important que celui des autres plans.

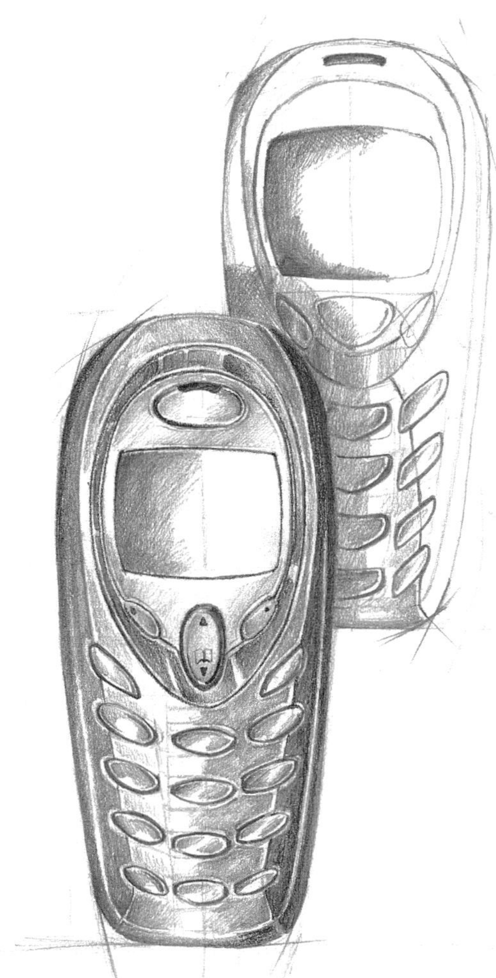

Le téléphone mobile du premier plan se superpose au second. Cette disposition renforce l'impression (ici réelle) d'une différence de hauteur entre les deux objets. L'échelle tonale utilisée pour chacun des objets est de plus différente.

RELATIONS CHROMATIQUES

Couleur et lumière sont intimement liées, car la perception des couleurs résulte des sensations que produisent sur l'œil les radiations de la lumière. Tout objet absorbe certaines couleurs et en réfléchit d'autres, qui nous apparaissent comme les couleurs de cet objet.

Quand vous proposez un projet à un client, vos dessins doivent présenter une différence de couleurs nette entre l'objet et le fond. Cela met en valeur l'objet et crée l'impression de profondeur. Par ailleurs, le premier plan a en général des couleurs plus vives et plus contrastées que le plan intermédiaire et l'arrière-plan car, avec la distance, la couleur perd en saturation. Elle s'éclaircit tout en étant moins lumineuse, et les effets de contraste sont moins accentués. On remarque aussi que les tons chauds rapprochent les objets, alors que les tons froids les éloignent.

Si vous présentez différentes versions d'un produit à un client, veillez à ce qu'elles aient les mêmes valeurs chromatiques, autrement vous pourriez avantager certains projets par rapport à d'autres.

Le premier plan présente le chromatisme le plus fort. Le dessinateur a délibérément mis en valeur cette partie de la voiture.

On retrouve ici le même effet mais dans une représentation sur fond sombre.

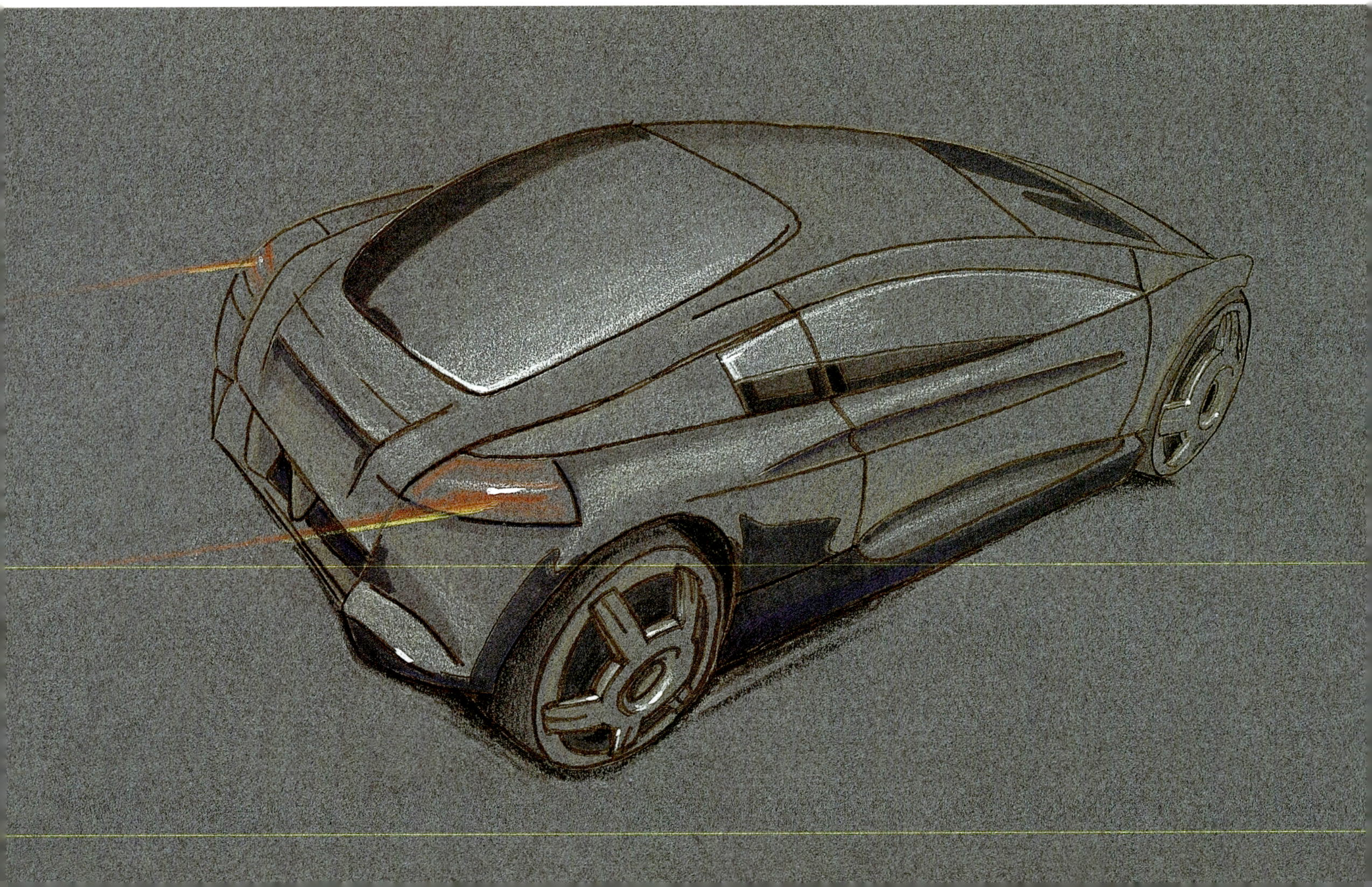

LE TRACÉ DES LIGNES PRINCIPALES

L'intensité du trait utilisé pour les lignes principales, ou structurelles, d'un objet dépend de la distance entre l'objet et l'observateur. Si le point d'observation est proche, on distinguera clairement les détails, les contrastes seront plus forts. Avec l'éloignement, les contrastes diminuent et la ligne perd de sa définition, les objets semblent se décolorer et virer au gris. Il est donc essentiel de moduler l'épaisseur et le ton de la ligne d'un dessin pour différencier les zones proches des zones plus lointaines.

Nous observons ce même effet dans les différences de texture. La distance rend les textures floues, entrecoupées ou estompées.

Au premier plan, le coin droit de ce portable a été dessiné avec des traits forts et marqués.

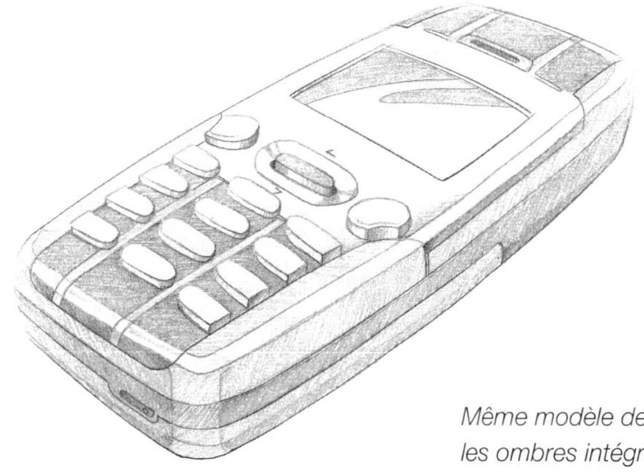

Même modèle de portable avec les ombres intégrées.

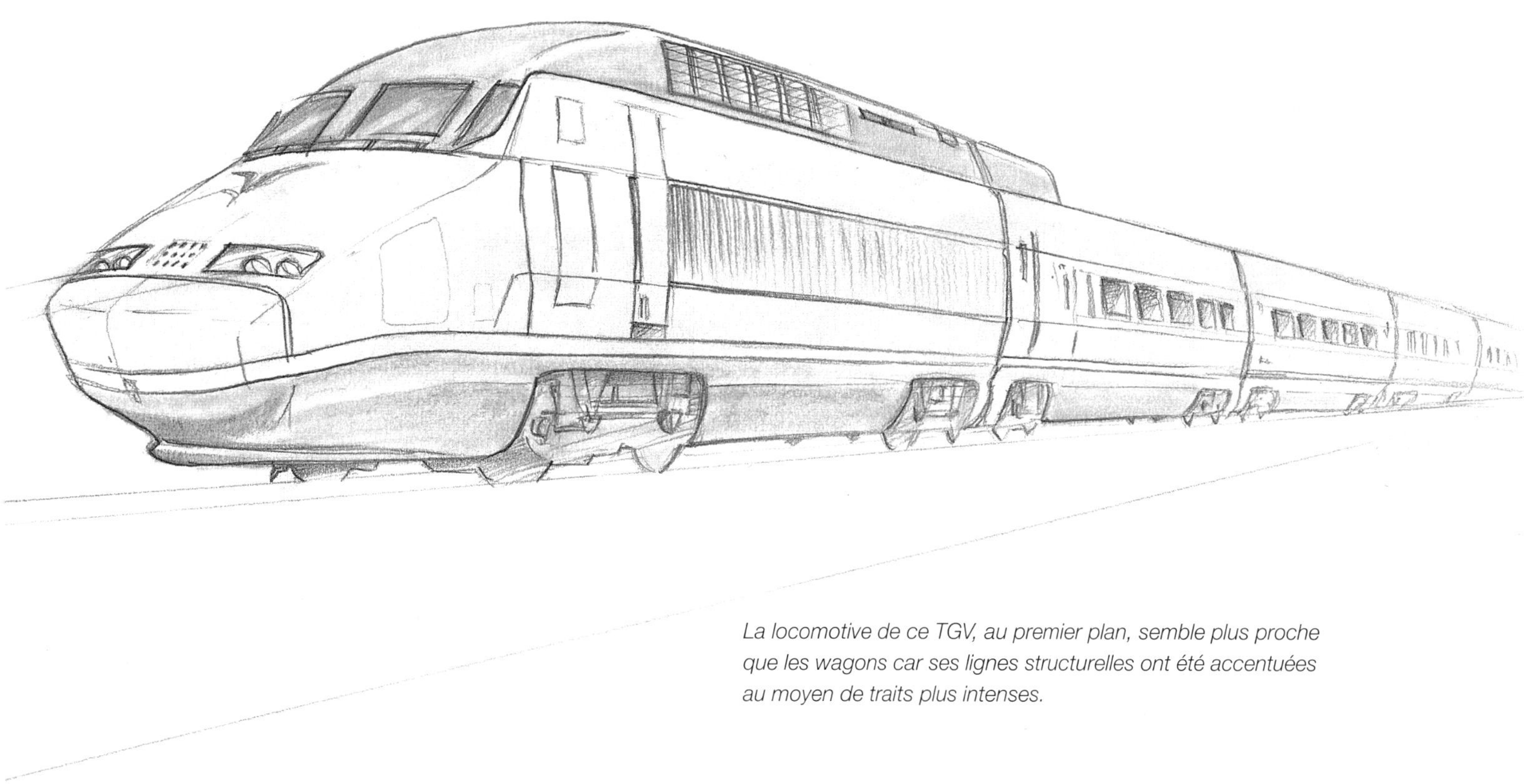

La locomotive de ce TGV, au premier plan, semble plus proche que les wagons car ses lignes structurelles ont été accentuées au moyen de traits plus intenses.

La Perspective
et ses différentes applications

Le dessin en perspective permet de recréer l'effet spatial de la tridimensionnalité. Il s'agit d'oublier la bidimensionnalité du papier et de le transformer en une fenêtre qui s'ouvre sur la profondeur.
Lorsque vous dessinez, vous devez faire en sorte que le résultat obtenu ressemble au modèle réel, et offre une apparence visuelle convaincante, avec une structure et une forme clairement identifiables. Néanmoins, il n'est pas nécessaire d'aboutir à une représentation photographique qui calquerait l'image réelle : l'important est d'obtenir une image qui soit perçue de façon juste.
La maîtrise de la représentation en perspective est essentielle dans le dessin de conception, dans la mesure où elle permet de donner corps à toutes les idées, même les plus complexes. Sans elle, vous serez forcé de vous limiter aux formes que vous savez représenter empiriquement et vous priverez d'un outil de création stimulant. Un bon concepteur-designer dessine tout ce qu'il désire créer, pas seulement ce qu'il sait représenter.

Dans la perspective conique frontale, l'une des faces de l'objet est située plus près de l'observateur que les autres.

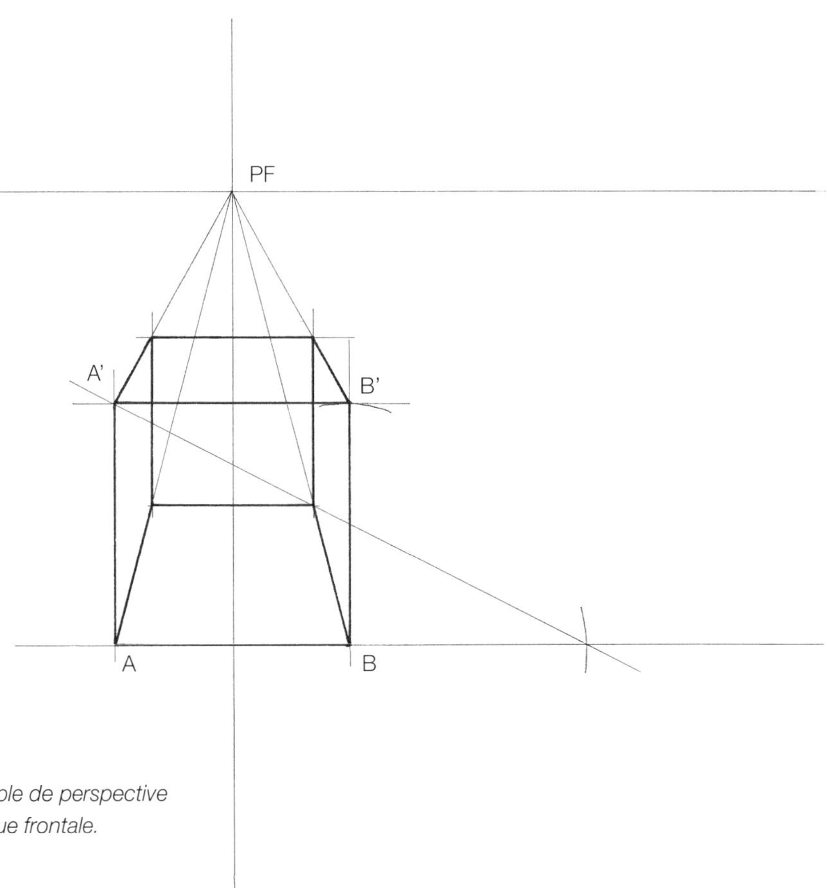

Exemple de perspective conique frontale.

SYSTÈME CONIQUE

Le système conique est fondé sur la projection non plus orthogonale mais convergente d'un objet sur un plan.

Perspective conique

La théorie de la perspective est née de la découverte de deux concepts fondamentaux, la ligne d'horizon et le point de fuite : on constata que toutes les lignes, excepté les verticales, convergeaient, ou « fuyaient » vers un point unique situé sur la ligne d'horizon.
La perspective conique frontale posa les fondements d'une représentation, apparemment correcte, du monde. Dans ce système, les lignes parallèles dans la réalité sont convergentes dans la représentation, puisqu'elles s'unissent, si elles sont prolongées, en un point : le point de fuite. Avec ce type de perspective à un point de fuite, les objets apparaissent de façon frontale ; le plan de projection est parallèle aux éléments que l'on veut mettre en relief.
Ensuite, on inventa la perspective conique à deux ou trois points de fuite, dans laquelle la partie de l'objet la plus proche de l'observateur est l'une de ses arêtes. La sensation de profondeur est plus marquée que lorsqu'on utilise un seul point de fuite. Le concepteur-designer se sert généralement de deux points de fuite plutôt que de trois, car le résultat est d'un réalisme satisfaisant tout en étant moins complexe à obtenir.

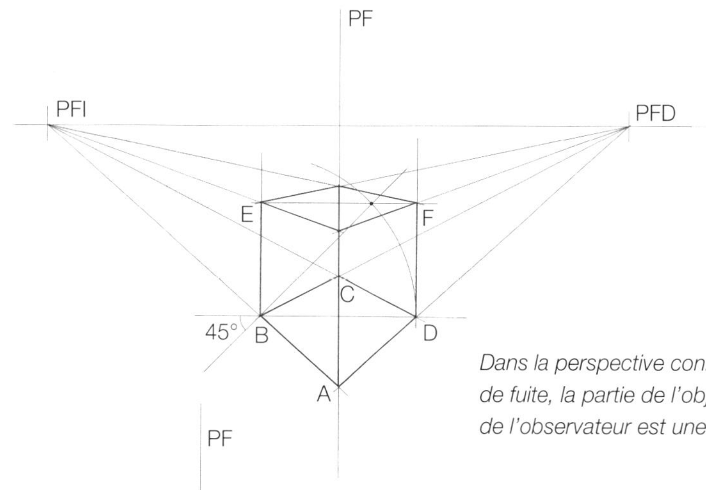

Dans la perspective conique à deux points de fuite, la partie de l'objet la plus proche de l'observateur est une arête.

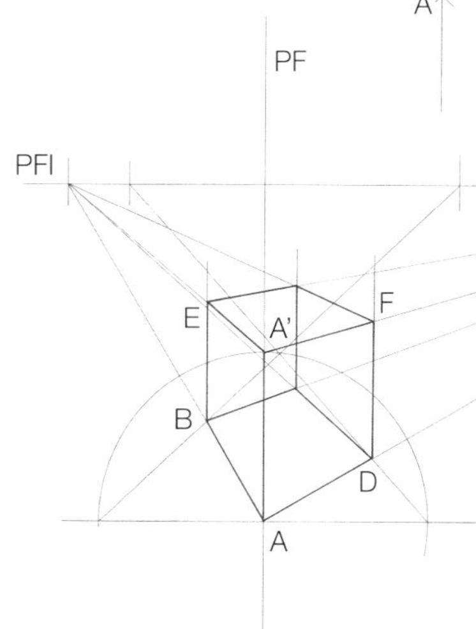

Exemple de perspective conique à deux points de fuite.

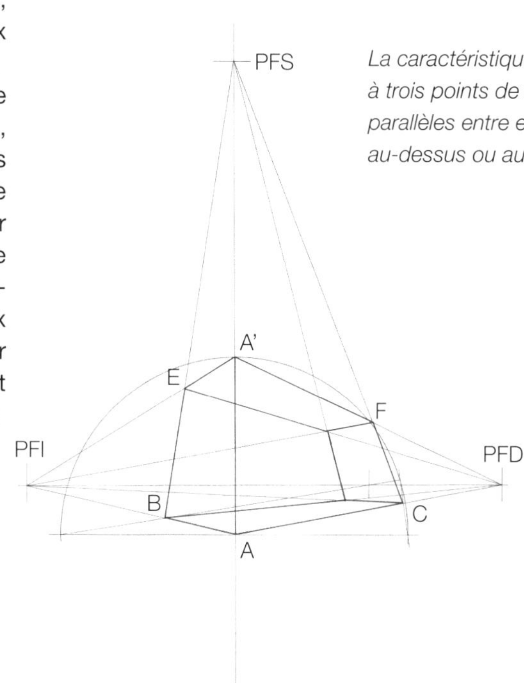

La caractéristique fondamentale de la perspective conique à trois points de fuite est que les lignes verticales ne sont pas parallèles entre elles : elles convergent en un point, au-dessus ou au-dessous de la ligne d'horizon.

Exemple de perspective conique à trois points de fuite.

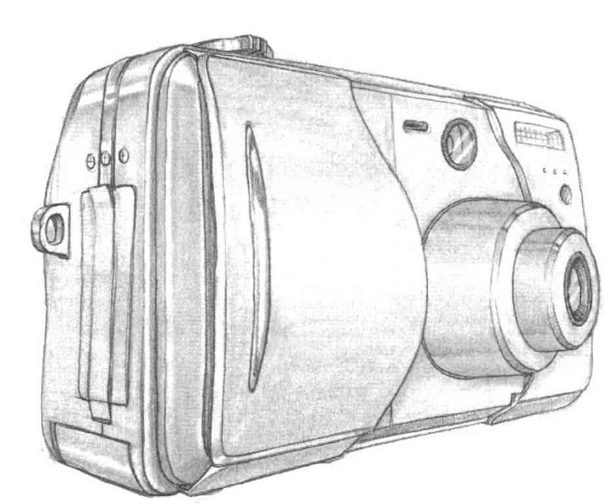

Appareil photo numérique, dessiné en perspective axonométrique (perspective cavalière).

SYSTÈME AXONOMÉTRIQUE

À la différence du système conique, le système axonométrique se fonde sur une projection selon une direction déterminée, perpendiculaire ou oblique, des lignes fuyantes sur le plan du dessin. Les fuyantes restent donc parallèles entre elles.
Dans la perspective axonométrique, on représente les objets sans réduire les mesures en fonction de la profondeur. En montrant les objets de telle sorte que la partie la plus avancée soit une arête, on obtient une plus grande impression de profondeur.

Perspective cavalière

Dans la perspective cavalière, où la projection est oblique, on facilite la compréhension de l'objet en réduisant l'axe de profondeur. Pour cela on applique un coefficient de réduction de 0,6/0,5 ou 0,4.
Ce type de perspective est facile à réaliser et relativement intuitif, c'est d'ailleurs le système qui vient le plus spontanément à l'esprit du néophyte. Le seul inconvénient d'une perspective cavalière est qu'elle induit une étrange sensation spatiale car elle oblige à situer une des faces de l'objet au premier plan – mais c'est précisément la raison pour laquelle elle n'est pas très difficile à dessiner.
On utilise souvent la perspective cavalière pour le mobilier. En effet, avec ce type de produit, l'intérêt repose surtout sur la vue frontale, et il n'y a généralement pas d'éléments spécifiques à mettre à valeur.

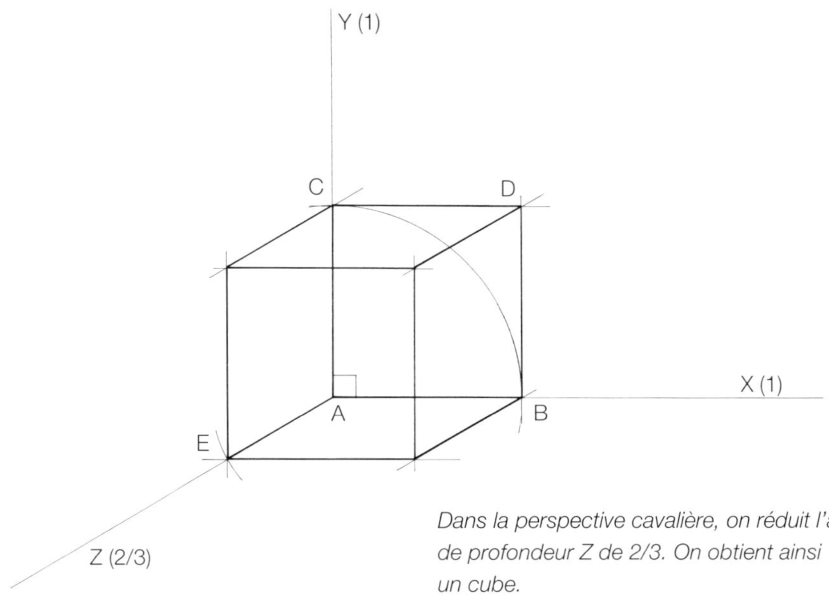

Dans la perspective cavalière, on réduit l'axe de profondeur Z de 2/3. On obtient ainsi un cube.

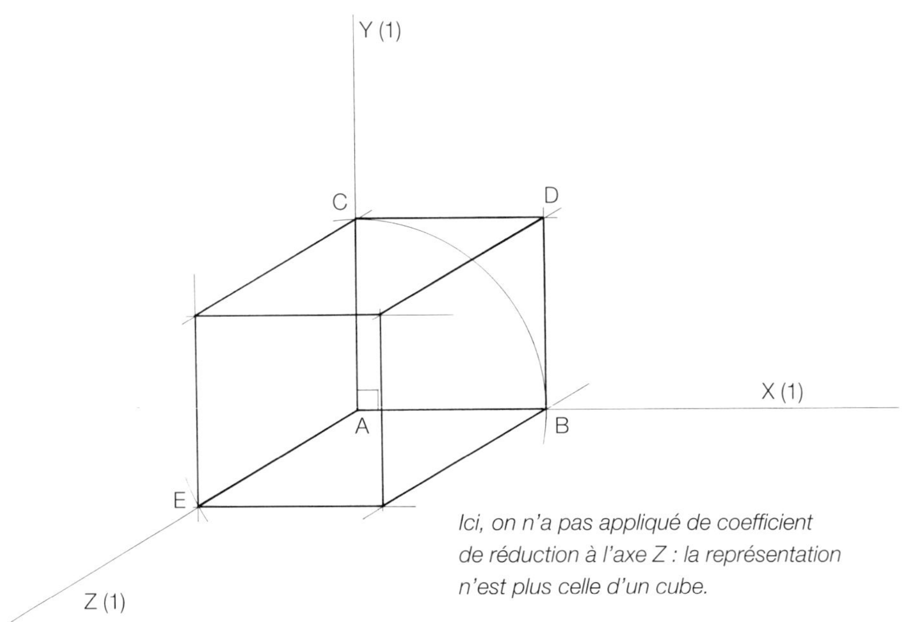

Ici, on n'a pas appliqué de coefficient de réduction à l'axe Z : la représentation n'est plus celle d'un cube.

Autres perspectives axonométriques

Il existe d'autres systèmes de perspective axonométrique, comme les perspectives isométrique, dimétrique et trimétrique, qui jouent sur des variations dans les angles que forment entre eux les axes de référence. Dans la perspective isométrique, la valeur des trois angles est identique. Dans la perspective dimétrique, deux angles sont égaux. Dans la perspective trimétrique, les trois angles sont différents.

La perspective la plus utilisée est la perspective isométrique. En effet la position des axes y est équidistante, ce qui facilite l'exécution du dessin. Cette perspective est fort utile si l'on veut représenter des vues éclatées, car toutes les pièces composant l'ensemble ont la même importance dans la représentation. Elles ont le même point de vue et sont faciles à exécuter, contrairement à ce qu'on obtiendrait avec une perspective conique, dans laquelle on donnerait plus d'importance à certaines pièces qu'à d'autres.

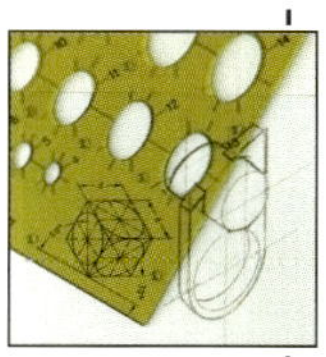

Une fois réalisée l'ébauche du dessin, il faut repasser sur les lignes avec des instruments. Les trace-ellipses sont très utiles pour cela.

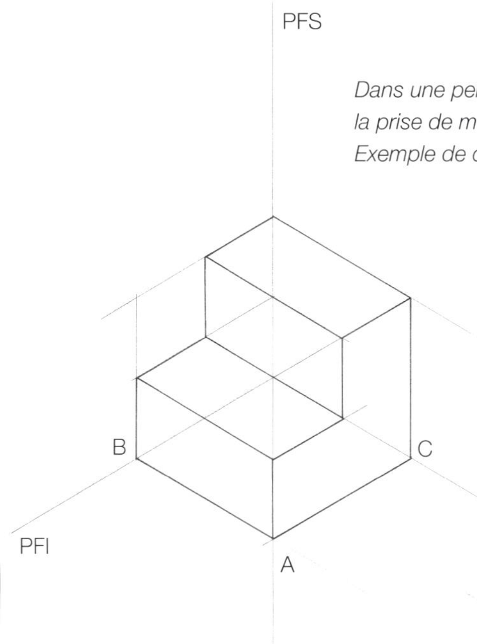

Dans une perspective axonométrique orthogonale, la prise de mesures est facilitée. Exemple de dessin en perspective isométrique.

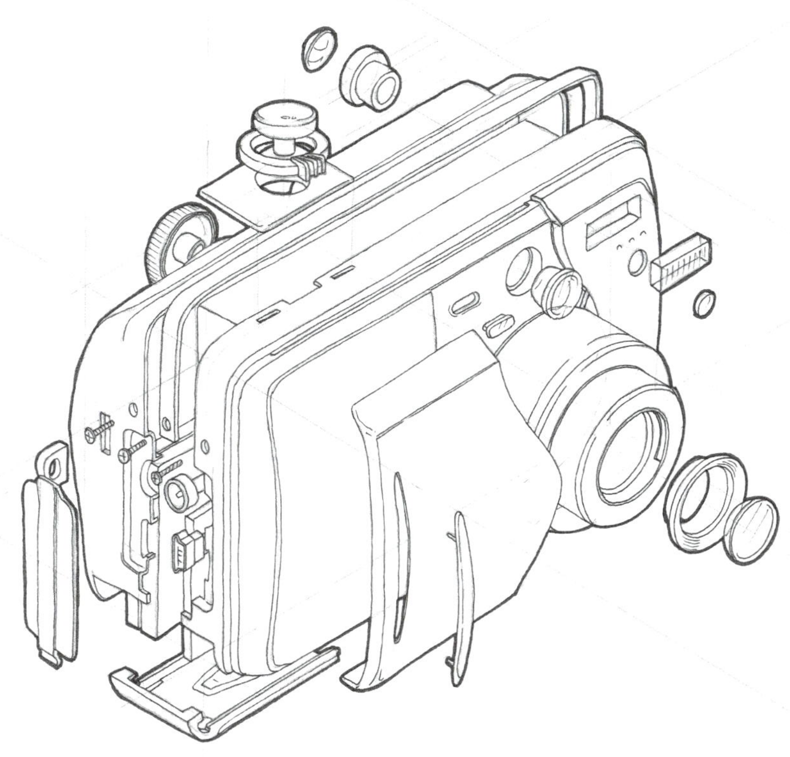

Exemple de perspective axonométrique.

Alternatives à la construction en perspective

Le désir de reproduire la réalité de façon convaincante a conduit artistes et savants à concevoir des sortes de « machines à voir », qui devaient faciliter la perception rétinienne de la réalité. Aujourd'hui, avec le développement de la photographie et de l'informatique ou l'apparition de matériaux permettant de réaliser facilement des maquettes, le concepteur-designer dispose de nombreux outils pour donner vie à ses projets.

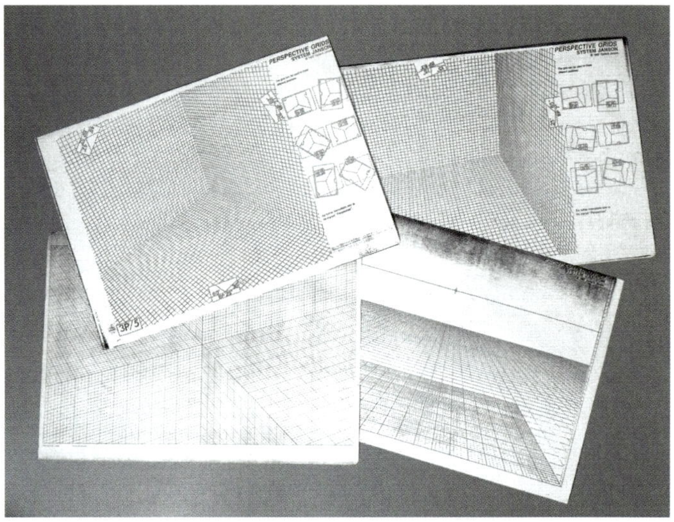

Les réticules servent à transposer des cadres et des dessins à l'intérieur de cubes (technique développée page 74).

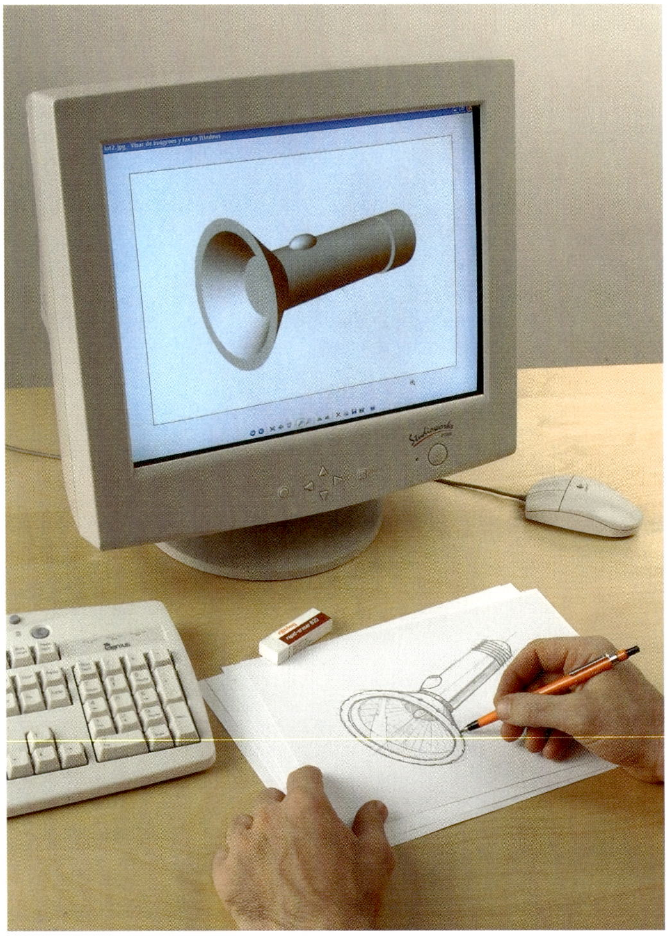

RÉTICULES RÉALISÉS POUR L'INDUSTRIE

Certaines entreprises et certains ateliers de dessin créent leurs propres réticules pour dessiner en perspective (un réticule est un système de quadrillage – voir illustration ci-dessus), même si cette pratique tend à disparaître. Les réticules servent de base pour les dessins, ils permettent de gagner du temps et d'établir correctement les proportions. Néanmoins, ils manquent de précision et se limitent à une vue spécifique d'un objet. Il est en outre impossible d'indiquer des échelles exactes.

À PARTIR D'UNE PHOTOGRAPHIE

Pour vous aider à solutionner les problèmes de perspective, vous pouvez aussi photographier un objet similaire à celui que vous allez représenter, en choisissant le point de vue qui vous intéresse le plus. Si nécessaire, agrandissez la photo jusqu'à la taille adéquate. L'image obtenue pourra ainsi vous servir de référence.

Une représentation numérique doit être très simple : cela n'aurait pas de sens de consacrer beaucoup de temps à cette phase du travail.

À PARTIR D'UNE IMAGE NUMÉRIQUE

On peut aussi construire son projet grâce à l'ordinateur, en se servant un programme de modélisation en trois dimensions. On utilise alors des volumes généraux, sans détails. Ensuite on peut imprimer le dessin et en décalquer les lignes principales, ou élaborer ses projets en prenant pour référence l'image affichée à écran.

À PARTIR D'UNE MAQUETTE

Parfois, dans les premières phases du projet, le concepteur-designer a besoin de créer des maquettes simples pour estimer les volumes et analyser les éventuelles difficultés de représentation. Dessiner ensuite la maquette permet d'explorer quelques variantes possibles du projet. Vous pouvez la représenter directement à partir de l'original, ou la photographier pour ensuite la copier ou la décalquer.

La maquette doit si possible être réalisée avec des matériaux interchangeables, et offrir une géométrie élémentaire mais claire des concepts fondamentaux de l'objet. Les détails sont secondaires, vous les intégrerez dans les dessins.

Il sera plus facile d'élaborer votre projet à partir d'un modèle existant.

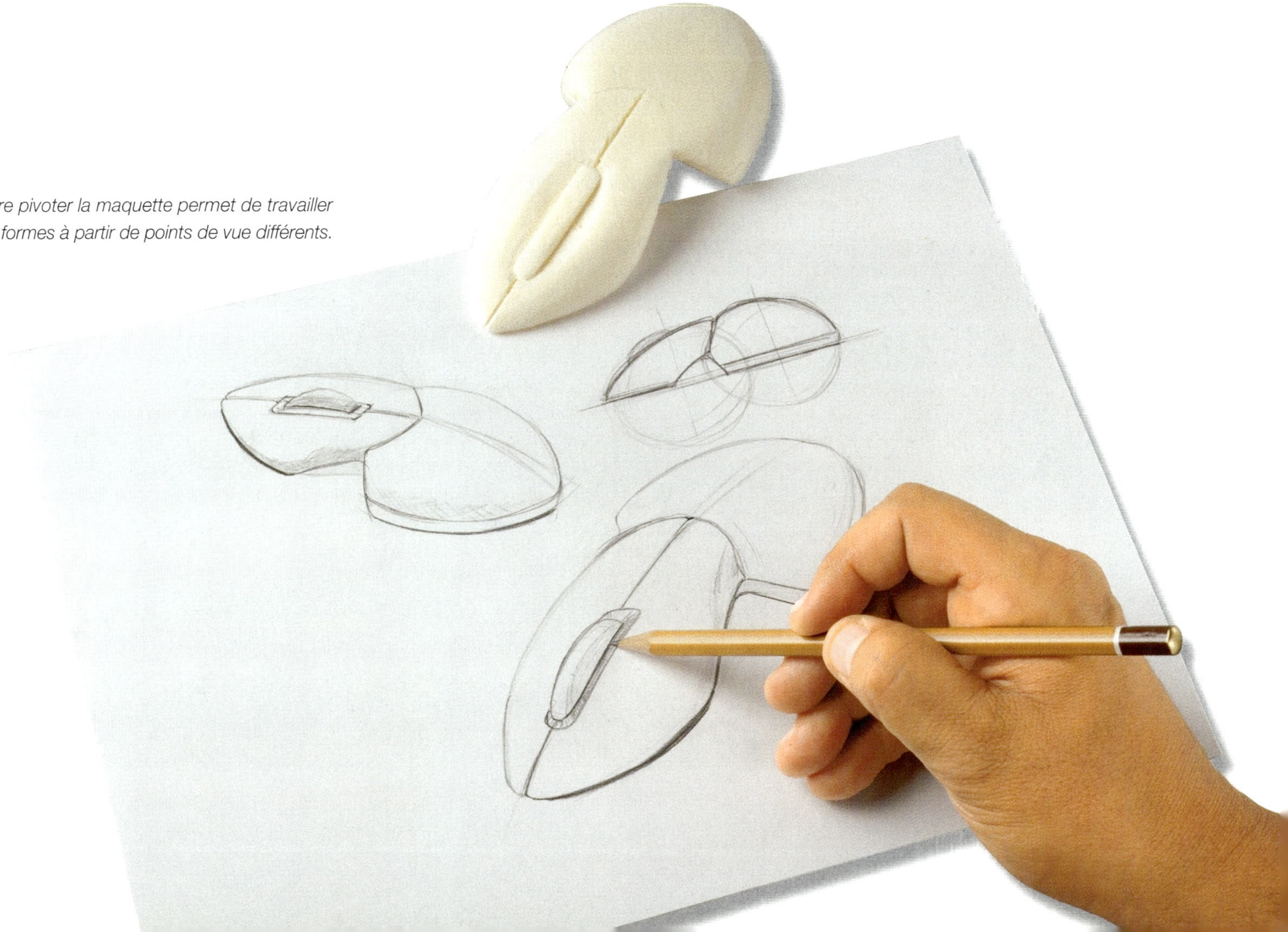

Faire pivoter la maquette permet de travailler les formes à partir de points de vue différents.

l'Étude de la lumière

Pour recréer la troisième dimension des objets, on a recours aux ombres. Les ombres et les trames sont fondamentaux pour représenter le relief.
Pour modeler un objet correctement, il faut définir sa zone la plus foncée, puis sa zone la plus claire, et ensuite distribuer graduellement les valeurs intermédiaires.
Dès qu'il est question de lumière, on se réfère à la tridimensionnalité de l'objet. Dans de nombreux cas, c'est un concert de lumières et d'ombres qui caractérise cet objet.

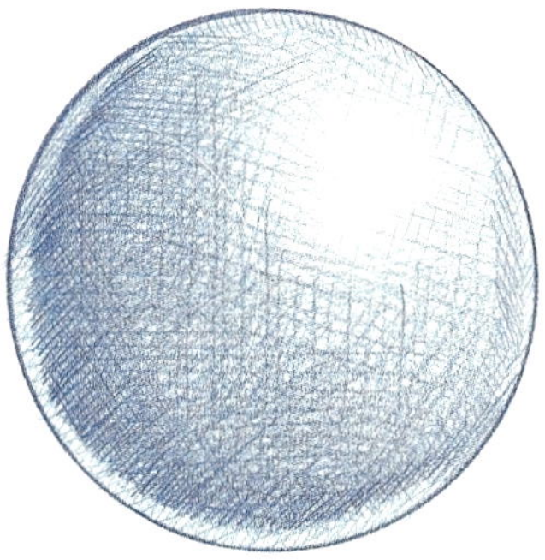

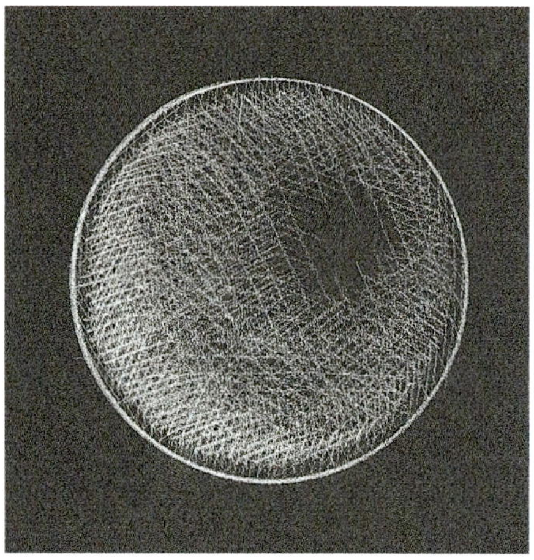

Contraste entre le clair et l'obscur.

CONTRASTE

La perception de la forme est le résultat de la combinaison de contrastes dans le champ visuel. Si l'on place un objet blanc contre un fond blanc, et qu'on éclaire de la même façon l'objet et le fond à partir des deux côtés, l'objet disparaît pratiquement. Si l'on déplace une lumière de telle façon qu'on éclaire l'objet mais pas le fond, on obtient un contraste qui met en valeur la forme de l'objet. Le contraste se produit par relation : contraste entre la lumière et l'ombre, contraste de couleurs.

Le point clair sur la sphère représente la lumière provenant d'un foyer de lumière directe. Le dégradé qui entoure ce point donne l'illusion du volume. Ensuite on représente l'ombre portée de la sphère.

ÉMISSION DE LUMIÈRE

On distingue deux types de lumière : la lumière directe, dont le parcours n'est entravé par aucun obstacle ni aucun filtre, et la lumière indirecte ou projetée, qui rebondit sur la surface d'un objet proche fortement éclairé. Ces deux termes sont équivalents à ceux de luminosité absolue et de luminosité relative.

La distinction de ces deux types de lumière est d'une importance capitale si l'on veut traiter des problèmes techniques de représentation des formes dans le dessin.

TEXTURE VISUELLE

Elle correspond à la quantité et au type de lumière que reflète un objet, mais aussi à la façon dont il la reflète, selon la texture de sa surface. Certains des termes utilisés pour décrire les textures visuelles proviennent de l'expérience tactile : rugueux, doux, dur, mou. D'autres ont une signification visuelle : terne, brillant, opaque, transparent, métallique, iridescent.

L'utilisation d'un support granulé pour le dessin permet de réaliser rapidement un effet de texture.

Finitions mates, brillantes et chromées.

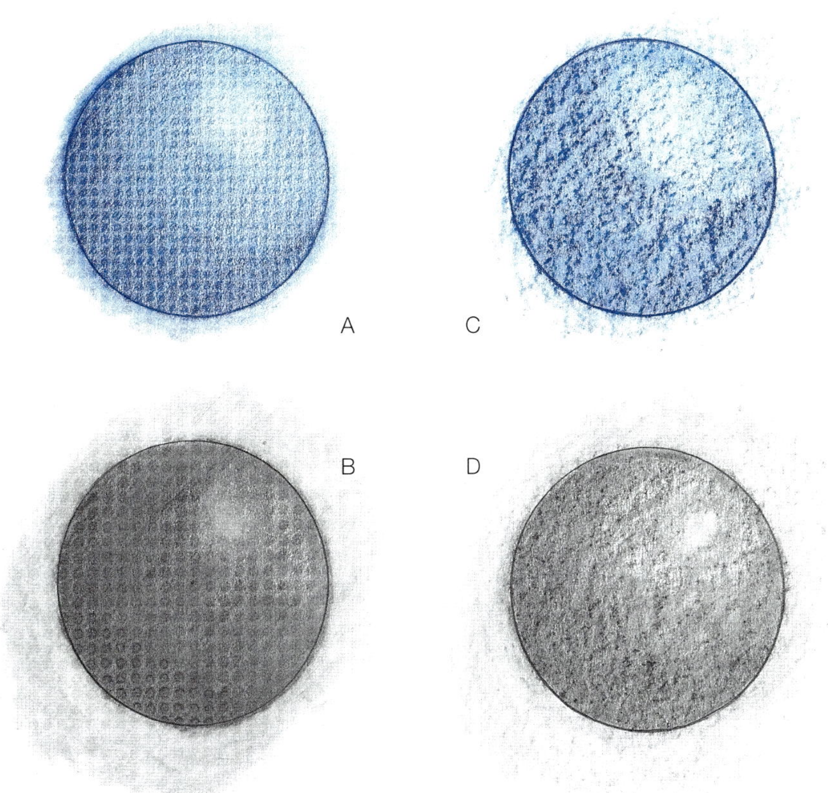

Création de textures à l'aide de supports rugueux. Pour les sphères A et B nous avons placé une grille métallique au recto de la feuille, et pour les sphères C et D du papier de verre.

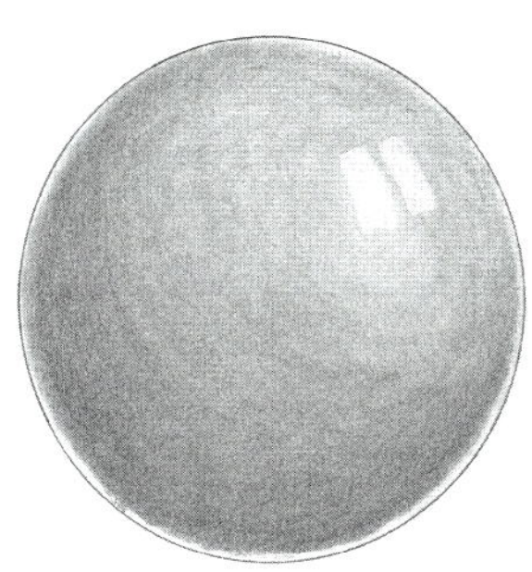

Une sphère un peu rugueuse mais brillante. Les deux bandes blanches évoquent le reflet d'une lumière provenant d'une fenêtre à deux vantaux.

Pour définir comment la lumière agit sur un objet (ombre propre, ombre portée, éclats de lumière, reflet et modelé), il faut prendre en compte les caractéristiques et la direction de la lumière (lumière naturelle, artificielle, directe, diffuse, etc.) et les facteurs qui déterminent sa transmission dans l'espace (atmosphère, reflets de la lumière, lumière tamisée, etc.).

l'Action de la lumière sur les objets

Pour projeter correctement les ombres, il faut considérer l'orientation des foyers de lumière. Dans le design industriel, la lumière sera par principe frontale ou, du moins, latérale.

Exemple d'ombres portées. Les zones blanches indiquent les éclats de lumière.

OMBRES PORTÉES

Ce terme désigne la projection d'une zone soustraite aux rayons lumineux soit sur un autre objet ou volume situé dans son environnement immédiat, soit tout simplement au sol. Pour la dessiner, on tiendra compte de trois éléments principaux : le type de lumière (directe ou indirecte), l'orientation du foyer et la texture de la surface sur laquelle l'ombre se projette.

Dans les vues orthographiques, il est conseillé de n'employer qu'un seul foyer de lumière, si possible dans une position latérale plus élevée. Les faces de l'objet se différencient ainsi par contraste entre zones ombrées et zones éclairées. La lumière fait ressortir les bords où l'on voit au moins deux faces ; elle crée des zones d'ombre et de pénombre dans les zones opposées.

En ce qui concerne les perspectives, on suit la même démarche que dans les vues orthographiques. Dans les dessins très élaborés, où le concept du produit est arrêté, on peut utiliser deux foyers de lumière.

Deux techniques différentes pour représenter des matériaux transparents. Dans les deux cas, les reflets doivent être très précis.

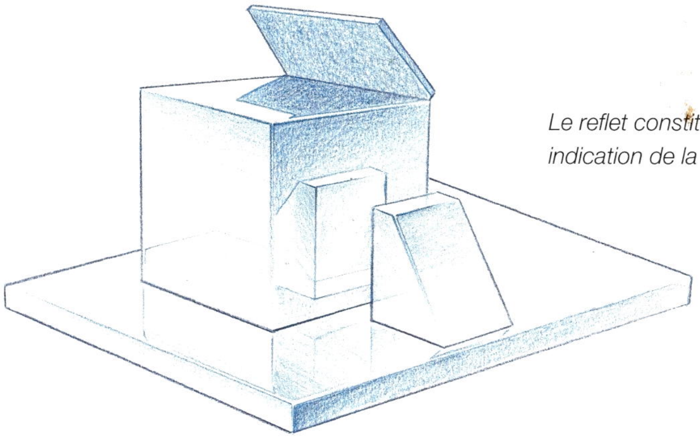

Le reflet constitue une bonne indication de la nature du matériau.

EFFETS DE TRANSLUCIDITÉ ET DE TRANSPARENCE

La lumière qui traverse les matériaux transparents ou translucides a un double effet : elle affecte directement l'objet lui-même, y créant éclats de lumière et reflets, et elle se disperse sur les surfaces proches. Le plus souvent l'objet transparent ou translucide n'a pas de couleur propre, c'est le fond qui va la déterminer. C'est pour cette raison qu'on dessine d'abord le fond et qu'on le modifie ensuite pour représenter l'objet : les matériaux transparents ou translucides se comportent comme un filtre par rapport au fond. Si l'objet transparent est lisse et poli, on dessine des reflets très précis.

EFFETS DE REFLETS

Une surface lisse et polie agit comme un miroir. Ainsi, lorsqu'une telle surface se trouve près de l'objet représenté, on peut y dessiner un reflet de l'objet.
On représente un reflet en projetant l'objet sur la surface réfléchissante, avec des tons moins marqués et un degré de détail moindre. La qualité du reflet dépend de la proximité de l'objet, du type de surface (le reflet sera atténué et diffus sur les surfaces mates, ou clair et détaillé sur du verre ou un miroir) et de l'intensité de la lumière.

On travaille le reflet de façon à ce qu'il ne perturbe pas la lecture du dessin.

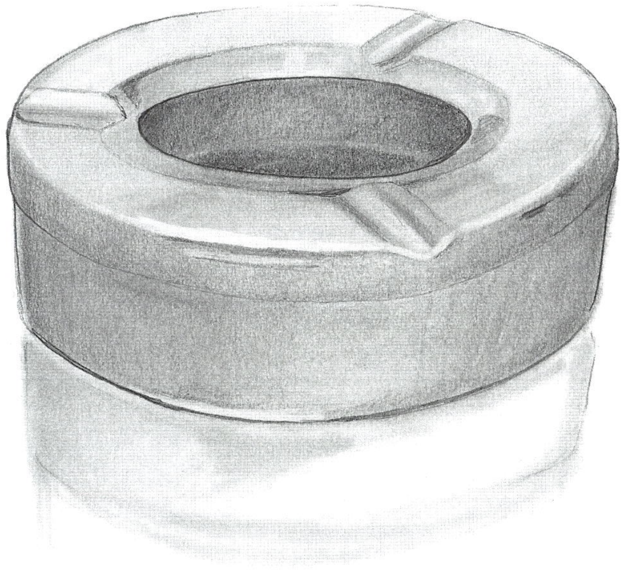

Un reflet permet de mettre en valeur l'objet représenté.

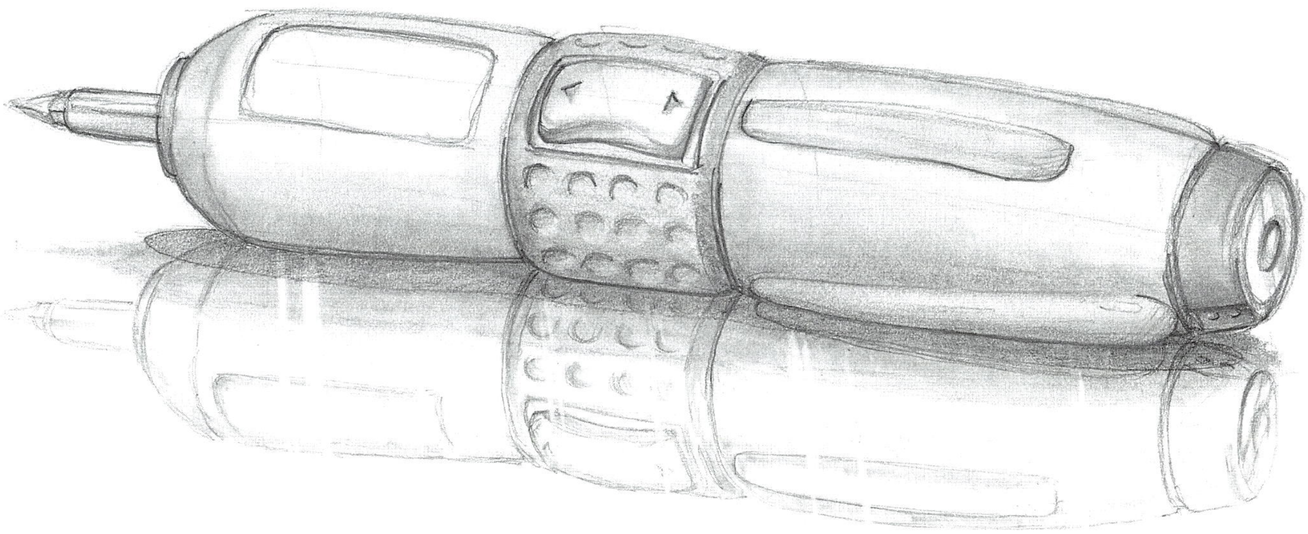

les Figures

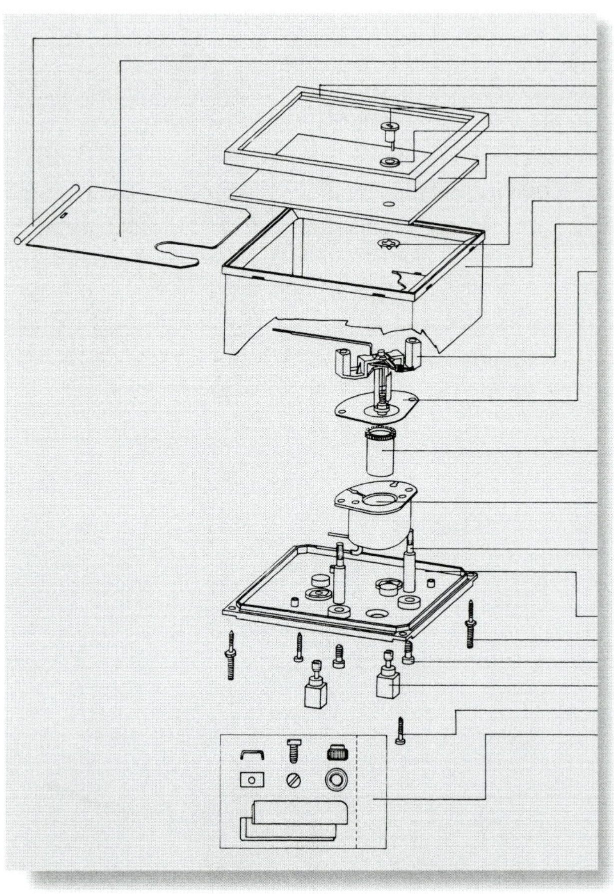

JESÚS ALBARRACÍN.
DÉCOMPOSITION D'UN APPAREIL ELECTRIQUE, 1990.
ESQUISSE REALISEE À LA PLUME.

géométriques

S'il maîtrise bien le dessin des formes géométriques, le concepteur-designer pourra représenter toutes les formes que son imagination lui suggère, aussi complexes soient-elles.

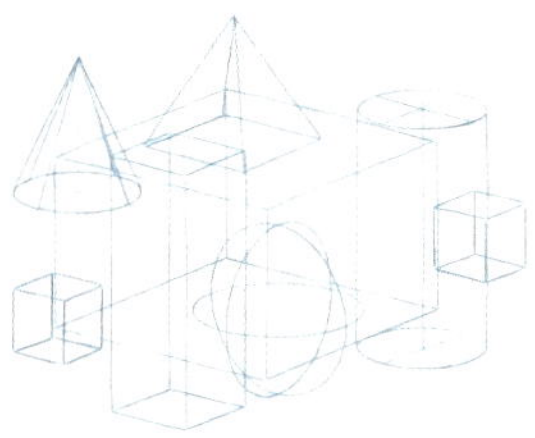

Le dessinateur doit être capable d'assembler des figures géométriques simples en respectant les lois de la perspective. Il doit aussi savoir traiter les solides. Une fois qu'il maîtrise ces aspects du dessin, il peut créer des figures complexes en suivant une série d'étapes permettant de leur donner des proportions justes. Pour cela, il utilise la technique du dessin à l'intérieur d'un cube : il place l'objet désiré dans un polyèdre (ou « boîte »), qui l'aidera à représenter correctement l'objet en perspective.

les Formes géométriques de base

SOLIDES ET SURFACES CORRESPONDANTES

Une fois que l'on maîtrise les formes géométriques simples, on peut aborder les formes complexes. Commencez par représenter des polyèdres en trois dimensions, des solides simples, en respectant scrupuleusement les lois de la perspective.

Cubes

En perspective conique, on représente toujours une arête du cube au premier plan. La taille des autres arêtes se réduit avec l'éloignement. Le point de vue est important, car la représentation de l'objet varie selon qu'il est situé au ras du sol, au-dessus ou au-dessous de la ligne d'horizon.

Pyramides

On dessine d'abord la base (qu'elle soit triangulaire, carrée, etc.), puis on détermine son centre et, à partir de celui-ci, on projette la ligne droite verticale qui correspond à la hauteur de la pyramide. À partir du sommet, on trace les arêtes, c'est-à-dire les lignes qui relient le sommet aux angles de la base.

Cylindres

Une fois que l'on a choisi l'orientation du cylindre, on en dessine l'axe, et à ses extrémités on trace les axes des ellipses. Rappelez-vous qu'un cercle en perspective se représente comme une ellipse.

Cônes

On dessine d'abord une base elliptique et, à partir du point d'intersection des axes de la base, on trace la hauteur. Ensuite, à partir du sommet du cône, on trace deux droites de chaque côtés tangentes à la base.

Sphères

En perspective, une sphère est représentée sous la forme d'un cercle. On est parfois obligé de représenter une demi-sphère ou un quart de sphère : il est conseillé de dessiner une ellipse équatoriale et deux méridiennes afin de sélectionner la partie qui nous intéresse.

Représentation d'un hexaèdre (ou cube).

On ne voit ici que deux faces de cette pyramide à base carrée, différenciées par leurs valeurs tonales.

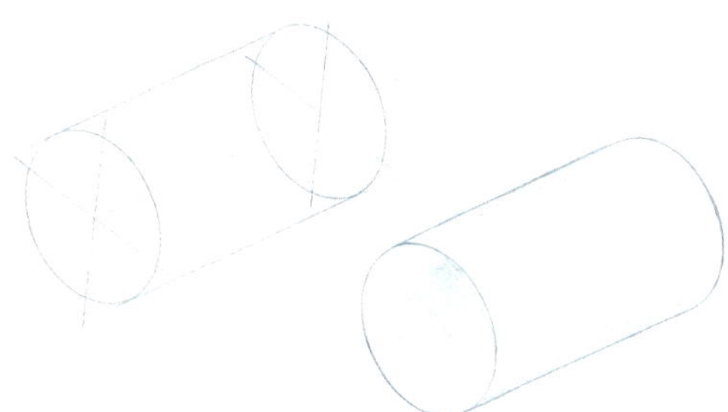

Pour tracer un cylindre, on définit d'abord les lignes des axes. Pour traiter la lumière, on emploie des valeurs tonales intermédiaires et des ombres orientées selon l'axe principal. La face latérale comporte un dégradé.

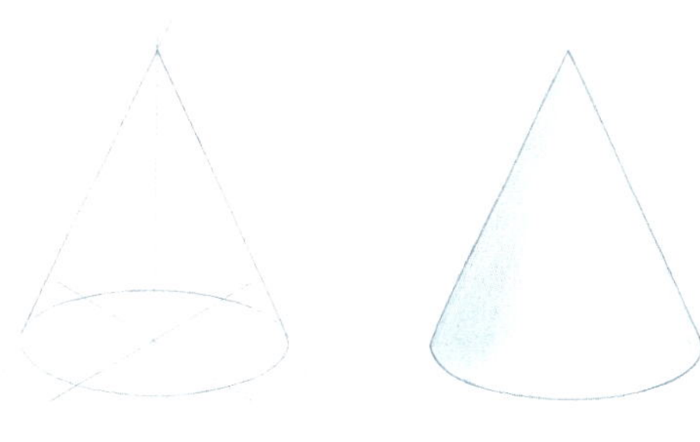

Le traitement du cône ressemble beaucoup à celui du cylindre.

En dessin, la sphère est en vue frontale un cercle doté de volume. On s'occupe d'abord de la zone éclairée, puis on travaille le reste de la figure en dégradé.

Exercice 1

Commencez par dessiner une base qui ait la forme d'un échiquier. Il s'agit de représenter les carrés de l'échiquier en suivant les principes de la perspective axonométrique ou de la perspective conique à deux points de fuite (dans ce dernier cas, on fait en sorte que ces deux points soient le plus éloignés possible l'un de l'autre pour éviter les distorsions). Ensuite, on place les différents solides sur les carrés.

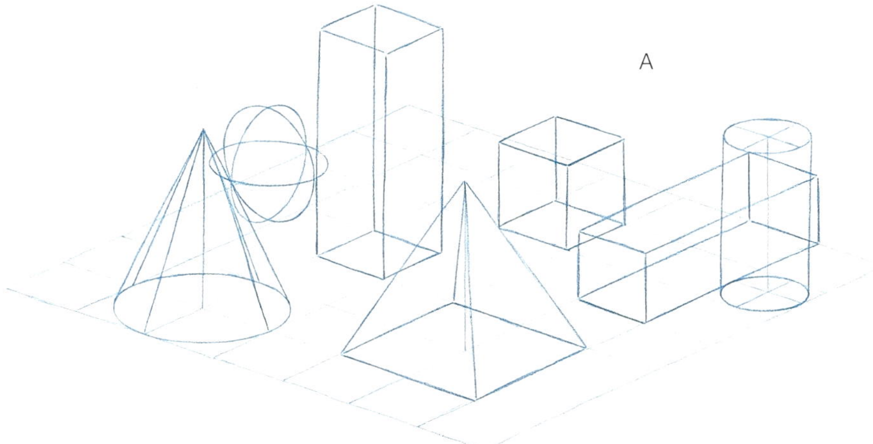

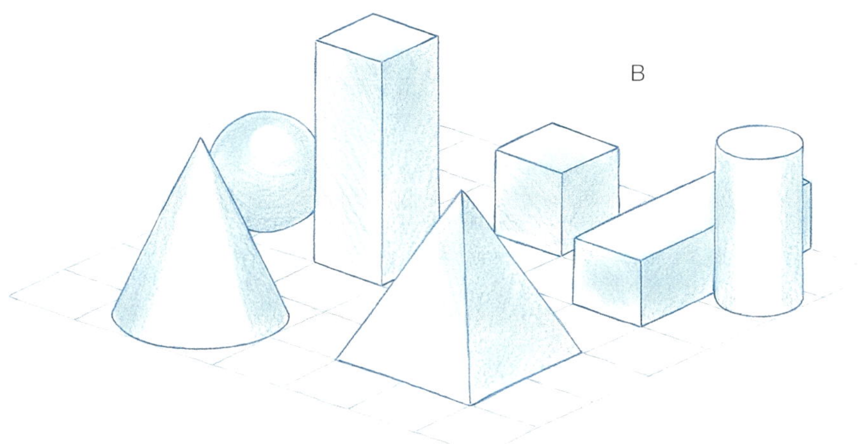

A et B. Si certains solides en cachent d'autres, on crée une illusion de profondeur et l'ensemble paraît plus cohérent.

Exercice 2

Il s'agit ici de représenter des figures complexes, dans lesquelles différents solides sont imbriqués. Pour cet exercice, il convient de représenter le plus de solides possible.

A. La décomposition d'une forme complexe en plusieurs formes simples vous aidera à représenter celle-ci.

B. L'étude des types d'intersections générées par la rencontre de corps géométriques différents apprend au dessinateur à mieux maîtriser la représentation des volumes.

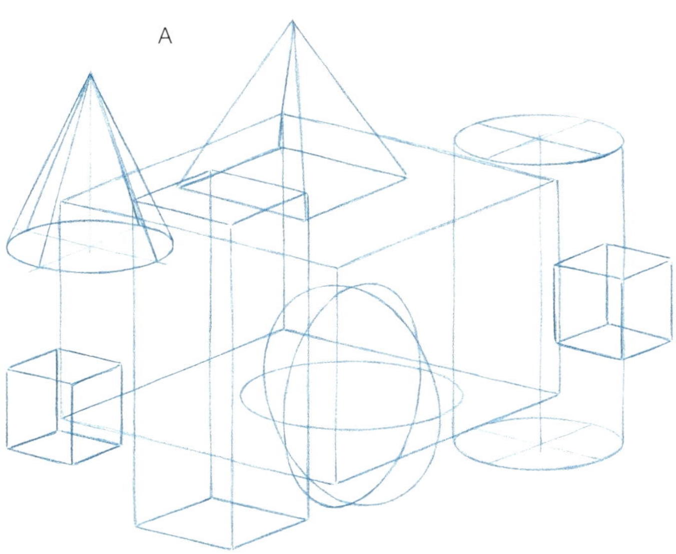

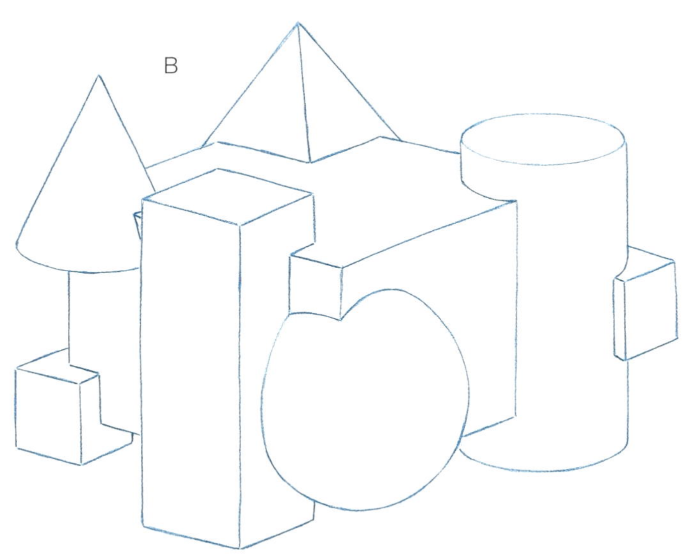

Proportions
et technique du dessin dans un cube

Le respect des proportions permet une bonne compréhension de votre projet. Si vous montrez un dessin imprécis à un collègue ou à un client, il ne saura pas si les disproportions correspondent à la réalité ou sont imputables à votre maladresse. L'exemple de la chaise dessinée ci-dessous est typique : si les pieds sont trop longs, l'observateur pourra croire qu'il s'agit d'un tabouret de bar, et non d'une chaise de salle à manger. De même, pensez à une automobile dont les roues seraient trop petites, ou à une silhouette qui aurait des bras disproportionnés. Dans chaque cas, les maladresses brouillent le message originel.

Avec ses pieds disproportionnés, la chaise de droite fait penser à un tabouret de bar – mais qui serait dépourvu de repose-pieds.

PRINCIPE DU DESSIN DANS UN CUBE

Comme son nom l'indique, cette méthode consiste à inscrire les formes d'un objet à l'intérieur d'une boîte transparente. De cette façon, on peut contrôler la justesse des proportions de l'objet.

Il s'agit de dessiner un parallélépipède rectangle (c'est-à-dire un cube), à l'intérieur duquel on dessine l'objet que l'on veut représenter. Les dimensions maximales du cube correspondent à celles de l'objet.

Nous avons doté les deux personnages qui entourent le personnage central de bras très longs. On remarque tout de suite cette incohérence lorsqu'on les compare au personnage central, dont les proportions correspondent aux normes anthropométriques.

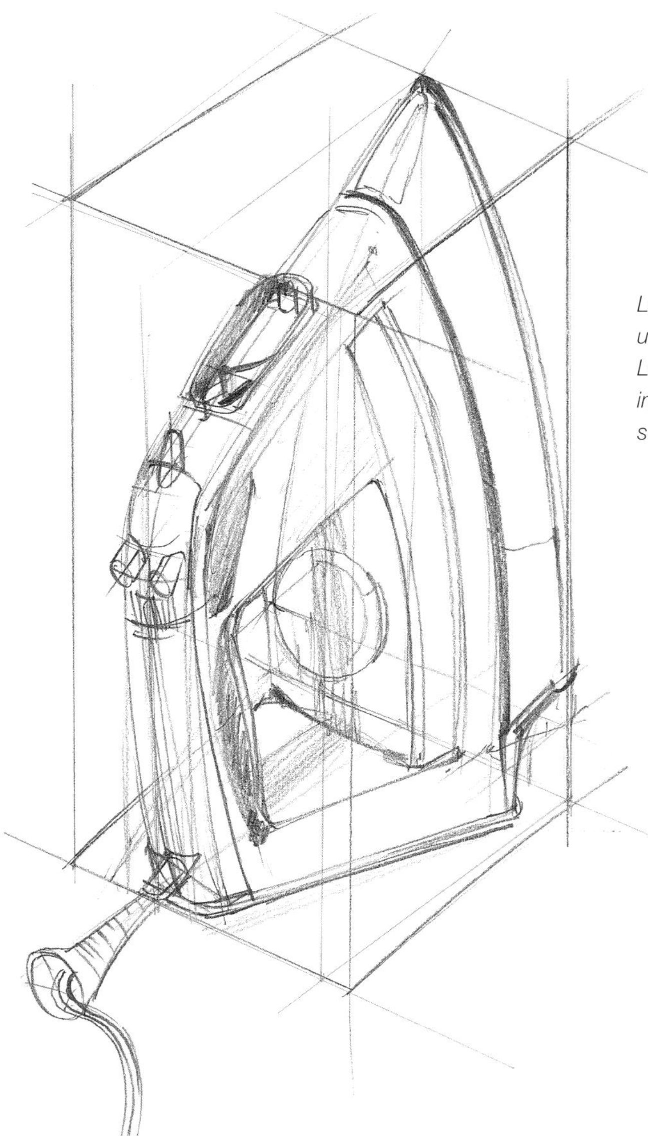

La méthode du cube est très utilisée par les dessinateurs. Les lignes du cube sont peu intenses car elles constituent seulement un guide.

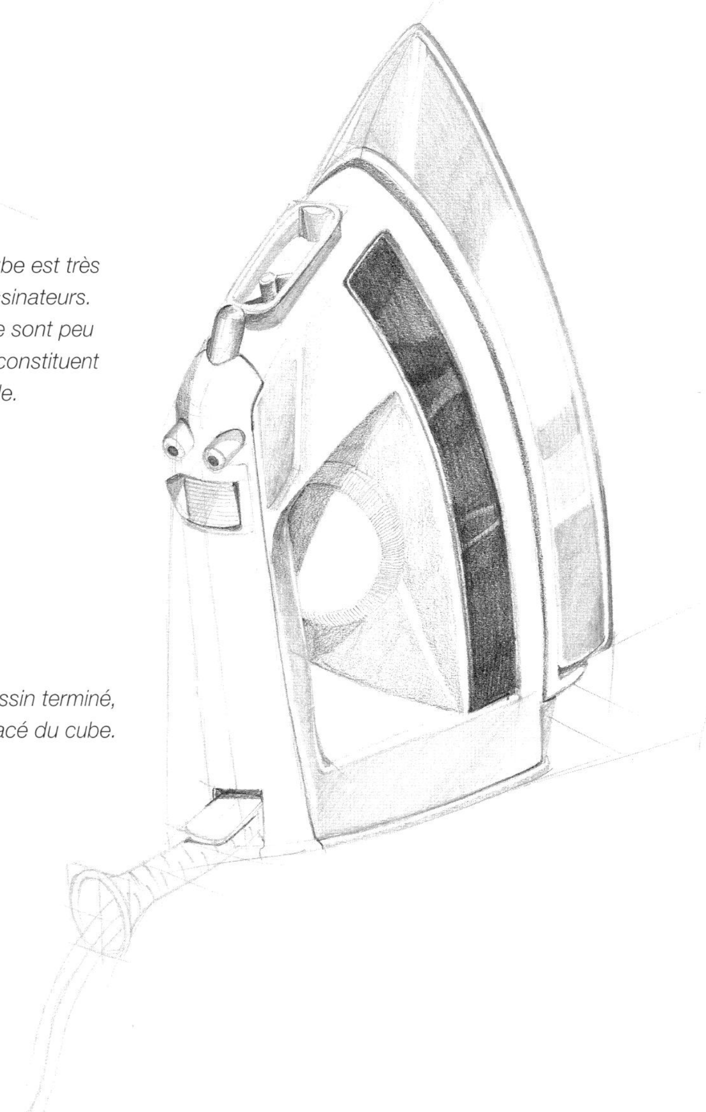

Une fois le dessin terminé, on élimine le tracé du cube.

PAS À PAS

Pour mettre en pratique cette technique simple et souple, on dessine d'abord un cube englobant la structure de n'importe quelle partie du dessin, en le plaçant dans l'orientation générale désirée pour l'objet à représenter. Ce premier cube servira d'unité de mesure. Ensuite, on superpose d'autres cubes au cube initial, jusqu'à obtenir un prisme formé par tous les cubes qui aura les mesures maximales extérieures de notre projet d'objet.

En fonction des dimensions et de la forme de l'objet représenté, on réalisera autant de cubes que nécessaire.

Il existe différentes façons de construire des cubes :

1. En réalisant des maquettes d'une série de cubes.

2. En utilisant un réticule et un gabarit.

3. En se servant d'un logiciel de DAO. Les cubes créés seront ensuite copiés à partir d'une impression ou directement à partir de l'écran.

4. En utilisant le système traditionnel de représentation en perspective.

La méthode du cube convient à ceux qui ne dominent pas encore le rendu des proportions, mais elle a un inconvénient : elle bride la créativité au profit de la « correction » du dessin. Elle oblige en outre à tracer une grande quantité de lignes, ce qui est un travail long et laborieux – c'est pourquoi d'ailleurs il vaut mieux éviter d'utiliser des quadrillages trop fins. Cette méthode reste toutefois profitable tant qu'on ne maîtrise pas le tracé et le dessin proportionné à main levée. Un concepteur-designer expérimenté l'utilise rarement.

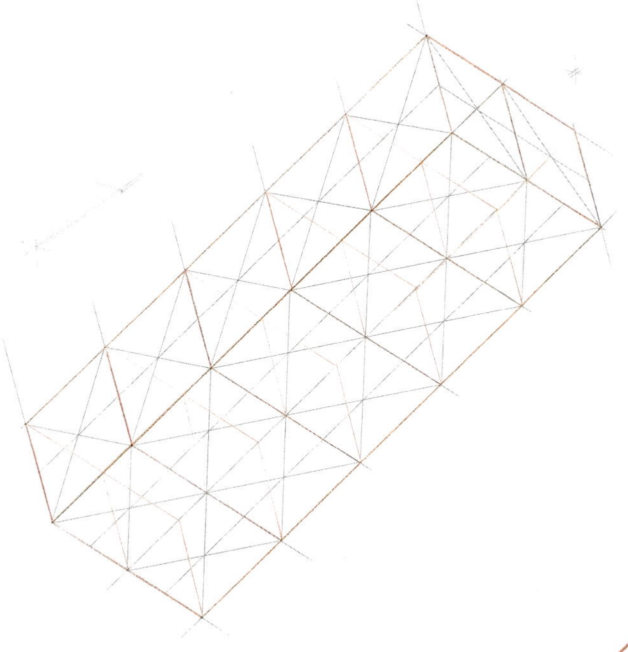

On élabore un quadrillage en trois dimensions qui servira de base au dessin.

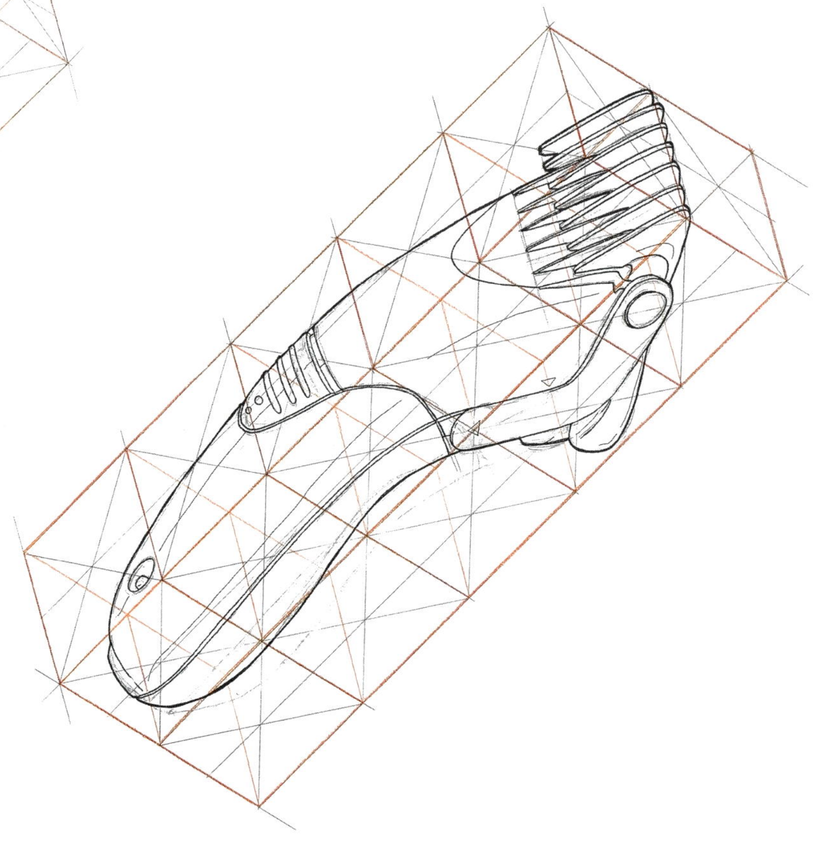

On utilise le quadrillage comme base de proportion pour le dessin. Son tracé est conservé jusqu'à ce que l'intensité de trait et le niveau de détail voulus pour la représentation de l'objet soient atteints.

QUADRILLAGE DES VUES ORTHOGRAPHIQUES

Cette méthode est un peu plus longue que celle des cubes, mais elle donne de bons résultats quand l'objet à dessiner est complexe. On commence par quadriller les vues orthographiques (vues frontales des faces, vue en plan et coupe) de l'objet. Puis on les projette en perspective sur le cube-boîte. À partir du quadrillage de chaque face, on construit peu à peu les côtés du dessin.

À partir des vues principales d'un objet, on réalise un quadrillage qui permet de définir ses proportions.

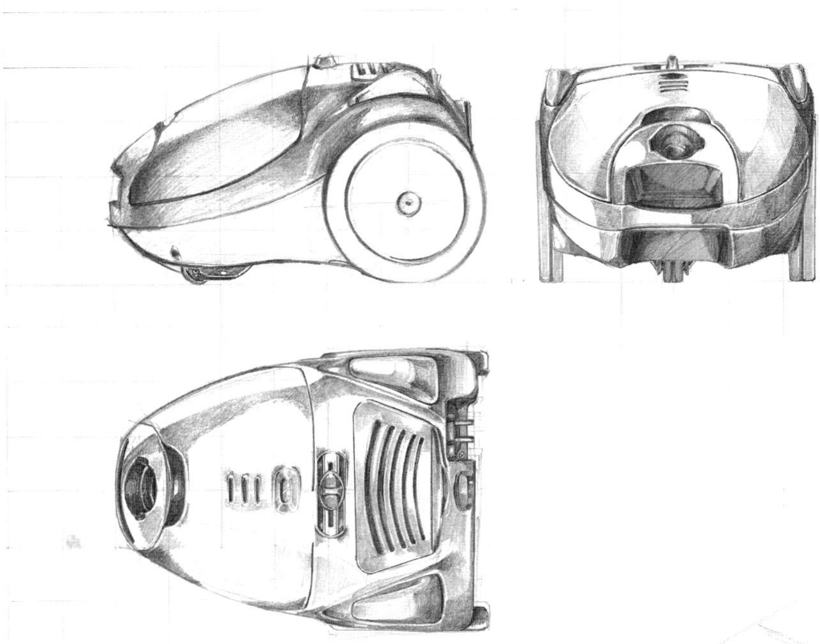

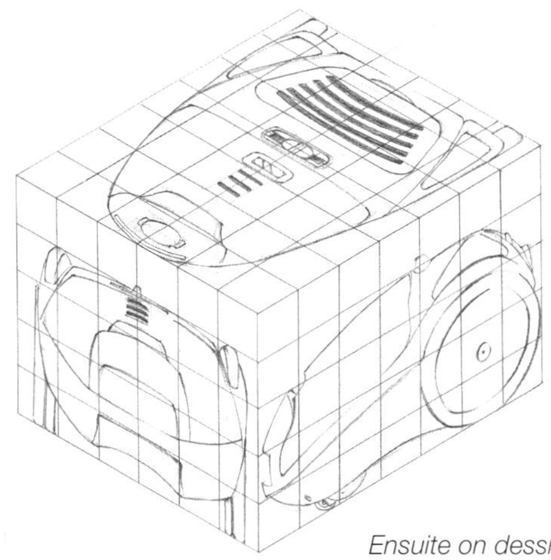

Ensuite on dessine autant de cubes que nécessaire : il s'agit d'inclure la totalité de l'objet.

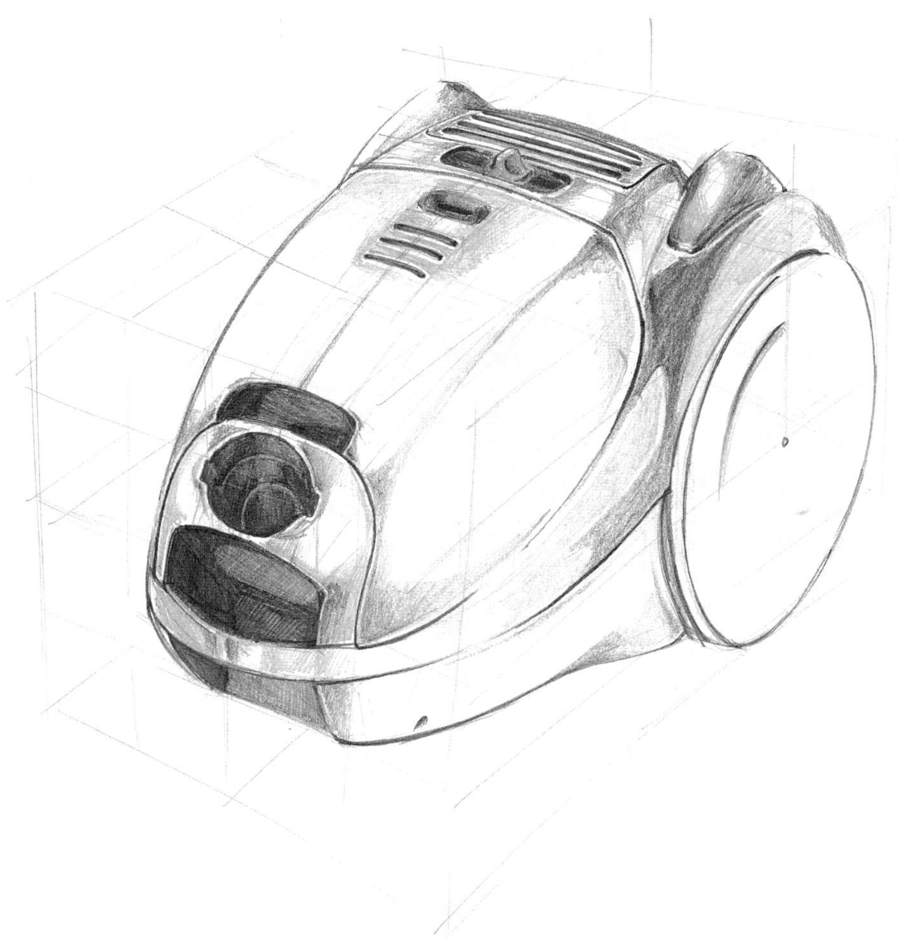

Les cubes aident à définir les proportions ou à apporter des corrections.

les Arrondis d'arêtes

Une fois que l'on connaît les règles de représentation en perspective des formes simples des solides, on peut aborder la représentation des arêtes adoucies, ou arrondies. Dans de nombreux produits, les arêtes n'ont pas une finition droite ; les arrondis adoucissent les formes et satisfont à des exigences de sécurité et d'esthétique. On tient aussi compte du traitement des différents plastiques (polymères) dans divers systèmes de production, où les arrondis permettent un parcours plus naturel de l'objet dans le moule.

Lorsque le rayon des arrondis est important, on ne peut pas délimiter ceux-ci par des angles, puisque l'on ne voit pas d'intersection nette des différents plans. Il vaut mieux les représenter comme ils sont, sans chercher à indiquer un changement de plan parfaitement défini.

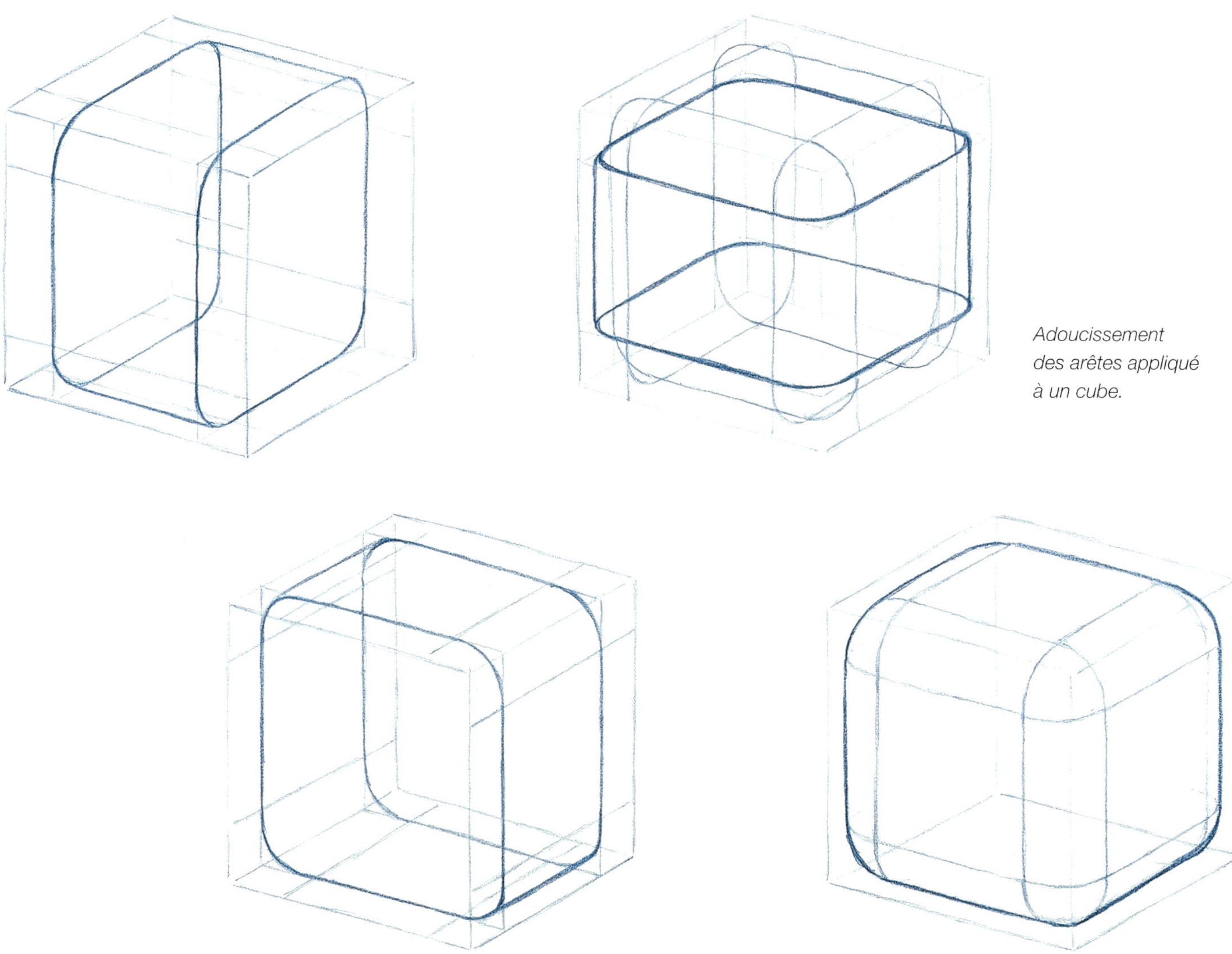

Adoucissement des arêtes appliqué à un cube.

PAS À PAS D'UN ARRONDI

On part d'une figure géométrique simple : un cube. Si l'on sait arrondir ses arêtes, on saura également arrondir d'autres corps géométriques, puisque la méthode est la même. Tout d'abord on définit le rayon, c'est-à-dire l'arc formé par l'arête entre chaque face. L'effet est plus exagéré dans les rayons de plus grande taille. Ensuite, on dessine des plans parallèles aux faces du cube à la distance de ce rayon. Les intersections de ces plans nous donnent l'arrondi des faces du cube. Les arêtes adoucies sont représentées par des cylindres et le sommet par un quart de sphère. Pour dessiner ce quart de sphère, on trace trois arcs d'ellipse. À partir de là, on relie les plans intérieurs puis on trace les arcs d'ellipse correspondant au sommet.

ARRONDI DANS LES CYLINDRES, LES CÔNES ET LES PYRAMIDES

Selon cette méthode, on peut pratiquer l'arrondi sur d'autres corps géométriques simples. Pour le cylindre, on trace deux plans perpendiculaires entre eux au niveau de l'axe principal du cylindre et de même longueur que ce dernier. On trace ensuite des ellipses parallèles aux extrémités à la distance du rayon de l'arrondi.

Dans le cas des cônes, on peut tracer des plans à partir des génératrices. En reliant ces plans à la base, on obtient l'arrondi requis. Pour la pyramide, on suit les méthodes employées pour le cube et le cône.

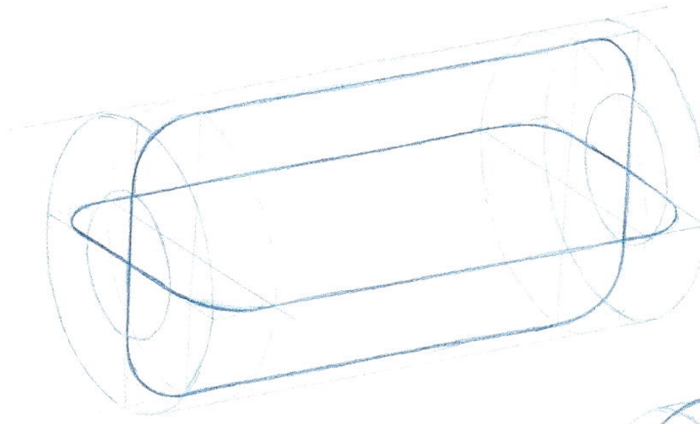
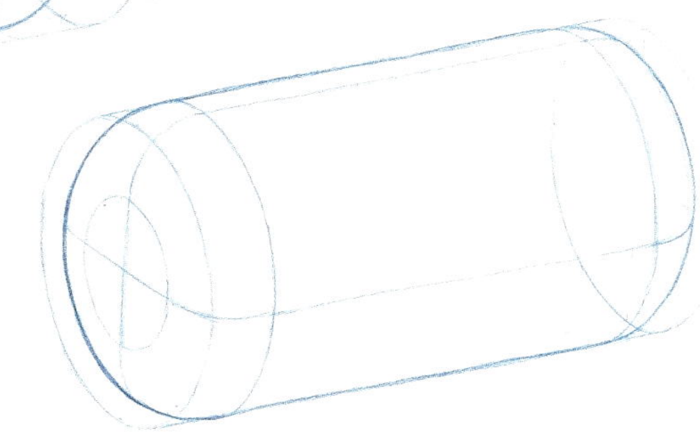

Adoucissement des arêtes appliqué à un cylindre.

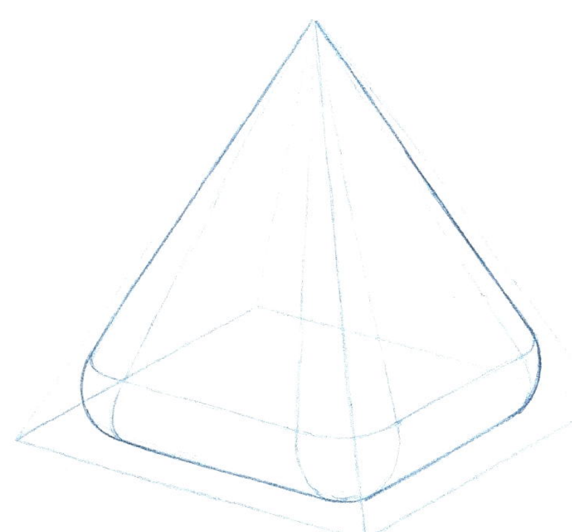
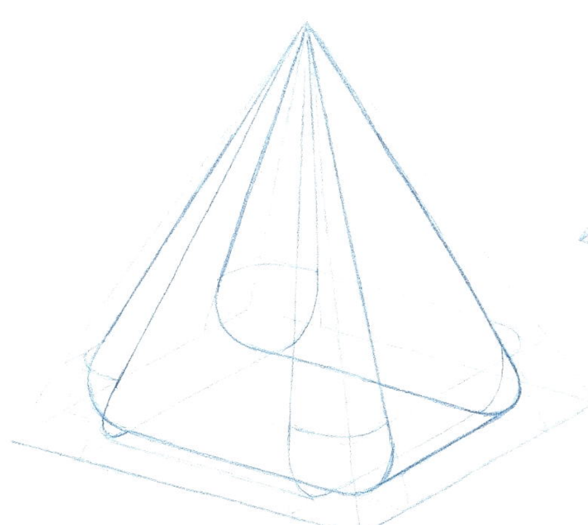

Adoucissement des arêtes appliqué à une pyramide.

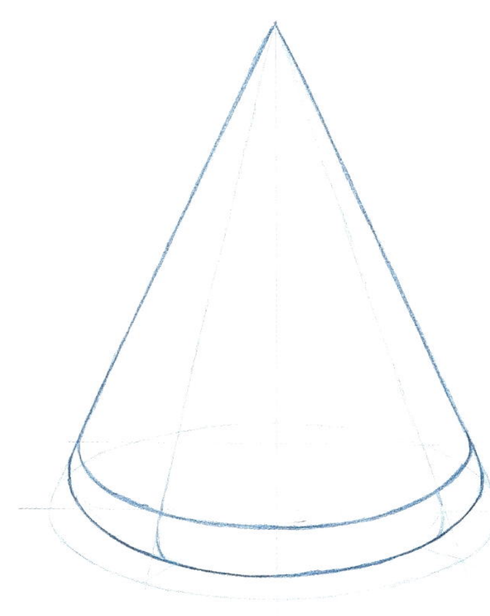
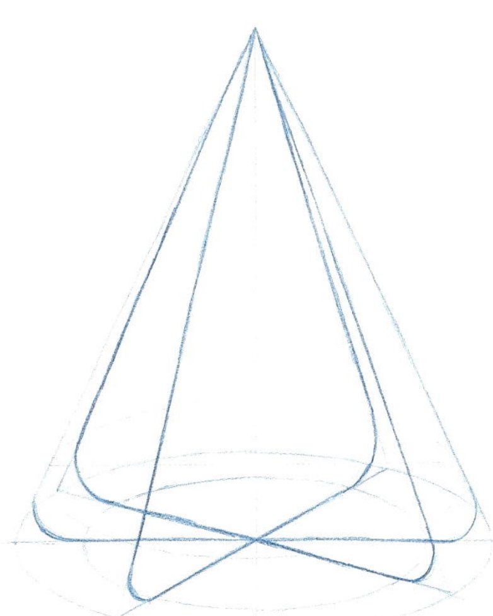

Adoucissement des arêtes appliqué à un cône.

Un concepteur-designer qui ne maîtrise pas le dessin peut construire ses projets à partir de formes géométriques simples pour dépasser ses difficultés à représenter des formes plus complexes. Les formes géométriques lui permettent alors d'exposer ses idées de façon claire en évitant des erreurs possibles de proportions.

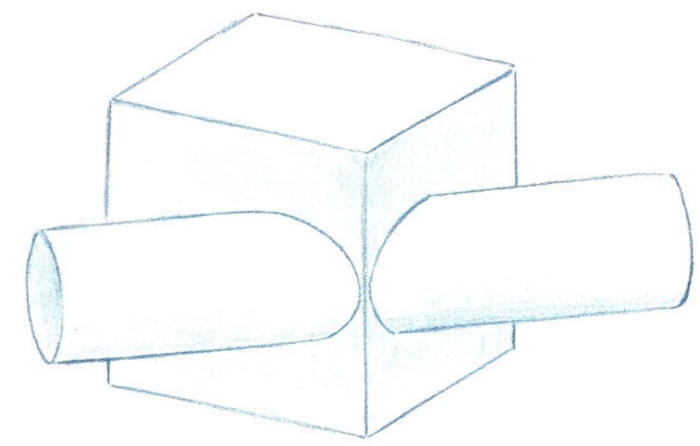

A

Composer une figure géométrique complexe

On peut réduire la difficulté de représentation de projets aux formes et aux volumes complexes en conjuguant deux formes simples jusqu'à obtenir une forme géométrique composée. Toutefois, les points d'intersection de ces figures sont parfois difficiles à dessiner, surtout si l'on n'a jamais travaillé auparavant l'effet de volume dans des figures géométriques. Le traitement de la tridimensionnalité est d'une importance capitale pour le concepteur-designer.

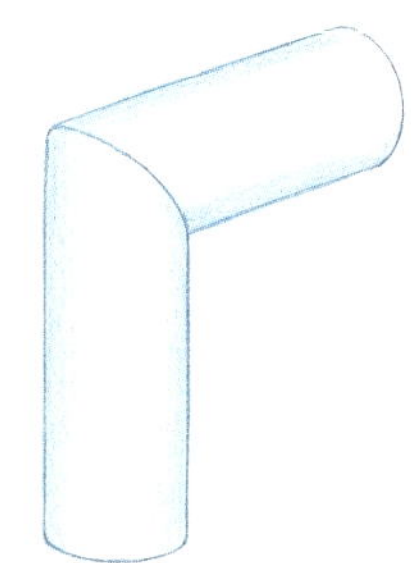

B

UTILISATION DE MAQUETTES SIMPLES

Dans la conception de produits industriels, on travaille actuellement une infinité de formes, dont certaines sont composées de surfaces complexes très difficiles à représenter graphiquement, surtout pour un concepteur-designer débutant. Pour visualiser le résultat de l'union de différents volumes, réalisez des maquettes simples. Vous pouvez également photographier ces maquettes puis les copier ou les calquer. Au bout d'un certain temps de pratique, vous saurez dessiner les formes complexes sans recourir à ces « modèles ».

C

D

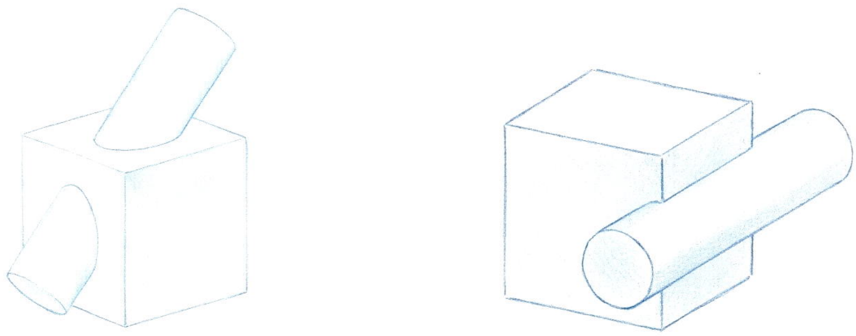

A. *Intersection d'un cube et d'un cylindre.*

B. *Intersection de cylindres.*

C. *Intersection de pyramides avec d'autres corps géométriques.*

D. *Autres types d'intersection.*

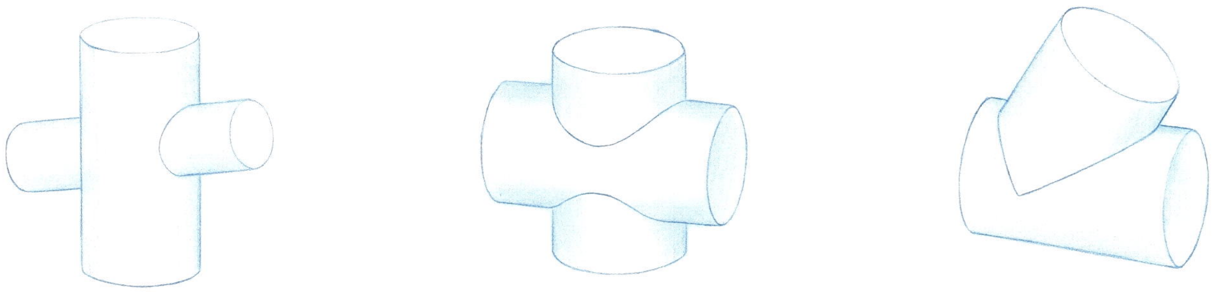

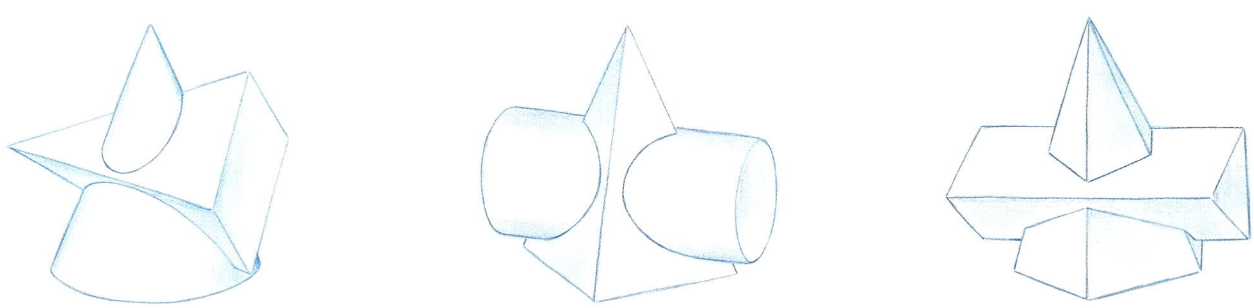

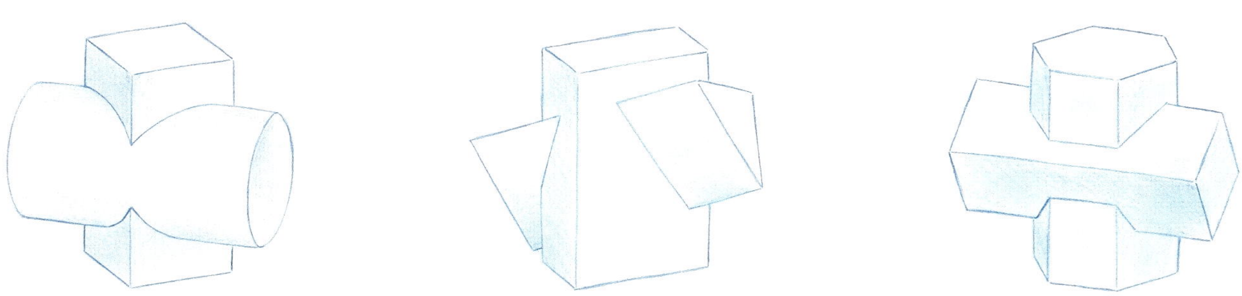

Le Dessin de conception et de communication

« LA MÉTHODE DU CONCEPTEUR-DESIGNER NE TIENT COMPTE NI DES STYLES NI DES NORMES DES BEAUX-ARTS, TOUT SIMPLEMENT PARCE QU'UNE SCULPTURE ET UNE CARROSSERIE POSENT DES PROBLÈMES COMPLÈTEMENT DIFFÉRENTS. »

Bruno Munari, El arte como oficio, 1968.

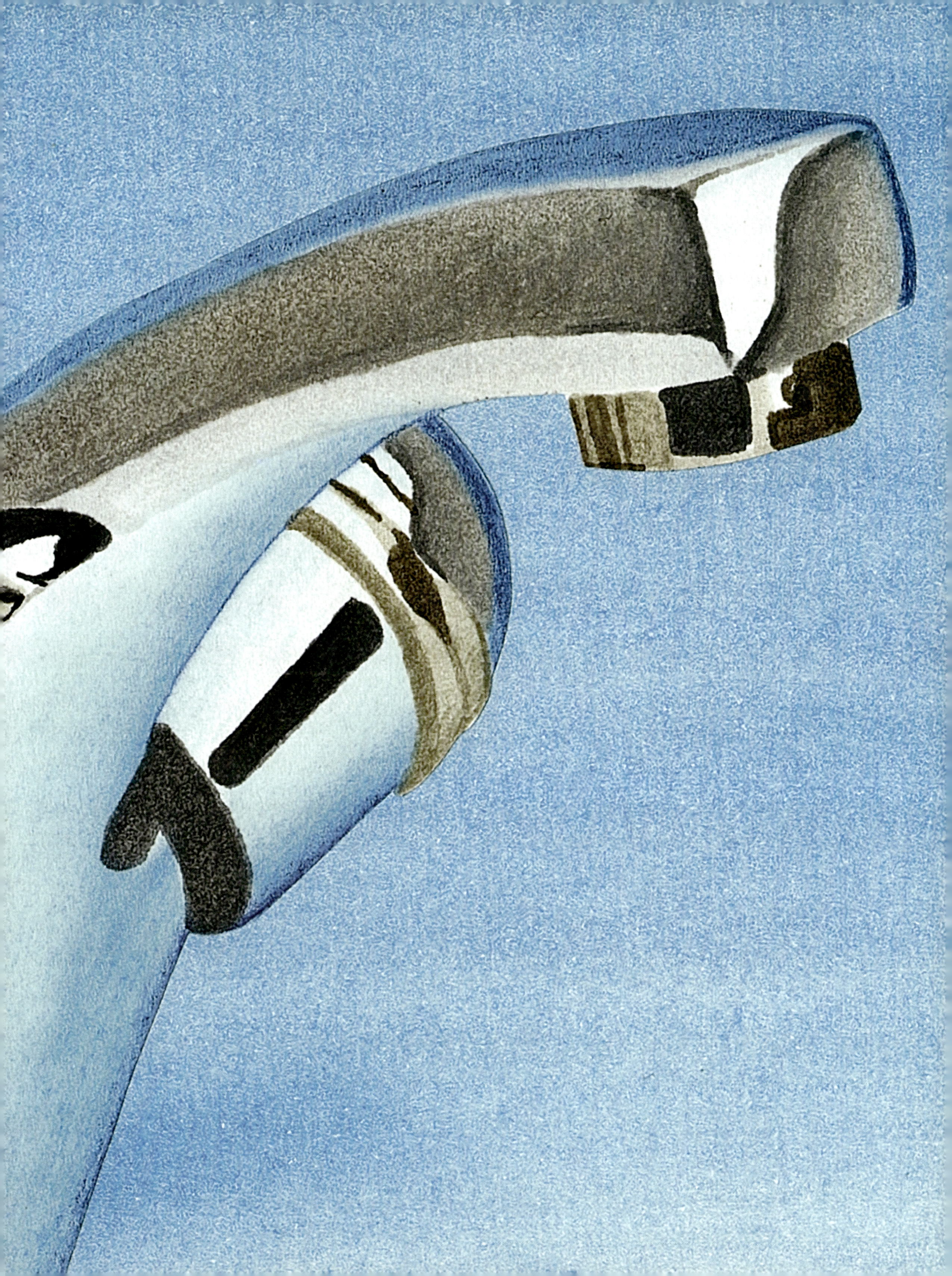

le Processus

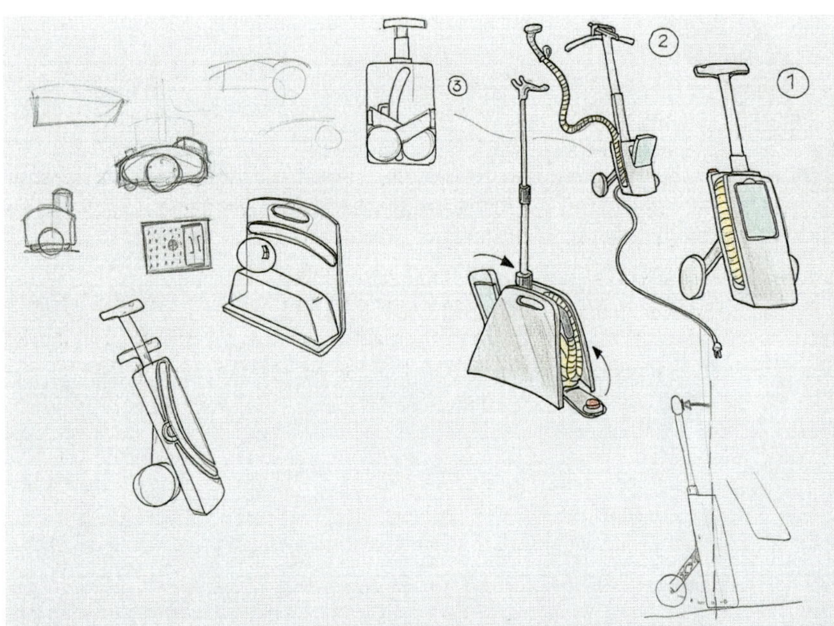

NOVELL I PUIG.
Projets pour un aspirateur domestique, 2004. Esquisse réalisée au feutre et au stylo à bille.

créatif

Phénomène à la fois mystérieux et codifié, le processus créatif a l'esquisse pour médium privilégié.

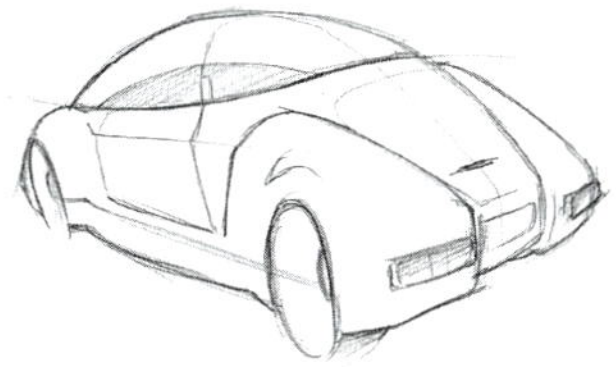

Les étapes initiales vont permettre de définir les grands axes d'un projet. Au cours de ce processus, le concepteur-designer donne une représentation visuelle à un concept, il transcrit sa pensée sur le papier. Réflexion et dessin sont alors étroitement liés et s'enrichissent mutuellement. Un va-et-vient constant d'informations transite du papier à l'œil, puis vers le cerveau et la main, et enfin de nouveau vers le papier. Plus cet enchaînement est fluide, plus le processus est efficace.
Le travail est particulièrement efficace quand, sur une même feuille, sont ébauchées différentes idées sous forme de vues d'ensemble, de solutions techniques, de détails. Vous pouvez ainsi les comparer, résoudre des problèmes de représentation, et en faire une synthèse satisfaisante.

la Communication graphique

Les esquisses du concepteur-designer cristallisent un projet en une forme tangible, autour de laquelle une réflexion peut s'articuler. Elles constituent une base pour la communication avec d'autres personnes, mais aussi pour la réflexion propre du concepteur-designer. Ces deux fonctions de l'esquisse – vers autrui, vers soi-même – en font une étape fondamentale du processus créatif, qui doit permettre de définir au plus juste les enjeux fondamentaux d'un projet.

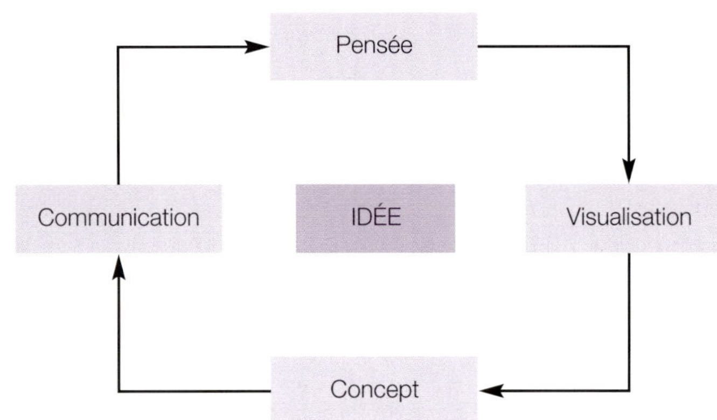

Dans un groupe de travail, l'esquisse constitue une base précieuse. Elle facilite la progression de la réflexion commune.

MISE EN COMMUN

Une fois les premiers axes du projet définis, le concepteur-designer peut présenter ses esquisses à d'autres personnes : collègue, client, ingénieur, etc. Il s'agit alors d'analyser, de dialoguer, de travailler en équipe.

Les techniques de représentation graphiques permettent d'exposer ses idées à un groupe, mais aussi de les réviser et les transformer rapidement. Un autre intérêt des esquisses est qu'elles constituent un langage aisément compréhensible par tous, quelles que soient les disciplines et les compétences. Une base de discussion est ainsi constituée, qui peut rassembler les différents langages professionnels.

Pour le concepteur-designer, l'observation et l'interprétation de la réalité sont fondamentales.

Pour contribuer efficacement au développement du projet, le concepteur-designer doit communiquer ses idées de la façon la plus précise possible.

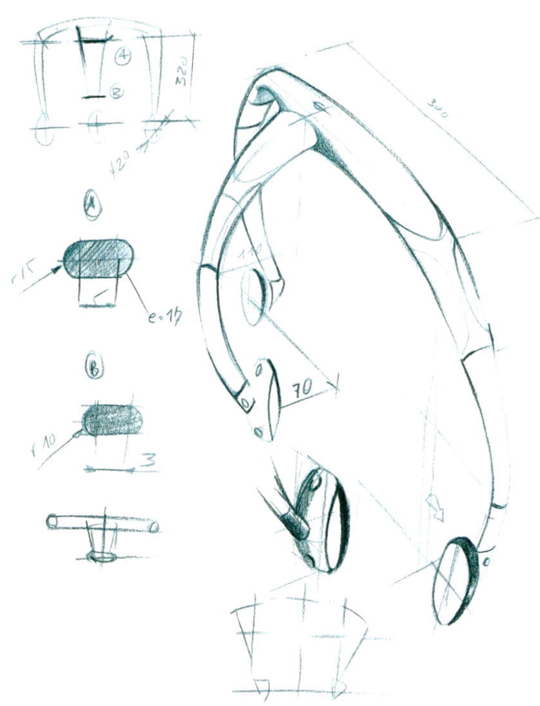

RÉFLEXION PERSONNELLE

Coucher ses idées sur le papier permet au concepteur-designer de prendre du recul par rapport à sa propre réflexion. Le processus créatif peut ainsi être comparé à une conversation intérieure, au cours de laquelle le concepteur-designer essaie de clarifier ses idées au travers d'esquisses. Il s'agit, en quelque sorte, d'entrer en communication avec soi-même.

Le concept initial est ainsi traduit dans une esquisse, qui sert à le matérialiser. Cette première image constitue une base de réflexion qui permet au cerveau de continuer à élaborer son concept. S'établit ainsi, au rythme des esquisses, un échange fructueux entre la pensée et le papier.

Au cours de ce processus, le concepteur dessine de manière impulsive et directe, parfois désordonnée. Le support importe peu, il s'agit d'exprimer sa pensée le plus librement possible.

Ce processus créatif est quelque chose de très personnel, il constitue le « secret » de chaque concepteur-designer. Si nous avons ici tracé les grandes lignes de son déroulement, c'est à chacun de trouver règles et rites qui lui permettront de le rendre efficace.

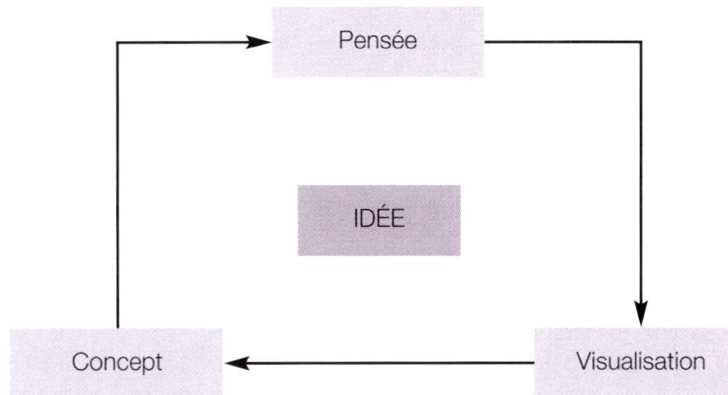

Les esquisses nourrissent la pensée. Elles lui donnent une forme concrète et permettent parfois, au gré des inspirations et des hasards, de faire des découvertes inattendues.

L'élaboration d'un projet nécessite souvent une infinité de gribouillages et d'esquisses – et ce, même si sa forme finale paraît simple et évidente.

les Enjeux de la représentation graphique

Des expériences ont montré que l'on comprend mieux une esquisse qu'une photographie. Les traits d'une esquisse sont en effet simplifiés et codifiés, ce qui permet de mettre l'accent sur les particularités du projet.

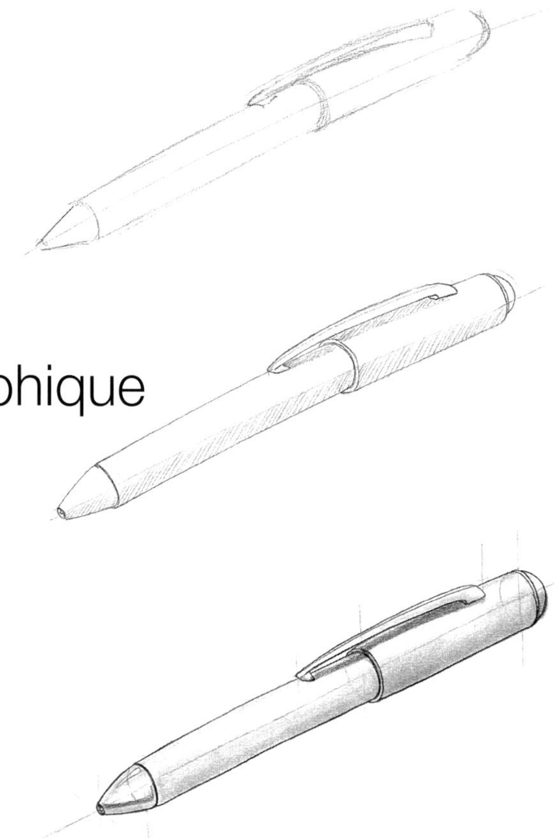

Toute personne qui décrit une idée privilégie certains aspects qu'elle souhaite souligner au détriment d'autres : cela aboutit à un filtrage de l'information. Pour effectuer ce type de simplification graphique, le concepteur-designer emploie des codes compréhensibles par tous.

REPRÉSENTER LA RÉALITÉ

Par leur nature bidimensionnelle, les images sont des représentations de la réalité, et non des reproductions exactes. Représenter signifie ainsi présenter un objet absent ou un concept, l'image agissant comme un référent. On peut analyser dans ce sens les gribouillages des enfants, qui ne cherchent pas à reproduire un objet à l'identique, mais à créer une sorte de substitut symbolique. Si elle doit reproduire l'aspect final de l'objet, une esquisse sert fondamentalement à informer. On utilise pour cela des codes graphiques qui en facilitent la lecture. Les esquisses peuvent ainsi être réparties en deux grandes catégories, figuratives et non figuratives, selon qu'elles sont plus ou moins codifiées, et donc plus moins proches de l'aspect final (voir le diagramme ci-contre). Si l'on pousse le raisonnement, l'écriture peut d'ailleurs être décrite comme un dessin codifié à l'extrême.

Selon le célèbre spécialiste de l'art Rudolf Arnheim, quand un enfant dessine une personne, il prête attention à l'ovale formé par la tête, aux yeux, à la ligne de la bouche, etc. Ainsi, même si le dessin d'un enfant est avant tout symbolique, il est également porteur d'une légère équivalence figurative.

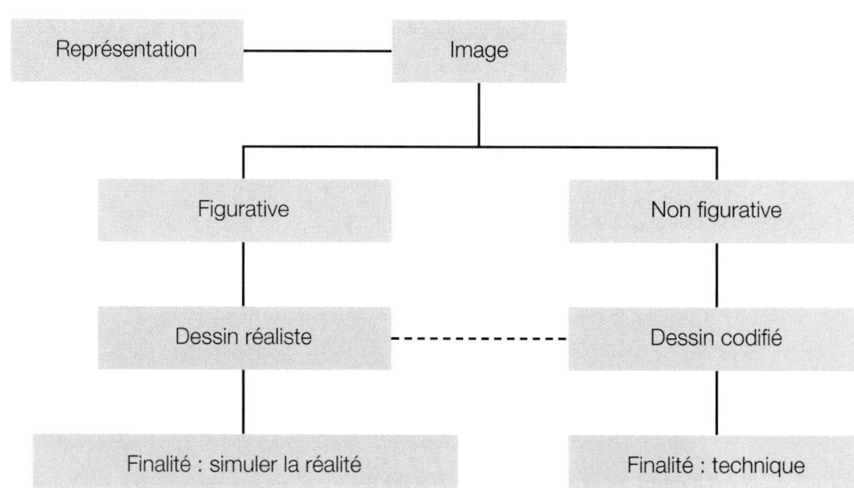

On peut distinguer deux tendances dans une esquisse, l'une vers la figuration (il s'agit de représenter l'aspect final de l'objet), l'autre vers la non-figuration (il s'agit de codifier l'aspect de l'objet pour représenter ce qui en fait la spécificité).

DESSIN RÉALISTE ET DESSIN CODIFIÉ

Les dessins réalistes sont utilisés pour simuler la réalité, pour la reproduire artificiellement. La codification, qui est très utilisée pour les croquis techniques, est au contraire fondée sur des conventions. On admet ainsi par exemple que les plans de coupe et les contours d'un objet vu en transparence sont représentées au moyen de lignes discontinues. Des symboles peuvent également servir de codes : sur le presse-agrumes dessiné ci-contre, une flèche indique le sens d'écoulement du liquide. La fonctionnalité prime ici sur la vraisemblance : le dessin codifié, très lié à la représentation technique, offre une information dépourvue d'ambiguïté. Sa finalité est pratique, il fait partie d'un processus dont l'objectif est la fabrication de l'objet représenté. Il peut aussi servir, dans les premières phases du projet, à mettre rapidement en place les différents éléments.

Avec une esquisse réaliste, on montre la réalité telle qu'elle apparaît, alors que le dessin codifié permet de représenter ses aspects mesurables.

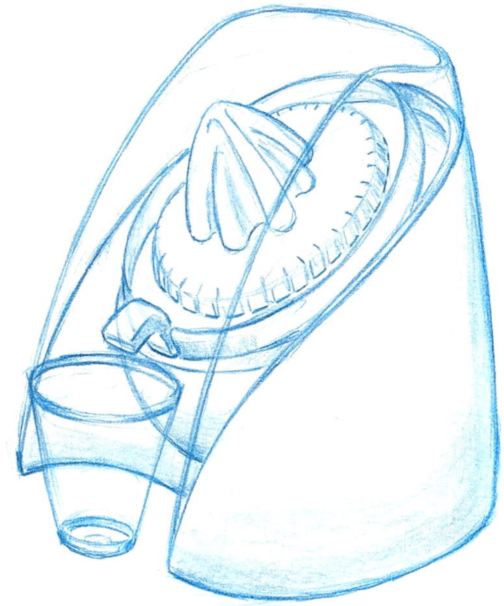

Le dessin codifié permet une plus grande précision que le dessin réaliste.

Selon qu'elle est élaborée et réaliste, ou simple et codifiée, une esquisse peut être porteuse d'informations très différentes.

les Esquisses

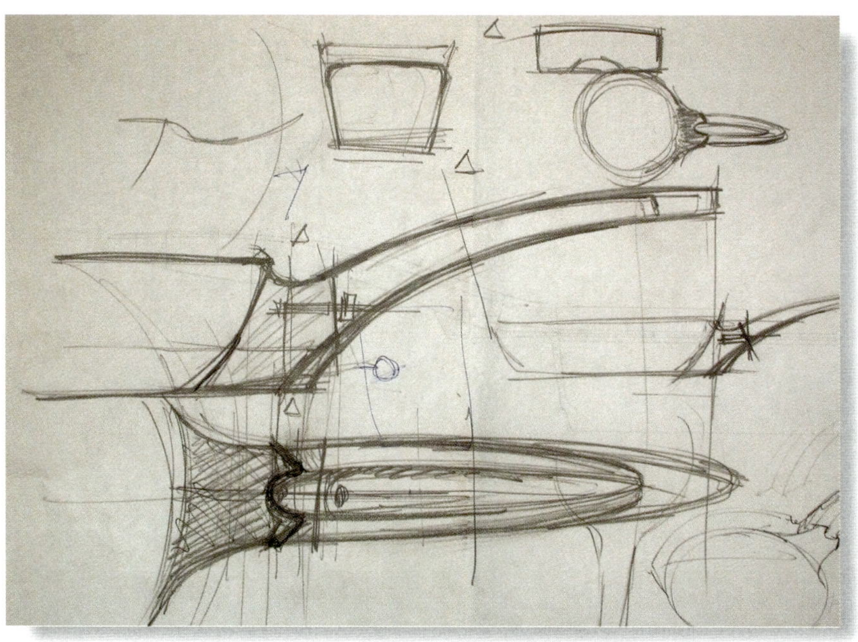

MARCELLO CUTINO, STUDIO BCF.
PROJET D'UN MANCHE DE POELE, 2004.
ESQUISSE REALISEE AU PORTE-MINE

monochromes

Les esquisses constituent la phase la plus créative de la conception d'un produit industriel.

C'est au travers d'une succession d'esquisses que le projet va pouvoir prendre forme et mûrir. Il s'agit d'en définir les grands axes, les lignes les plus significatives. Le concepteur-designer travaille alors de façon très synthétique, en tracés rapides et fluides. Par la suite, il affinera son concept avec des dessins plus élaborés.

Comme nous le verrons, le professionnel se sert d'une série de techniques différentes pour donner de la chair à l'esquisse. Les plus simples sont les techniques monochromes, pour lesquelles une seule couleur est employée. La maîtrise des lumières et des ombres est alors fondamentale pour donner du volume et de la profondeur à l'objet.

Crayon graphite
et porte-mine

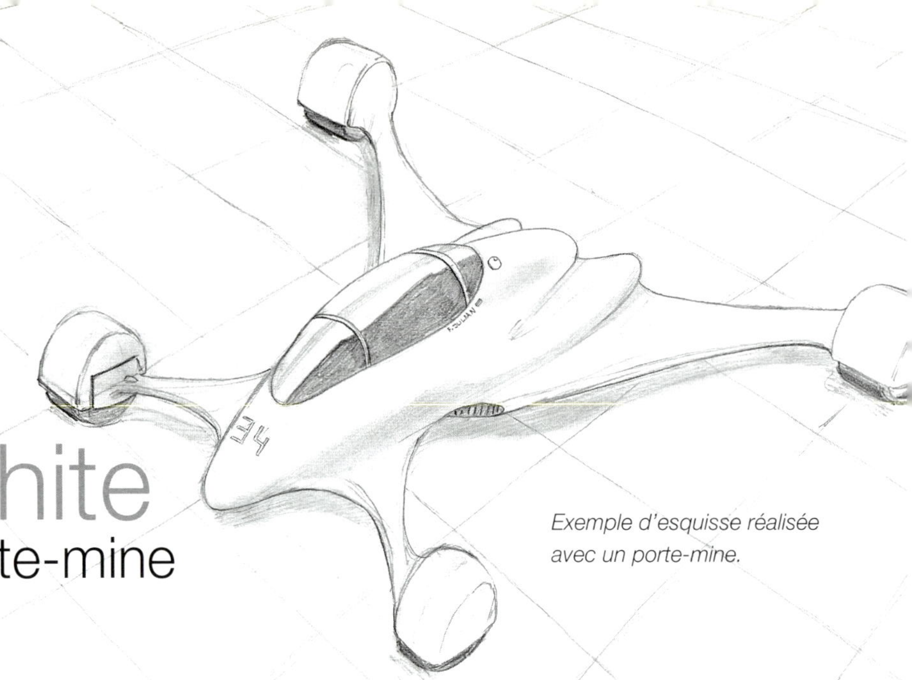

Exemple d'esquisse réalisée avec un porte-mine.

A

B

C
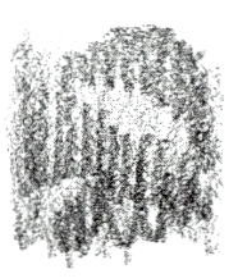
D
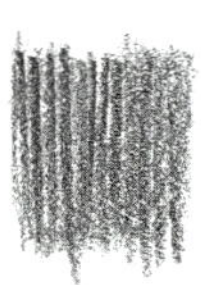
E

F

G
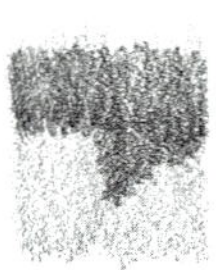

Traits et grisés différents :
A. Grisé classique
B. Estompe avec les doigts
C. Grisé d'intensité variable
D. Traits parallèles intenses
E. Traits parallèles retouchés à la gomme
F. Gradation tonale
G. Contraste tonal

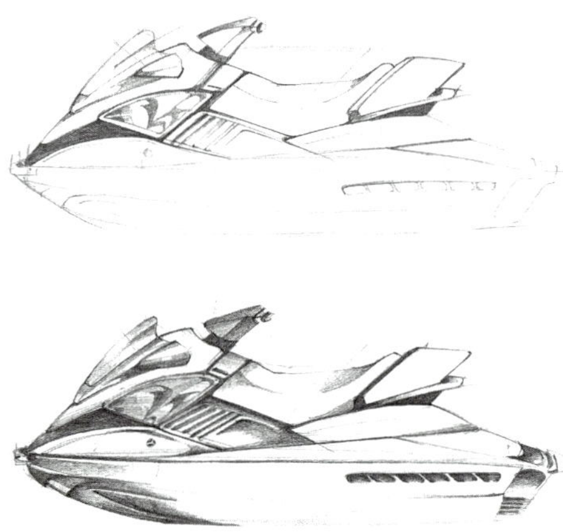

Pour obtenir un trait ferme, tracez les lignes d'un seul objet au lieu de travailler par courts traits successifs.

Durant les premières étapes du travail de conception on emploie habituellement les crayons graphite traditionnels ou les porte-mines, ces derniers ayant l'avantage d'offrir un trait plus uniforme.

FERMETÉ DU TRAIT

Il convient d'incliner la pointe du crayon graphite de façon à obtenir des traits fins, facilement effaçables en cas de corrections. Une inclinaison d'environ 45° par rapport au papier permet d'obtenir un trait intense ; à environ 30° le trait est plus large et gris.
Le tracé doit être ferme et décidé : il s'agit d'éviter les lignes entrecoupées et discontinues, trop « impressionnistes » pour du dessin industriel. La main glisse en frôlant le papier, mais l'avant-bras est lui aussi mobile, surtout pour les tracés amples et généreux.

VOLUME DES CORPS

Les effets d'ombres sont obtenus grâce à des gradations tonales ou à des trames. Pour créer des gradations, le plus simple est d'utiliser des crayons tendres, dont on incline la mine de façon que l'à-plat soit le plus homogène possible. On passe ensuite immédiatement le bout des doigts ou une estompe pour diluer les traits. Si l'on exécute des trames, on tiendra compte de la direction du trait : les lignes doivent être courbes si on représente des surfaces courbes, ou droites, c'est-à-dire parallèles ou entrecroisées, si on représente des surfaces planes.

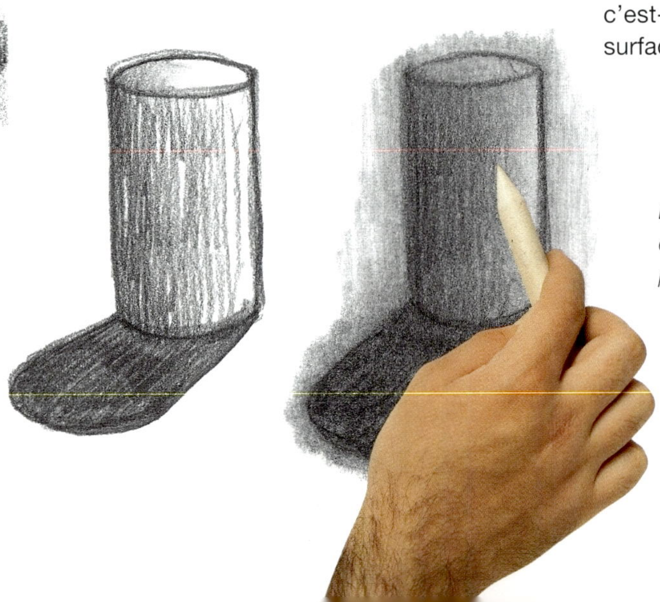

En adoucissant la transition entre ombres et lumières, l'estompe rend l'effet de volume plus réaliste.

ZONES ÉCLAIRÉES ET BRILLANCES

Pour mettre en valeur les zones plus intensément éclairées et les brillances, on efface en général des traits au lieu d'en ajouter : il s'agit de gommer le grisé du fond pour retrouver la blancheur du papier. En jouant avec les crayons graphite et la gomme, on peut travailler les effets d'ombre et de lumière jusqu'à obtenir précisément le rendu désiré. Nous avons ici pris pour exemple l'esquisse d'un téléphone sans fil.

1

Pour donner du volume à l'objet, on crée un dégradé en effaçant à la gomme les ombres de la zone plus éclairée.

1. En vous guidant sur les lignes de repère, commencez par tracer les lignes principales du dessin. Soyez attentif à bien placer votre esquisse par rapport à l'axe imaginaire qui passe par le centre de l'objet, surtout s'il est asymétrique.

2. En quelques traits simples, dessinez le profil de l'objet et déterminez la position du clavier, de l'écouteur et du support.

3. Modelez l'objet en reproduisant la texture de chaque matériau. Les ombres vous aideront à faire ressortir les détails de l'écouteur et la base sphérique.

3

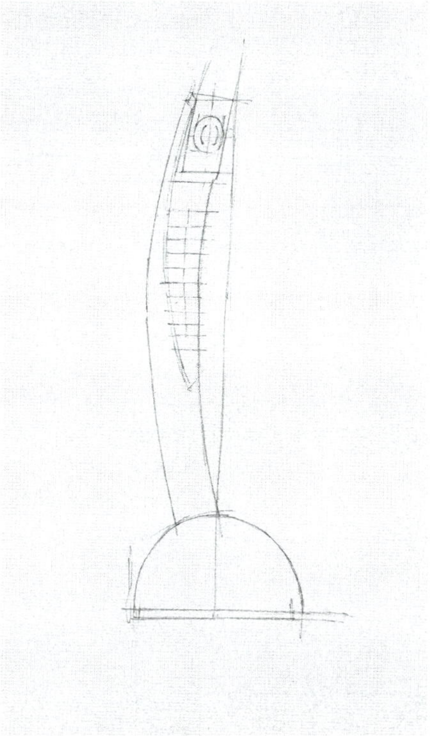

2

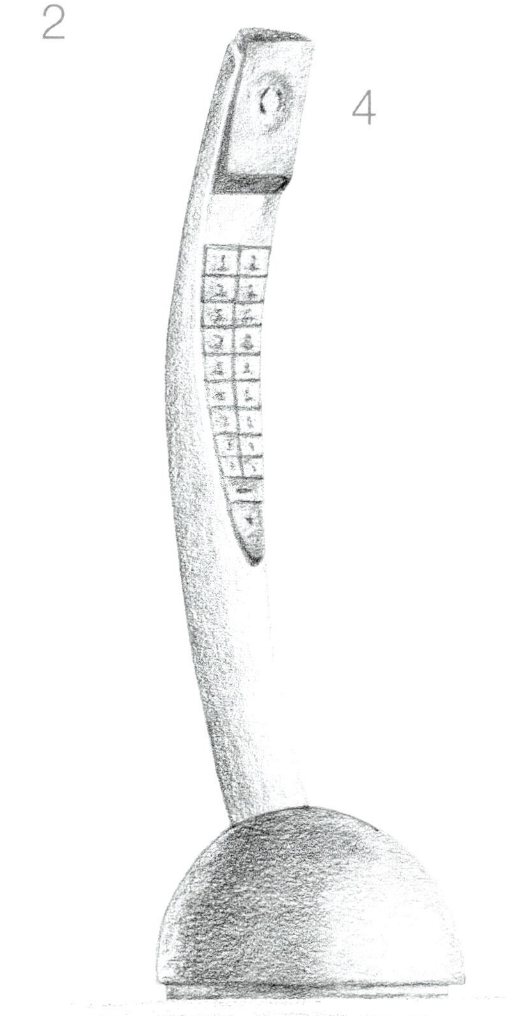

4

4. Dans cette esquisse, la perspective n'a pas d'importance. Les différentes trames d'ombre offrent par contre de nombreuses possibilités de nuances, qui permettront de différencier les matériaux.

le Crayon de couleur

Exemples d'esquisses au crayon de couleur.

Les crayons de couleur permettent d'obtenir des résultats aussi riches en nuances que le crayon graphite, et ce tant pour les traits que pour les dégradés et les variations tonales. On choisit habituellement des couleurs qui offrent une vaste gamme de nuances, par exemple les bleus et la sépia. Gardez simplement à l'esprit qu'il est plus difficile d'effacer le trait d'un crayon de couleur que celui d'un crayon graphite, car sa composition est plus grasse. Les crayons de couleur conviennent aux travaux de petit format, mais sont formellement déconseillés pour les grands dessins.

TRAITS

Les concepteurs-designers remplacent souvent le crayon graphite par un crayon de couleur quand ils ont à réaliser des travaux à base de traits. Le crayon de couleur permet en effet d'obtenir des traits plus doux, qui s'intègrent mieux au papier. On peut se servir d'un porte-mine avec des mines bleues ou vertes, mais le contraste avec le papier est alors moins fort, ce qui ne permet pas au dessin de ressortir suffisamment.

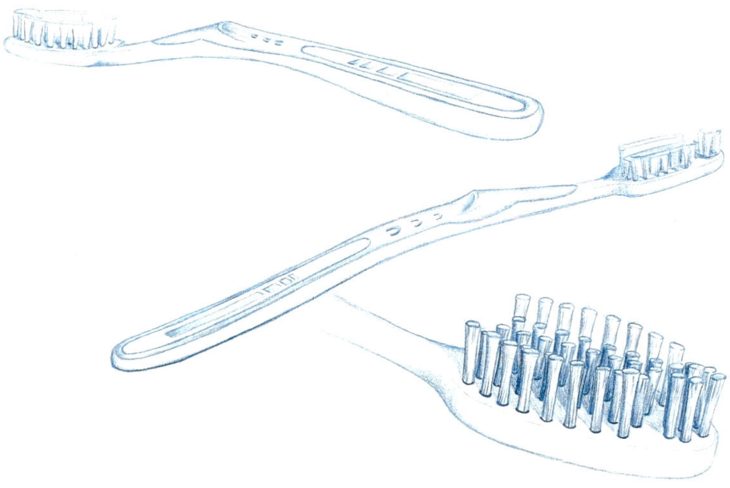

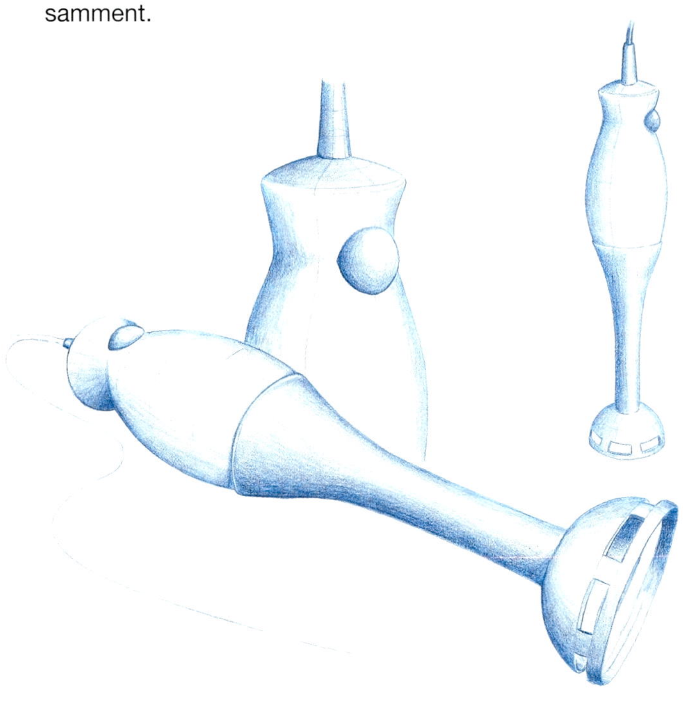

Quelques exemples de dessins au crayon bleu. Cette couleur très généreuse permet d'obtenir un grand nombre de nuances et des contrastes très intéressants.

DÉGRADÉS

Tout comme les crayons graphite, les crayons de couleur conviennent aux trames, aux à-plats et aux dégradés. Pour des trames, l'inclinaison du crayon et l'intervalle entre les lignes déterminent l'intensité de l'ombre. Lorsque vous voulez obtenir des transitions tonales subtiles, inclinez votre crayon au maximum ; la pression exercée et le nombre de passages permettent de jouer sur le rendu final. Dans tous les cas, choisissez une direction et conservez-la.

Pour de grandes surfaces, coloriez d'abord une petite zone, puis passez à la zone adjacente, et ainsi de suite. En superposent les trames de deux couleurs différentes, vous pourrez obtenir des effets intéressants.

CRAYONS DE COULEUR AQUARELLABLES

Ils sont peu souvent utilisés par le concepteur-designeur. Le principe est toujours le même – on obtient un rendu d'aquarelle en mouillant le pigment du crayon de couleur –, mais il existe différentes techniques d'application : en mouillant le papier au préalable, en mouillant la mine, en passant un pinceau humide sur le support colorié au préalable, etc. L'aquarelle obtenue peut être retravaillée une fois sèche.

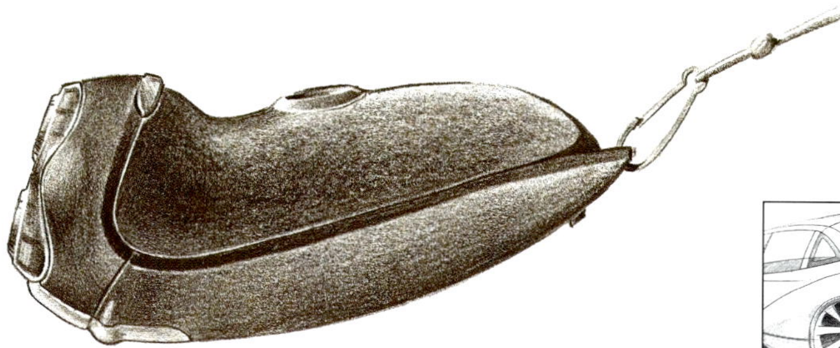

Rasoir de couleur sépia.

Un trait de crayon de couleur est plus difficile à gommer qu'un trait de graphite, ce qui implique que le geste doit être sûr et précis. À cette fin, travaillez toujours avec des crayons de couleur dont la pointe est bien taillée. Ne pouvant être gommées, les zones les plus claires des dégradés sont réservées.

1

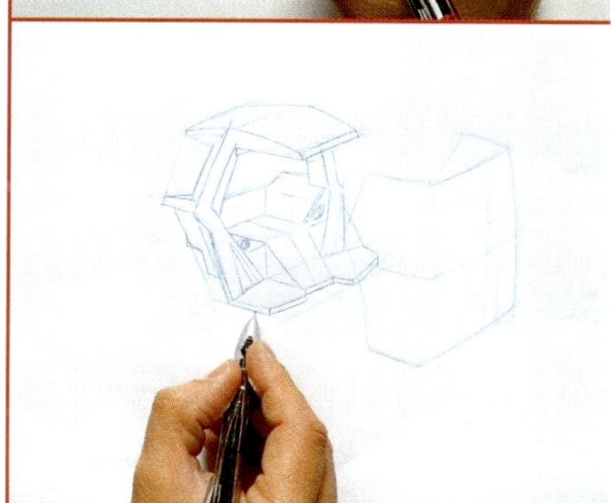

1. La cabine de tracteur que vous devez dessiner est constituée de deux éléments principaux, la cabine elle-même et le pare-brise. Il s'agit de montrer leur assemblage en décomposant l'ensemble tout en faisant coïncider les lignes de projection.

2. Pour souligner les différences entre les matériaux de fabrication de la cabine du tracteur et du pare-brise, il faut les traiter différemment. Travaillez pour cela les ombres du dessin en jouant sur l'intensité du tramé et en renforçant la couleur.

3. Soulignez enfin les détails – par exemple, dans la structure, les orifices dans lesquels viendront se loger les commandes du tracteur.

2

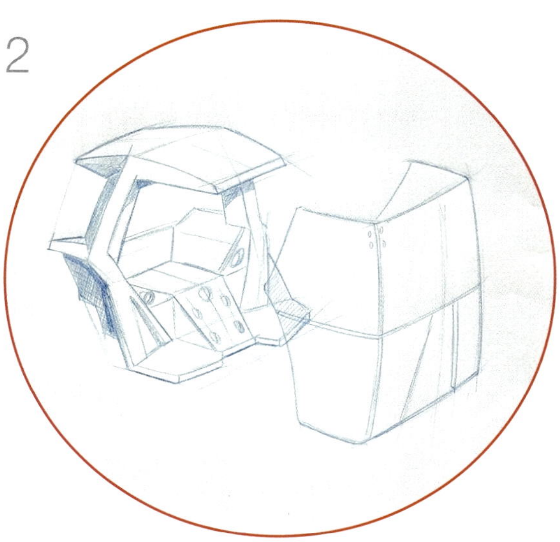

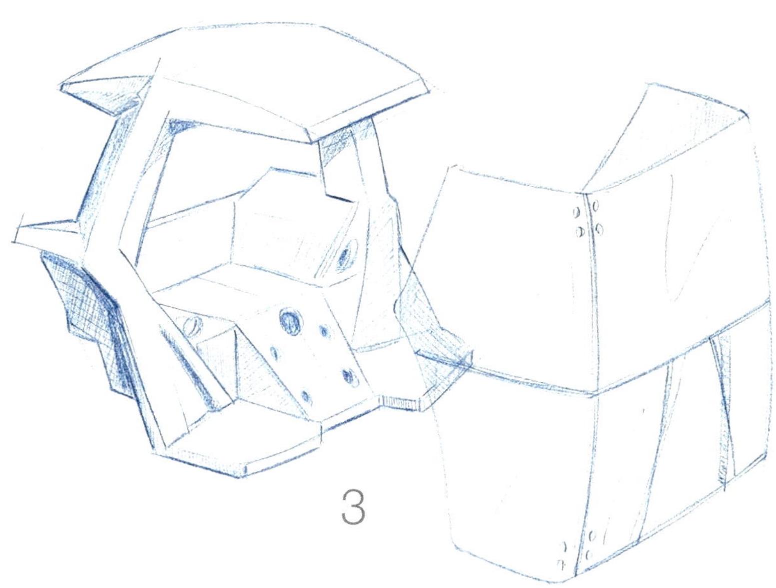

3

Il peut être intéressant de combiner, dans un même dessin, crayon de couleur et feutre. La meilleure façon de travailler est de réaliser l'esquisse au un crayon. Ensuite, en repassant sur les lignes ainsi tracées avec un feutre, on souligne les profils les plus significatifs et on ombre les parties les plus foncées. Pour obtenir un ensemble harmonieux, veillez à ce que le feutre ait une couleur proche de celle du crayon de couleur.

l'Association du crayon de couleur et du feutre

OMBRES ET LUMIÈRES

Pour intensifier les ombres, le plus simple est de passer plusieurs fois au même endroit avec le feutre. Vous pouvez aussi utiliser un second feutre, plus foncé, qui permettra d'accentuer les contrastes.
Reprenez ensuite les crayons de couleur pour intégrer des tons intermédiaires, qui permettent de ménager des transitions entre zones sombres et claires. Travaillez en inclinant la pointe du crayon par rapport au papier, de façon à réduire le plus possible la présence du trait dans les ombres. Vous pouvez aussi utiliser un feutre légèrement usé, qui offrira une gamme intéressante de tons moyens.
Les zones les plus éclairées et les brillances sont obtenues en réservant le blanc du papier avec un produit spécifique, ou simplement en étant attentif à ne pas les recouvrir.

Deux étapes de réalisation d'ombres au crayon de couleur.

Ces trois dessins permettent d'observer l'ajout progressif des ombres. Les ombres les plus soutenues ont d'abord été superposées aux traits de crayon de couleur. Les valeurs intermédiaires, qui apportent une grande richesse de nuances, ont ensuite été ajoutées.

1

COULEURS RECOMMANDÉES

Il est préférable de travailler avec des bleus et des marrons, ces couleurs neutres offrant une large gamme de tons. La gamme des violets a la même amplitude que celle des bleus, bien que le trait en soit plus foncé. Le rouge est une couleur forte, mais peut convenir aussi. Par contre le jaune, le rose et le turquoise ne créent pas assez de contrastes avec le papier, et le vert offre insuffisamment de variations tonales.

2

3

1. Avec un seul crayon de couleur, mettez en place la composition générale du dessin, sans introduire de variations tonales : il s'agit simplement d'établir un cadre de travail. Ajoutez ensuite les détails en vous appuyant sur cette structure.

2. Soulignez les volumes de l'objet en coloriant au feutre les profondeurs et les changements de plan.

3. Pour terminer, réalisez des dégradés et de légères ombres avec un crayon de couleur. Utilisez le blanc du papier pour donner de la présence aux zones les plus claires de l'objet.

Crayon de couleur
et feutre sur fond coloré

Esquisse réalisée avec des crayons de couleur et un feutre sur un fond gris clair. L'application de couleurs chaudes sur le véhicule permet de créer un contraste intéressant.

Une technique alternative consiste à utiliser les crayons de couleur et le feutre sur un papier de couleur, généralement ocre, gris ou bleuté. Chaque type de support a ses avantages, et si un fond clair permet de faire ressortir les traits foncés, un fond foncé souligne les couleurs claires. Pour obtenir un équilibre tonal, on utilisera un fond d'une couleur complémentaire à celle de l'objet.

CHOIX DU FOND

En général, le choix de la couleur du papier s'effectue en fonction de l'objet à dessiner. Sa couleur peut ainsi déterminer une dominante : un appareil photo bleu, par exemple, conduirait à opter pour un papier bleu. Mais l'on peut aussi préférer des effets plus expressifs et choisir une couleur de papier qui soit en contraste avec l'objet dessiné, ou encore prendre une couleur de fond simplement attractive en elle-même.

CHOIX DE LA COULEUR DE TRAIT

On utilise en général des crayons de couleur et des feutres en harmonie avec le support. Si le fond est foncé, choisissez de préférence un crayon blanc, ou de la même couleur que le papier mais dans une tonalité plus claire.

Esquisses réalisées sur un fond foncé avec seulement un crayon de couleur. Cette solution permet de souligner la structure de l'objet.

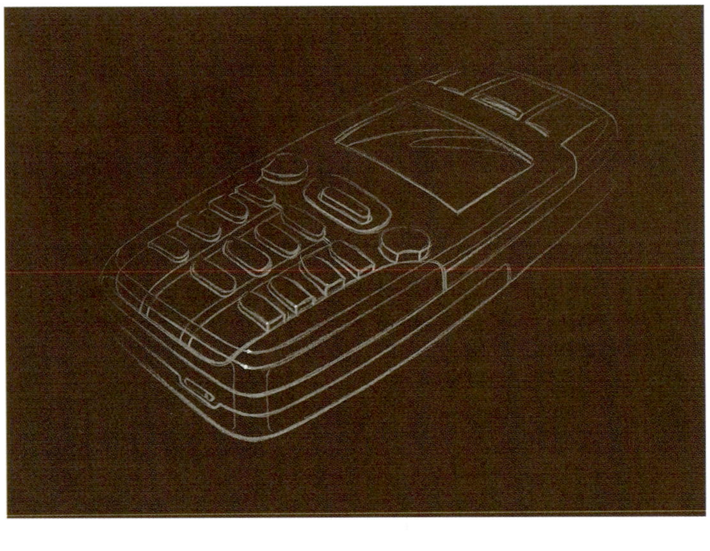

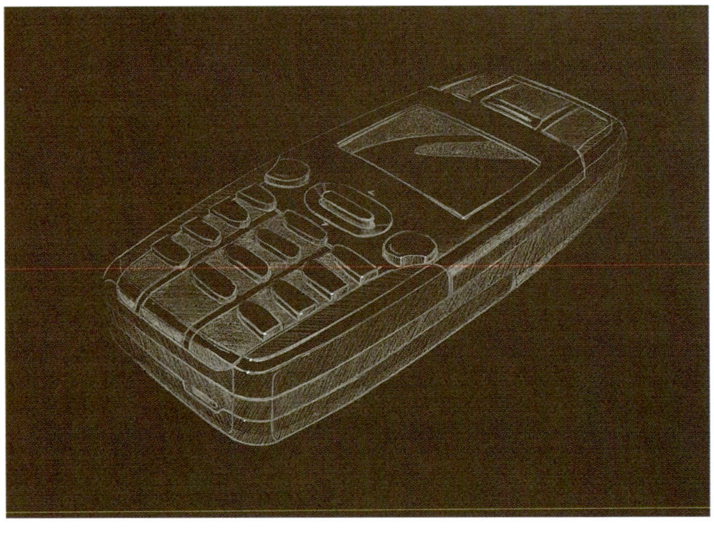

On trouve une grande variété de fonds pour le papier dessin.

Si le fond est dans les tons moyens, utilisez une couleur proche mais un peu plus foncée. Une fois l'objet dessiné, soulignez les volumes en ajoutant des reliefs et des brillances avec un crayon blanc.

OMBRES ET LUMIÈRES

Pour les zones les moins éclairées, qui seront donc les plus foncées sur le dessin, on se sert du feutre. Vous pouvez créer des transitions en utilisant deux feutres offrant des tons différents, ou en passant à plusieurs reprises sur une même zone. Pour les valeurs intermédiaires, on emploie des crayons de couleur, qui permettent de réaliser des transitions très douces. Soyez attentifs à dissimuler les traits en inclinant le crayon. Vous pouvez utiliser des crayons plus foncés pour les zones ombrées, et d'autres plus clairs pour les zones éclairées.

Pour intégrer l'objet représenté au fond, il faut laisser de grandes zones vierges. Les brillances sont obtenues avec un crayon blanc. Une fois le dessin terminé, on peut repasser au crayon de couleur sur certains traits réalisés au feutre, car il est possible qu'ils ne soient pas uniformes.

1

1. Dessinez un premier croquis peu détaillé à l'aide d'un crayon blanc, qui va permettre d'obtenir un contraste intéressant avec le fond orangé.

2

2. Au feutre noir, réalisez sous la voiture une ombre foncée qui la fera ressortir du fond. Ombrez également le volume des roues et des jantes, ainsi que le rétroviseur. Donnez du volume à la carrosserie avec un feutre orange. Travaillez par traits épais, et soulignez les formes en seulement quelques traits.

3

3. Repassez au crayon de couleur, en blanc et en noir, sur certains détails recouverts lors des étapes antérieures.

Il est difficile d'apporter corrections et retouches à un travail réalisé à l'encre, mais c'est précisément cette difficulté qui donne à la technique son style si particulier.

Le stylo à bille permet une première approche des formes, à une étape où le trait n'a pas encore besoin d'être très précis.

la Plume
et le stylo à bille

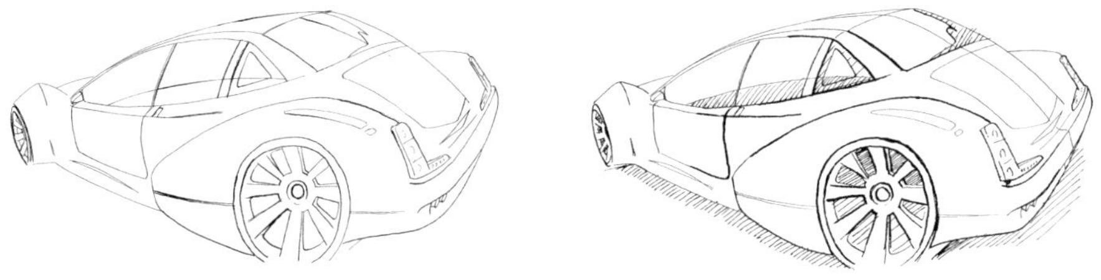

La plume de roseau est très utile quand on a une idée claire de l'objet et qu'on désire le représenter par des lignes nettes et précises.

PLUME

La plume permet de réaliser des esquisses simples à partir de lignes ayant une grande variété de textures. Le papier utilisé ne doit être ni trop rugueux, ni trop poreux. On distingue deux techniques principales de travail à la plume : le dessin réalisé seulement avec la plume, qui n'est constitué que de lignes (pour les contours des objets comme pour les ombres), et le dessin réalisé avec un pinceau et à l'eau, qui permet de reproduire les variations tonales.

La plume oblige à dessiner rapidement et avec assurance. Si l'on se sert de plumes d'écriture, il faut qu'elles soient épaisses, qu'elles glissent facilement sur le papier et que leurs traits s'élargissent lorsqu'on exerce une pression plus importante. Pour les formes subtiles, mieux vaut employer des plumes à dessin fines et dures. Soyez attentifs à les manipuler avec soin, car la pointe se plante facilement dans le papier et projette souvent des éclaboussures d'encre.

Comme le montre ce projet d'un véhicule tout-terrain, on peut tracer au stylo à bille des lignes aussi nettes et précises qu'à la plume.

STYLOS À BILLE

On trouve sur le marché une grande variété d'outils de dessin à pointe fine : stylos à bille, feutres à pointe fibre, à pointe aiguille ou flexible, à encre permanente ou soluble dans l'eau (voir aussi page 112).

Le travail au stylo à bille, qui ne permet pas d'effacer un tracé à la gomme, est souvent utilisé pour les esquisses. Il oblige à travailler avec soin puisqu'il est impossible de rectifier une erreur.

Évitez les lignes trop épaisses et les détails complexes, sinon vous risquez de répandre l'encre sur le papier avec votre main.

1

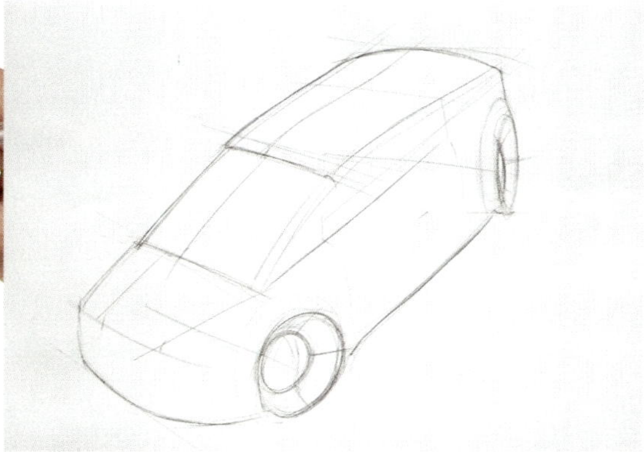

2

1. Commencez par les lignes principales en vous concentrant sur la perspective.

2. Renforcez légèrement le tracé et ajoutez des détails.

3

3. Donnez plus de force aux lignes principales et ajoutez du détail en repassant sur les traits. Jouer ainsi sur l'intensité des lignes permet d'obtenir un croquis très vivant.

4. Des trames permettent d'évoquer les ombres. L'intensité et la distance entre les traits soulignent le volume du véhicule. Le rectangle situé derrière le véhicule apporte de la stabilité à l'ensemble.

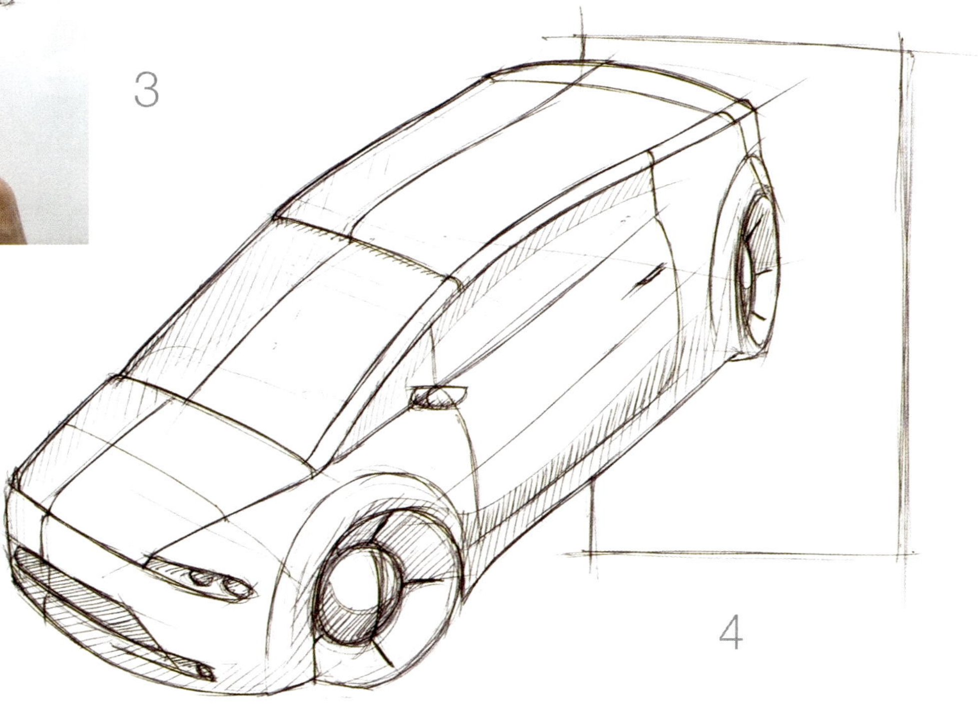

4

RÉALISATION DES OMBRES

Les ombres et les valeurs intermédiaires sont obtenues en juxtaposant ou en superposant des lignes. Plus elles sont proches les unes des autres, plus l'ombre est soulignée.

Si l'on applique du feutre sur des traits au stylo à bille, il faut que l'encre de ce stylo soit grasse, c'est-à-dire qu'elle ne se dilue pas dans l'eau une fois sèche. N'appuyez pas trop fort : il faut éviter que les traits humides du feutre arrachent une partie de l'encre du dessin quand vous le coloriez.

On peut ajouter des valeurs au pinceau en diluant de l'encre avec de l'eau. Moins on utilise d'eau, plus les traits seront foncés. Travaillez sur un support légèrement incliné afin que l'excédent d'encre s'accumule dans la partie basse de la zone ainsi colorée : une simple caresse avec du papier absorbant permettra de l'enlever. Il est impossible d'éclaircir l'encre une fois qu'elle a séché, et ce qu'elle ait été ou non diluée dans l'eau au préalable.

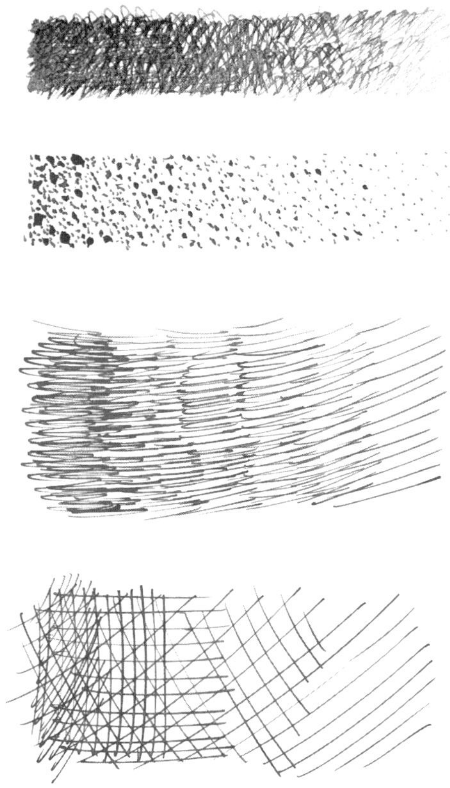

Griffonnages, points, lignes juxtaposées ou lignes superposées permettent de réaliser des dégradés à la plume comme au stylo à bille.

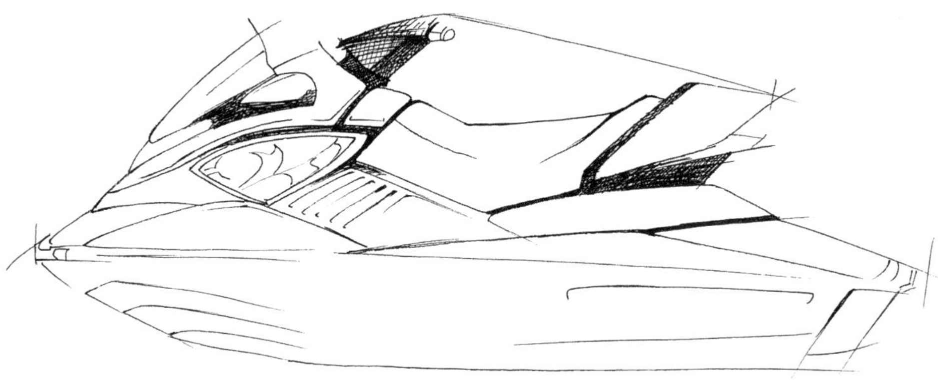

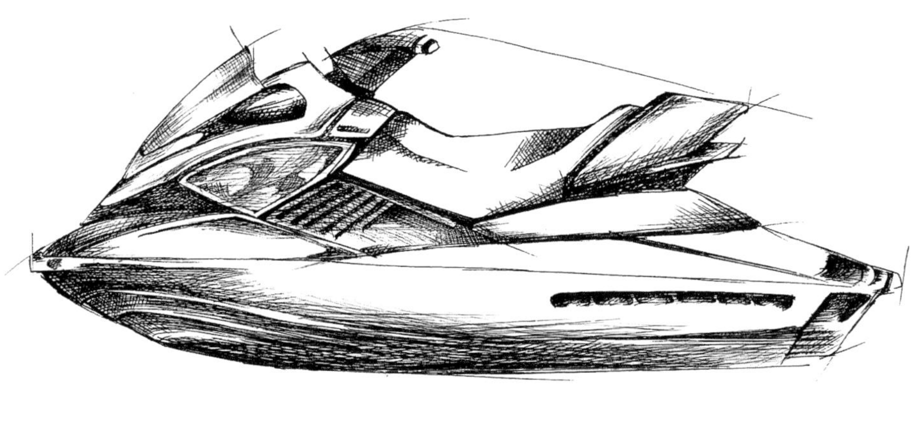

Scooter des mers dessiné avec une pointe aiguille. Les trames doivent rendre compte des formes de l'objet et souligner le parcours de la lumière.

1

Dans le tramé à la plume, il faut toujours tracer les traits dans le même sens, sinon certaines zones seront plus foncées et vous aurez du mal à obtenir un résultat uniforme.

L'encre requiert une synthèse formelle du concept que vous avez imaginé : il s'agit d'éliminer les détails superflus en mettant en valeur ce qui définit réellement ce produit. Aucun objet n'est vraiment facile ou difficile à dessiner en lui-même. Tout le problème est de savoir choisir les lignes les plus significatives du modèle, et d'avoir une maîtrise technique suffisante pour les restituer.

1. Commencez par un dessin général au graphite, en ne dessinant que les lignes synthétisant la forme de l'objet.

2. Pour restituer le volume et l'ombrage, réalisez des trames.

3. Densifiez les trames des zones les plus foncées en superposant de nouvelles séries de lignes aux précédentes.

2

3

les Techniques de rendu

FRANCESC CARRERAS.
Projet d'une perceuse. Dessin réalisé avec plusieurs feutres.

en couleur

En permettant de reproduire les textures et les aspects de surface, la couleur apporte du réalisme et de la vie au dessin.

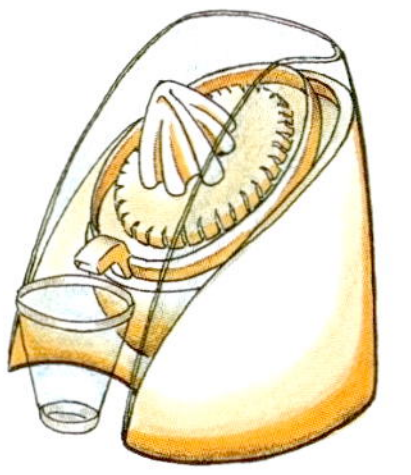

Au travers d'effets de variation et de gradation, les couleurs permettent de modeler surfaces et textures, de projeter des ombres et d'illuminer les zones éclairées. Elles contribuent ainsi à recréer sur le papier la nature tridimensionnelle de l'objet représenté.
Les objets aux formes bien définies présentent des contrastes nets entre les différentes zones de tons, contrastes qu'il est relativement facile de recréer sur le papier. Les formes organiques sont par contre plus difficiles à transposer, et le concepteur-designer doit avoir recours à de subtiles transitions tonales.
Le choix des couleurs est toujours délicat : elles doivent apporter de la vie sans interférer avec la compréhension du projet lui-même. On emploie normalement différentes couleurs quand différentes parties peuvent clairement être distinguées, ou quand on souhaite proposer plusieurs couleurs pour le produit final.

les Crayons de couleur

Les crayons de couleur permettent de réaliser des transitions de tons très subtiles, et offrent de bons résultats dans le traitement des textures. Le mieux est de travailler de façon progressive. On commence par des traits très doux, en exerçant une pression extrêmement légère. Puis, sur cette base, on accentue les tons en intégrant de nouveaux traits et des ombres douces. On appuie un peu plus sur le crayon à chaque nouvel apport de couleur, et on continue jusqu'à ce que le dessin soit suffisamment contrasté et que les tons foncés soient suffisamment intenses.

Mélange optique des couleurs.

CROQUIS

De nombreux concepteurs-designers utilisent les crayons de couleur pour leurs esquisses, car ils permettent de réaliser divers types de traits et offrent une gamme de couleurs très riche. Certains ne travaillent même qu'avec cet outil : une fois l'esquisse terminée, différents crayons leur permettent d'affiner les profils et les dégradés. D'autres concepteurs commencent par dessiner avec des stylos à bille ou des crayons graphite, et réalisent ensuite les ombres avec des crayons de couleur. Quel que soit votre choix, munissez-vous d'un bon assortiment de couleurs : on conseille en général de travailler avec une boîte de 24 ou 36 crayons.

Exemples de trame parallèle et de trame croisée.

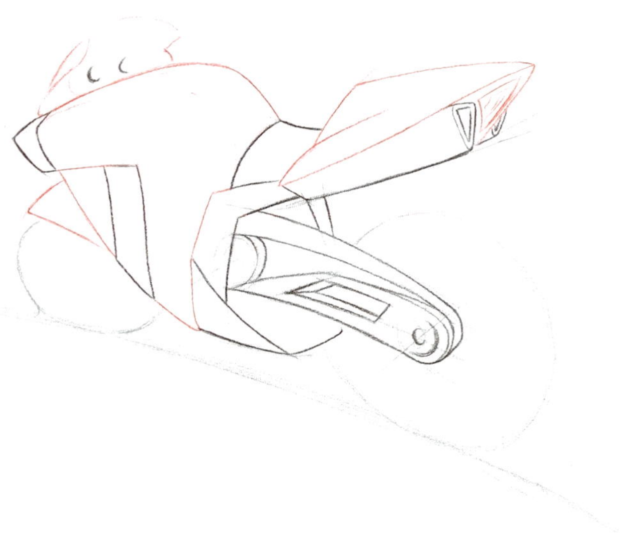

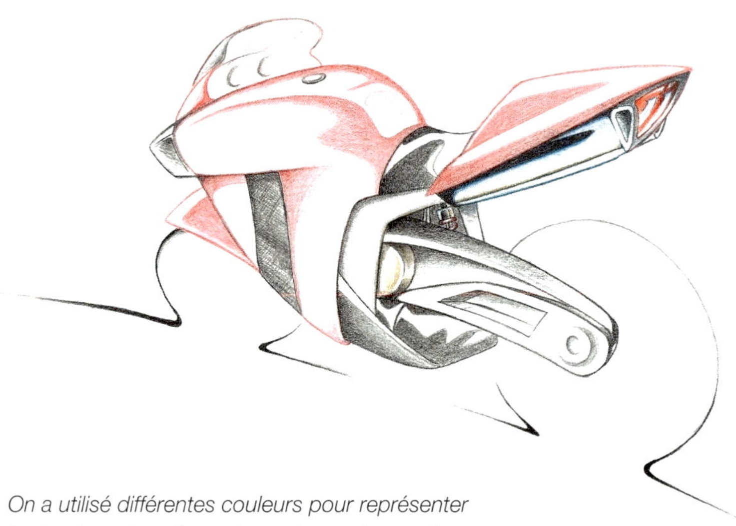

On a utilisé différentes couleurs pour représenter la structure de cette moto, mais aussi ses volumes.

GLACIS

Vous pouvez obtenir de nouvelles couleurs et une plus grande profondeur chromatique en réalisant un glacis, technique qui consiste à superposer plusieurs couches de couleurs. Le processus doit être mené dans un ordre précis : la couleur claire doit se superposer à la couleur foncée, car les couleurs claires ont un faible pouvoir couvrant et laissent transparaître la couleur de base.

Commencez donc par appliquer la couleur la plus foncée, sans trop rapprocher les traits. Superposez ensuite une seconde couleur, plus claire, et observez l'effet produit par ce mélange. N'exercez pas une trop grande pression sur le crayon : il faut que chaque couche de couleur soit semi-transparente et laisse voir la couleur qui se trouve en-dessous.

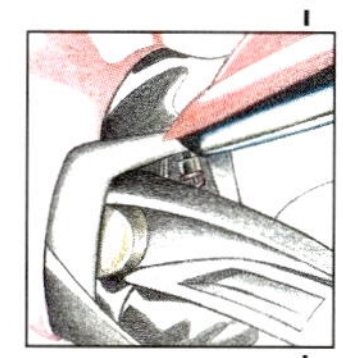

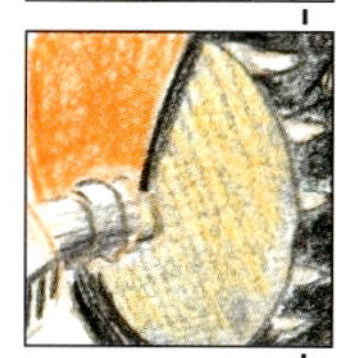

Les crayons de couleur permettent de travailler de façon très précise (exemple de la moto), mais aussi de réaliser des esquisses plus rapides (exemple du tracteur).

1

2

1. Commencez par tracer les lignes principales de l'objet. La couleur choisie au départ influencera tout le dessin.

2. Augmentez graduellement le niveau de détail et l'intensité des traits, de façon à reproduire les couleurs, les tons et les textures de surface.

3

3. La superposition de différentes couleurs aide à mettre en valeur les volumes et à améliorer le rendu du dessin.

4

4. Le résultat final ne prétend pas fixer une image définitive de l'objet. Cette technique de dessin permet par contre de réaliser rapidement différentes propositions de couleurs et de formes, très utiles dans les premières étapes de la conception.

le Pastel, l'estompe et la gomme

Idéal pour représenter des objets en céramique et en bois, mais aussi les transparences et les brillances, le pastel permet de réaliser des finitions très délicates. On peut obtenir des transitions subtiles en étendant la couleur avec le bout des doigts ou avec une estompe. Pour les grandes surfaces, vous aurez besoin de disques de démaquillage en coton.

TRANSPARENCES

Le pastel possède deux caractéristiques, la transparence du trait et sa capacité à être estompé, qui facilitent la représentation de matériaux transparents ou translucides. Il faut pour cela éviter de trop appuyer le bâton sur le papier, et estomper soigneusement la couleur avec le bout des doigts.

BRILLANCES

On obtient des brillances en posant des gabarits de papier sur certaines zones du support pour les réserver. Il est également possible d'agir a posteriori, en passant une gomme souple sur les zones coloriées. Pour un gommage plus précis, protégez certaines zones avec un gabarit de papier. Une troisième solution consiste à marquer les brillances et les reflets avec un bâton de pastel blanc. Plusieurs passages sont souvent nécessaires pour obtenir une brillance nette.

Le pastel permet d'obtenir des résultats très subtils.

Dans cette esquisse, c'est le fond blanc du papier qui crée les brillances.

APPLICATION DU PASTEL
Il existe deux méthodes principales d'application du pastel. La première consiste à utiliser le pastel à la fois pour tracer les lignes et pour colorier. Il faut alors être attentif à fondre le plus harmonieusement possible traits et dégradés, et colorier l'objet en distinguant les différentes valeurs tonales. La seconde consiste à dessiner le modèle au crayon graphite, au crayon de couleur ou au stylo à bille, puis à colorier l'objet au pastel. Le plus souvent, les concepteurs-designers travaillent avec des crayons de couleur, ce qui permet de choisir des couleurs se rapprochant des pastels qui seront utilisés par la suite. Les transitions entre les contours de l'objet et ses surfaces sont ainsi plus harmonieuses.

FIXATION DU DESSIN
Après chaque étape du travail il faut fixer le dessin avec un aérosol, car le pastel se détache très facilement du papier. N'approchez pas trop l'aérosol pour éviter que la colle du fixateur atténue la vivacité de la couleur.

1

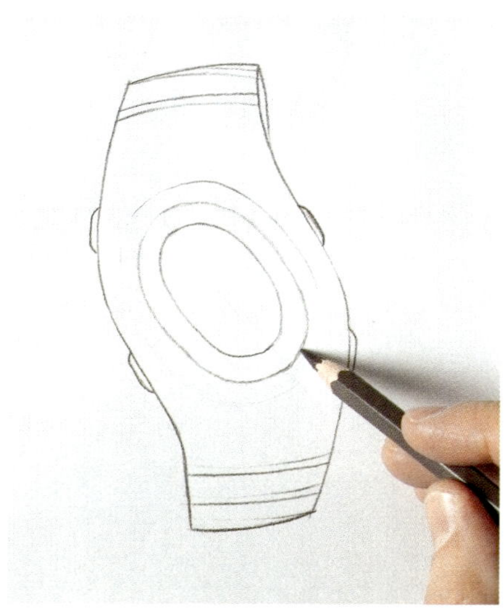

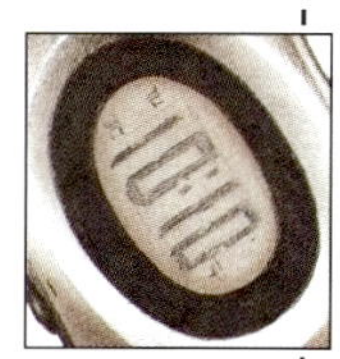

L'estompe permet de travailler de façon plus précise que les doigts.

1. Dessinez les contours de l'objet avec un crayon graphite ou un crayon de couleur proche de la couleur finale.

2

2. Versez du pastel en poudre sur une feuille. Avec un coton, recueillez-en une partie et appliquez-la doucement sur le dessin en insistant sur les ombres.

3. Au crayon de couleur, soulignez certains contours et les zones les plus foncées.

3

4. La gomme permet de dégager des zones de lumière suffisamment nettes. Fixez le pastel avec un aérosol.

4

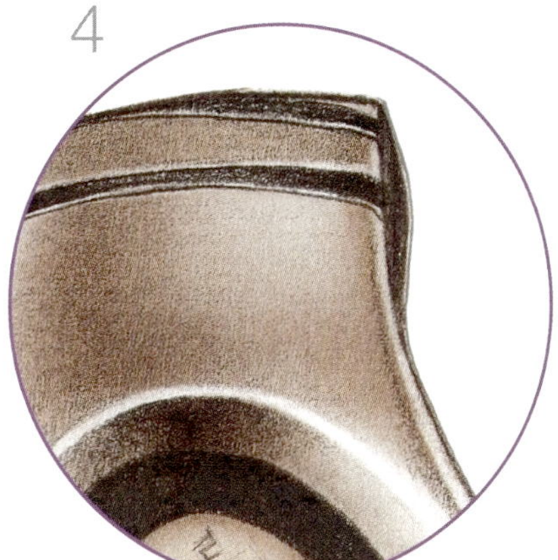

5

5. Pour finir, repassez les boutons-poussoirs et les chiffres du cadran au crayon de couleur.

L'aquarelle est assez difficile à maîtriser, ce qui explique qu'elle soit relativement peu utilisée par les concepteurs-designers.

l'Aquarelle, et le pinceau

DILUTION

Selon la quantité d'eau avec laquelle on la dilue, l'aquarelle peut donner des résultats très différents. Elle permet ainsi d'obtenir des effets d'une très grande subtilité, entre voiles de couleur presque imperceptibles et zones de couleurs intenses.
Le choix du papier joue lui aussi un rôle important : il faut utiliser des supports qui conviennent à un produit aqueux.

Projet d'un tracteur agricole réalisé à l'aquarelle et avec des crayons de couleur.

Ce tracteur a d'abord été dessiné au crayon graphite. On a ensuite travaillé à l'aquarelle, puis on a repassé sur certains contours avec un pinceau fin et des crayons de couleur.

APPLICATION

Commencez par dessiner les contours de l'objet avec un crayon graphite, des crayons de couleur, une plume ou un stylo à bille. Posez sur cette base les premiers à-plats, qui doivent rester peu contrastés et transparents. Laissez-les sécher avant d'ajouter des glacis successifs, qui permettront d'apporter des nuances de couleur et de ton. Le dessin doit évoluer des tons les plus clairs vers les tons les plus foncés : on laisse pour la fin les touches les plus couvrantes et les plus saturées. Pour obtenir des couleurs bien définies, on laisse sécher l'aquarelle après chaque application d'une couche. Si au contraire on cherche à créer des dégradés ou des fondus entre les différentes couleurs, on peint lorsque la couche de base est encore humide.

L'aquarelle se marie bien avec la plume, le stylo à bille, le crayon de couleur et le crayon noir. Certains concepteurs-designers emploient des feutres à l'eau, pour créer des effets de transparence (voir page 112).

1

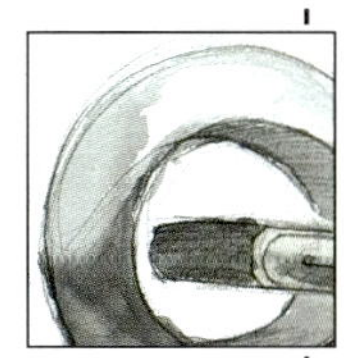

On met en valeur les zones les plus claires de l'objet en les laissant vierges.
Le blanc du papier apporte alors sa luminosité à l'ensemble.

2

1. Partez d'une esquisse dont les lignes générales sont suffisamment détaillées pour délimiter les zones de couleur.

2. Commencez l'aquarelle par les tons les plus clairs, qui sont plus faciles à corriger que les tons sombres. Ajoutez la couleur par couches de plus en plus intenses, en réservant des zones pour les brillances.

3

3. Pour donner une impression de profondeur et apporter de l'énergie à l'ensemble, on ajoute une forme géométrique (ici un rectangle rouge) dont la couleur contraste avec celle de l'objet représenté.

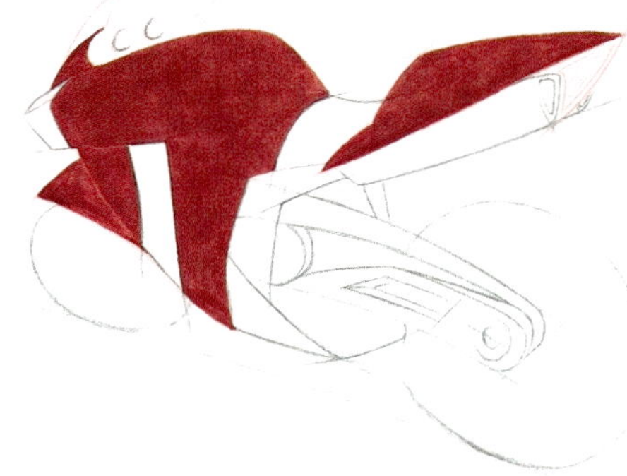

les Feutres
à base d'alcool ou d'eau

Les feutres sont très utilisés par les concepteurs-designers car ils sont plus simples d'emploi que l'aquarelle ou le pastel. Permettant de réaliser aussi bien des contours que des zones colorées, ils se révèlent bien adaptés aux phases initiales du projet, qui nécessitent un travail rapide et fluide. Pour utiliser un feutre avec efficacité, il faut travailler avec des gestes souples et développer un style direct et décidé.

SUPERPOSITION DE COUCHES

En superposant des couches successives de feutres, on peut obtenir différentes gradations tonales et donc distinguer les faces d'un objet. Pour créer davantage de contraste et souligner les volumes, il est possible de superposer les traits d'un second feutre.

Les feutres obligent à travailler rapidement, autrement le papier absorbe trop d'encre et finit par être saturé. Ici nous avons utilisé un seul feutre pour les zones rouges. Les tons foncés ont été obtenus en repassant plusieurs fois sur la même zone, mais il aurait également été possible de choisir un rouge plus foncé.

Le feutre donne un modelé très pur aux objets représentés.

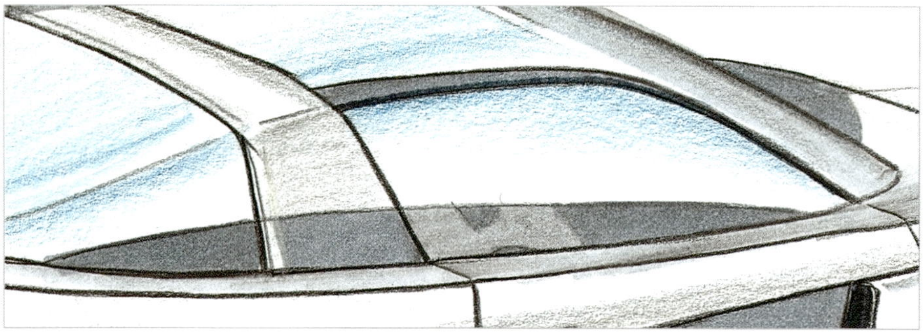

Le feutre se marie bien avec d'autres outils. Observez par exemple la zone bleue sur le toit et sur la vitre arrière : elle a été réalisée au pastel et au crayon de couleur.

CONSEILS D'UTILISATION

Lorsqu'on représente des objets dont les faces sont très différenciées, chaque face doit avoir une tonalité différente. Pour des surfaces organiques et molles, il faut travailler rapidement, tant que les couleurs sont humides, ce qui permet de fondre les différentes couches. Dans les deux cas, on cherche à utiliser des couleurs qui s'accordent bien afin de créer des transitions tonales douces.

Tenez compte des indications suivantes si vous travaillez avec des feutres :

• Pour couvrir des zones vastes et uniformes, on travaille avec la partie biseautée de la pointe.

• Pour réaliser les détails, on utilise la pointe du feutre, ou un crayon ayant une pointe plus fine.

• En superposant couleurs et tons, on peut obtenir des nuances foncées ou créer des ombres.

• Il ne faut pas oublier de remettre le capuchon après avoir utilisé les feutres, autrement l'encre s'évapore.

• Quand la pointe est abîmée, elle doit être changée – si c'est impossible, c'est le feutre lui-même qui doit être remplacé.

1. Commencez par une esquisse au graphite.

1

2. Soulignez bien les détails et les ombres du clavier et de l'écran avec une première couleur.

2

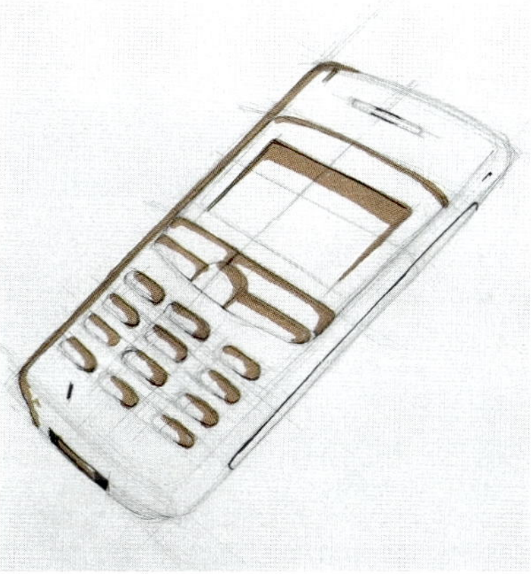

3

3. Avec une deuxième couleur, ici du bleu, représentez le reflet de l'écran et la plaque sombre qui l'entoure.

4

4. Un fond bleu, qui contraste avec l'objet, permet d'ancrer le dessin dans la page.

FEUTRES À BASE D'ALCOOL ET À BASE D'EAU

Les feutres à base d'alcool produisent un trait qui sèche rapidement, ce qui oblige le concepteur-designer à travailler vite. Sur un papier ordinaire, l'encre peut facilement s'accumuler dans certaines zones, en particulier là où on arrête le trait. Le dessin est alors ponctué de taches de couleur. Avec les feutres à eau, le trait est plus homogène : l'encre ne coule pas et ne produit pas de zones plus intenses, à moins qu'on insiste trop longtemps sur un endroit.

L'exécution de ce dessin a été particulièrement soignée. Il pourrait servir à la présentation d'un projet.

PAPIER LAYOUT

Le papier layout, qui retient bien l'encre, est conseillé pour le travail au feutre. Ce papier est en outre translucide, ce qui donne beaucoup d'éclat aux couleurs. Pour réaliser les brillances, il est inutile de réserver une partie de la feuille : on applique au pinceau, ou avec un correcteur de type Tipp-Ex®, du blanc opaque sur le dessin terminé.

La superposition de deux couches d'une même couleur a permis d'obtenir un dégradé qui met en valeur l'objet et aide à le comprendre.

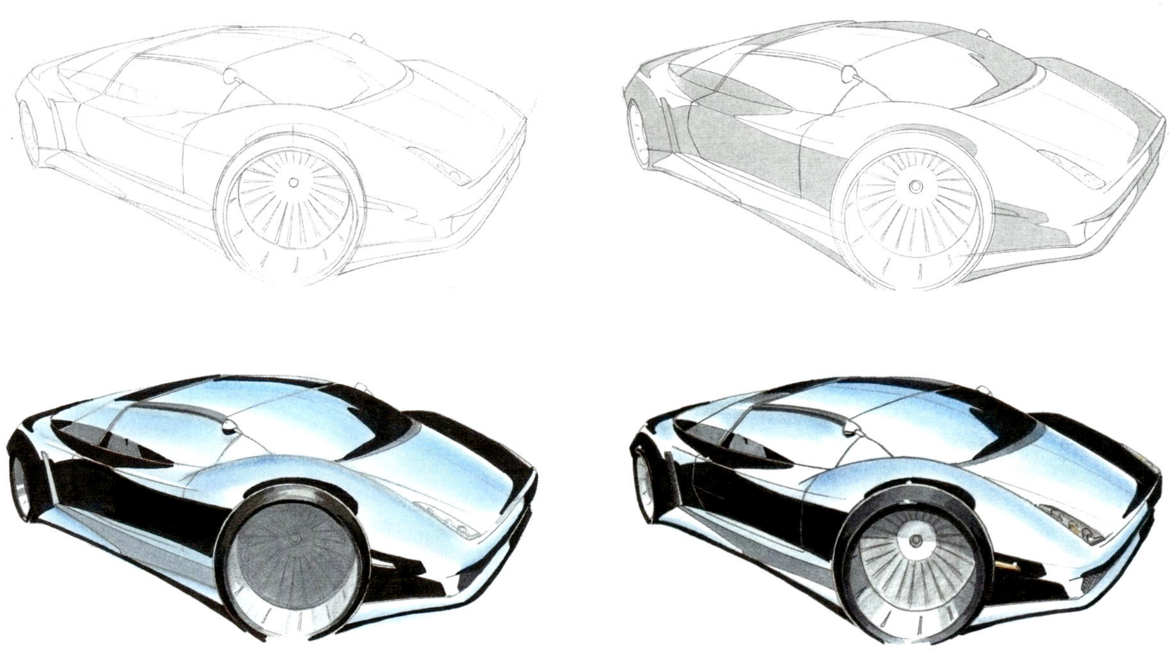

Pour dessiner cette automobile, nous avons utilisé un feutre et un pastel bleu. Le mélange des deux techniques facilite la représentation de surfaces très brillantes.

1

2

Nous recommandons de ne réaliser des dégradés qu'avec des feutres à pointe large.

DÉGRADÉ

Un dégradé permet de mettre en valeur le volume d'un objet. Le plus simple est de superposer les couches : on applique la couleur, on la laisse sécher puis on pose une deuxième couche sur les zones devant être les plus sombres. Le résultat est généralement peu contrasté. On peut alors intervenir avec une deuxième couleur, plus foncée, pour donner de l'ampleur au dégradé. Évitez absolument le gris dans cet emploi car la couleur obtenue avec lui est terne, mal définie. Pour que la couleur reste brillante, il est essentiel d'éviter le gris, et donc de choisir une véritable couleur. Si vous voulez obtenir des valeurs encore plus sombres, passez une troisième couleur ou des couches supplémentaires de la deuxième.

1. Posez la première couche de façon uniforme, en sens horizontal.

2. Superposez les traits pour intensifier le ton.

3

3. On a ici pu créer un dégradé incluant cinq tons différents. Si vous passez rapidement les couches et ne laissez pas sécher le feutre, l'effet de gradation est plus doux.

la Représentation

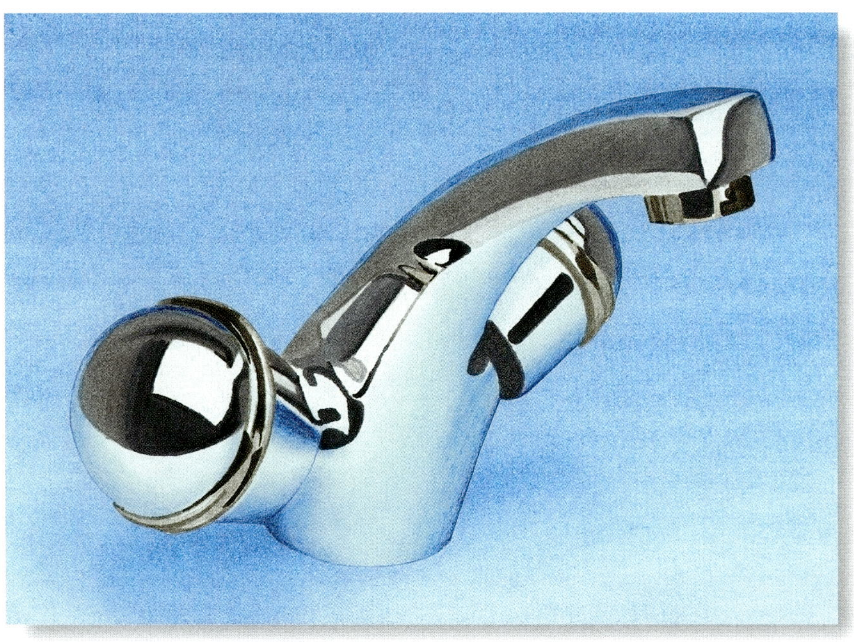

LLUIS MATAS.
PROJET DE ROBINET CHROME. ESQUISSE REALISEE AU FEUTRE ET AU PASTEL.

des matériaux

Réussir un poli ou une texture permet de donner de la chair à un dessin.

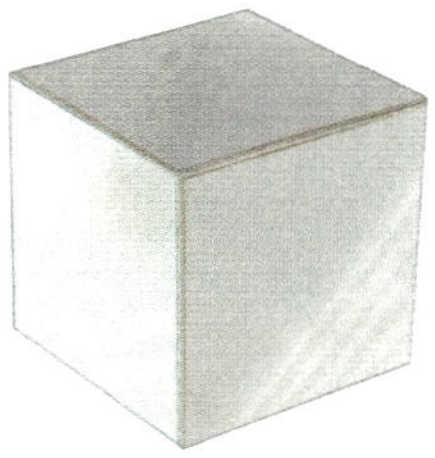

Lorsque l'on essaie de définir un objet sur le papier, un des préalables est de connaître les matériaux dans lesquels il sera fabriqué. En effet il n'est pas réaliste d'imaginer une forme sans penser à un matériau précis : la réflexion sur la forme ne va pas sans la réflexion sur le matériau, et un dessin auquel on a ajouté des textures constitue souvent un meilleur support pour la réflexion qu'une esquisse abstraite.
Le concepteur-designer doit donc maîtriser la représentation graphique des différents matériaux. Comme nous allons le voir, les techniques utilisées combinent souvent différents outils sur un même support. Mais chaque matériau est particulier, et si nous donnons ici les principes de base, il faut dans chaque cas adapter techniques et outils pour trouver une solution adaptée.

le Plastique, aspect mat ou brillant

Cubes revêtus de plastique mat.

Lisse ou brillante, la finition du plastique détermine le choix de la technique de travail. Le papier layout, habituellement utilisé pour travailler avec des feutres, constitue le meilleur support pour représenter le plastique, et ce même si l'on travaille à l'aquarelle ou au pastel.

Cubes revêtus de plastique brillant.

TEXTURE DU PLASTIQUE

Commencez par représenter les lignes principales de l'objet à l'aide d'un crayon graphite, d'un crayon de couleur, d'un stylo à bille ou d'un feutre. Ombrez ensuite les zones les plus foncées avec un feutre, et travaillez les zones claires avec une fine couche de poudre de pastel. Complétez les dégradés avec des crayons de couleur, qui permettent en particulier de réaliser les tons moyens.

Pour marquer les brillances, vous pouvez utiliser au choix de petites touches de gouache blanche appliquées au pinceau, de l'encre blanche passée à la plume métallique, un stylo ou du Tipp-Ex®. Dans tous les cas, tenez compte de l'angle d'incidence de la lumière.

On a passé du pastel sur les différentes faces de ce cube, puis on a utilisé la gomme pour créer des reflets et reproduire ainsi l'aspect d'une surface brillante.

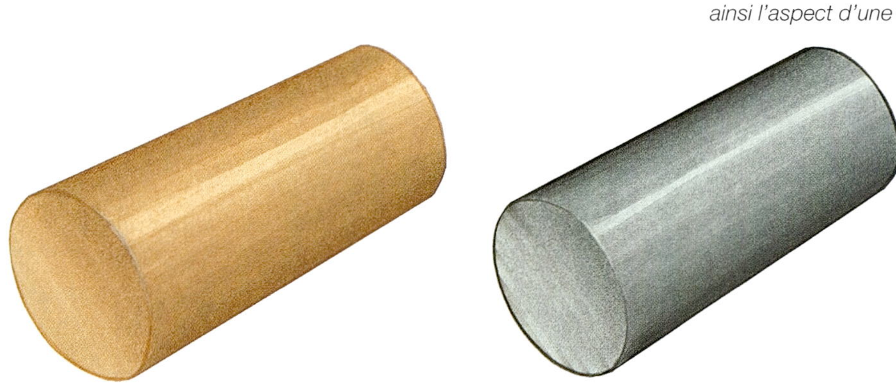

Cylindres revêtus de plastique mat.

Cylindres revêtus de plastique brillant.

PLASTIQUE MAT ET PLASTIQUE BRILLANT

Pour représenter le plastique mat, on peut utiliser des feutres, ou des feutres associés à des crayons de couleur, ou encore des pastels. Les brillances du plastique mat sont très douces et leurs bords doivent être estompés.

Pour le plastique brillant, on travaille le plus souvent à l'aide de pastels. Si les zones les plus sombres sont en général assez estompées, les zones les plus claires doivent être très contrastées et il faut veiller à bien délimiter les différents tons. On souligne les brillances à l'aide d'une gomme souple ou en appliquant de la gouache blanche. Une autre solution pour représenter ce type de plastique consiste à utiliser le feutre dans les zones les plus foncées et le pastel dans les plus claires, la gomme servant toujours à marquer les brillances.

Un même objet représenté avec une finition mate, puis brillante. La zone recouverte de gouache blanche donne de l'éclat au dessin brillant, et le différencie nettement du dessin mat.

Sphères revêtues de plastique mat.

Sphère revêtue de plastique très brillant.

Pour dessiner les sphères mates, on a tracé des cercles successifs avec un feutre, puis on a adouci le point de lumière en le travaillant avec un crayon de couleur (le blanc de la feuille aurait produit un effet trop violent). Pour représenter ces surfaces brillantes, on a travaillé les zones foncées au feutre, puis les zones claires au pastel. On a laissé une zone vierge sur le cylindre, ce qui a permis d'obtenir un effet de brillance très vive.

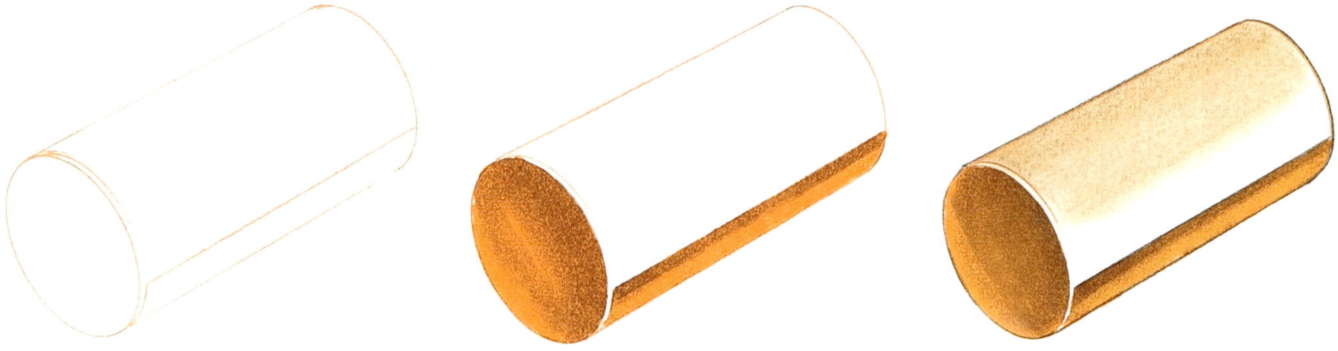

Pour recréer l'apparence du bois, il faut d'abord tenir compte de sa tonalité : on choisira par exemple des tons clairs pour le pin ou le hêtre, et des tons plus foncés pour le noyer ou le wengé. Graphite, crayons de couleur et encre permettent de dessiner le bois mais, si on recherche une précision maximale, par exemple pour présenter différentes essences à un client, on emploie plutôt le pastel (complété par des crayons de couleur) ou le feutre.

le Bois, veines et nuances de teinte

IMITATION DES VEINES DU BOIS AVEC DES PASTELS

Une première méthode consiste à gratter le pastel avec une lame, puis à mélanger cette poudre avec un solvant (de l'essence à briquet par exemple), et enfin à étaler le mélange sur le papier avec un coton en essayant d'imiter les veines du bois. Passez peu de couches, autrement vous risquez de trop homogénéiser la surface. Choisissez un marron qui soit proche de l'essence que vous voulez représenter ; si l'aspect du bois s'y prête, vous pouvez travailler avec différents tons de marron.

Planche de bois dessinée au pastel. Pour donner du relief à l'ensemble, on a passé davantage de couches sur les deux côtés que sur la face supérieure.

Meuble en bois dessiné au pastel. On a réalisé les faces l'une après l'autre, en protégeant à chaque fois les zones adjacentes avec du papier.

IMITATION DES VEINES DU BOIS AVEC UN FEUTRE

Vous pouvez également reproduire l'aspect du bois à l'aide de feutres : il suffit de réaliser une série de traits en suivant la direction des veines. Pour obtenir des traits de différentes grosseurs, variez la position du feutre (tracé sur la pointe, sur le biseau, etc.).

Un seul feutre suffit en général, mais, selon l'effet recherché, on peut en employer deux ou trois. Il est conseillé d'utiliser des feutres usés car ils permettent d'obtenir des surfaces plus réalistes.

Que l'on travaille aux pastels ou aux feutres, on peut finaliser le dessin avec des crayons de couleur. Ils permettent de nuancer les tons avec beaucoup de finesse.

Pour faciliter le tracé de lignes, on dépasse les limites du dessin. Il faut donc réserver les zones devant rester vierges, ou découper le dessin finalisé et le coller sur un nouveau support.

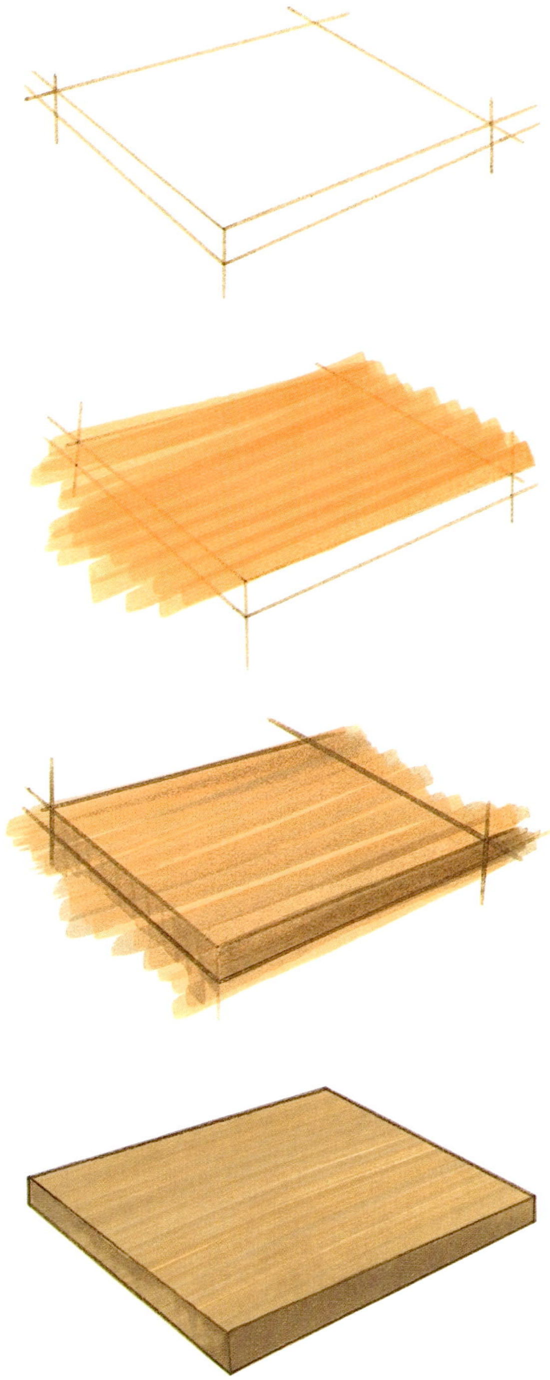

Représentation, au feutre, d'une planche de bois. On peut utiliser un ou deux feutres, toujours dans le sens des veines du bois. Les côtés doivent être plus sombres que la face supérieure : on repasse plusieurs fois dessus avec le feutre, ou on les finit avec un crayon de couleur. Attention : sur un des côtés, le sens des veines change.

Projet d'un meuble réalisé avec des feutres et des crayons de couleur.

les Métaux,
brillances et reflets

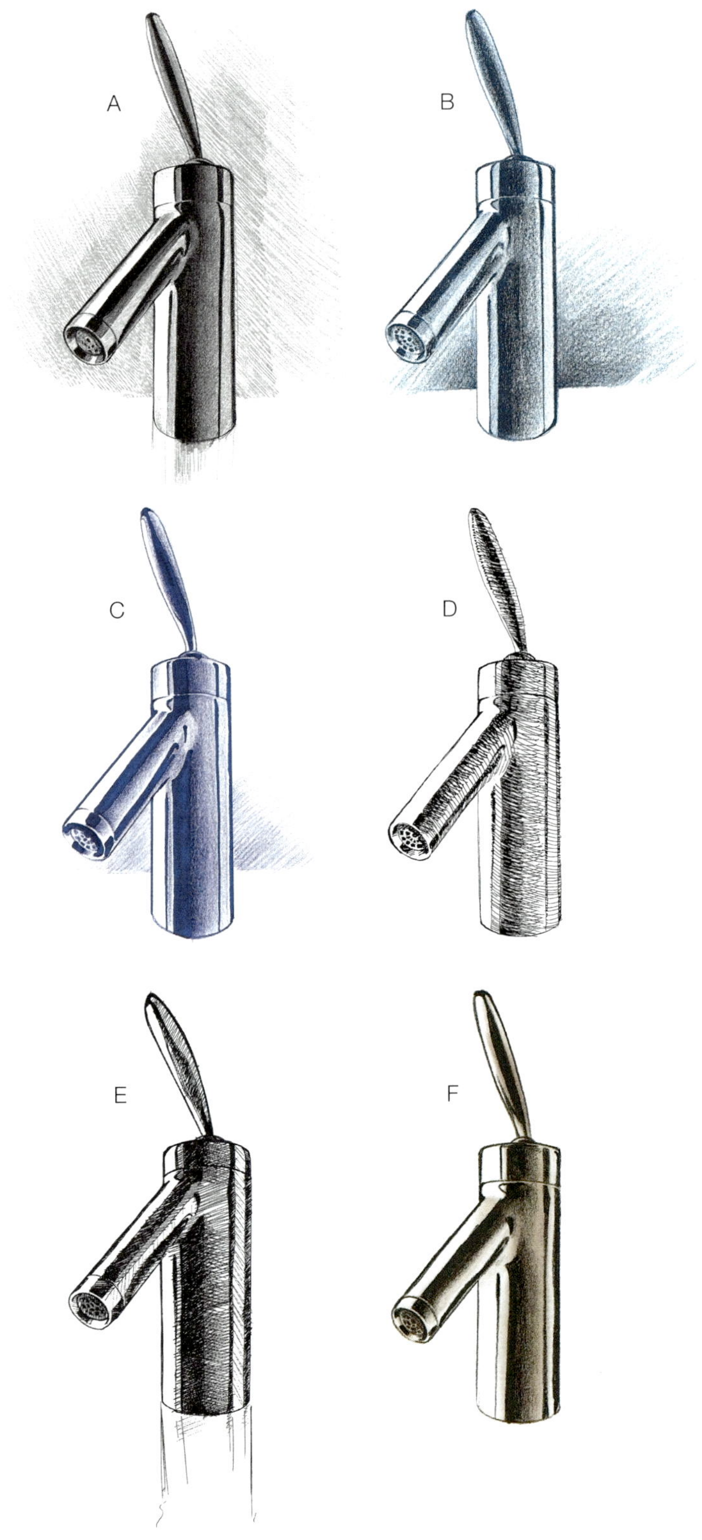

Les techniques permettant de représenter l'acier et l'aluminium sont proches de celles utilisées pour le plastique (voir page 116), mais on développe plus les jeux de la lumière sur la surface. Comme les plastiques, les métaux peuvent avoir une finition mate ou brillante. Dans le second cas, on devra recréer les brillances, et éventuellement les objets proches qui se reflètent à la surface.

Les métaux très polis n'ont pas vraiment de couleur, on parle plutôt de tendance chaude ou froide. Le laiton est ainsi représenté avec des couleurs chaudes, alors qu'on utilisera des couleurs froides pour le bronze (gamme de verts) et pour l'aluminium (bleus et gris). Le cuivre est travaillé avec des couleurs brunes et rougeâtres, l'or avec des jaunes et des orangés, l'acier avec une gamme très neutre de gris. Le bleuté de l'aluminium est obtenu en passant un peu de poudre de pastel bleu sur un dessin de base gris. Ce procédé permet de réaliser des surfaces à l'aspect étonnamment réaliste.

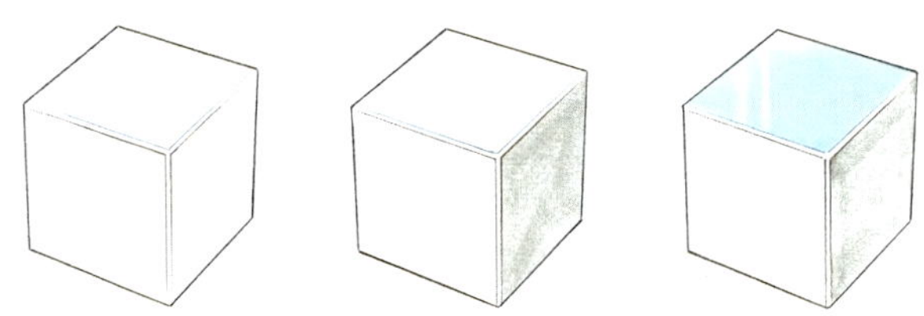

Représentation d'un cube chromé.

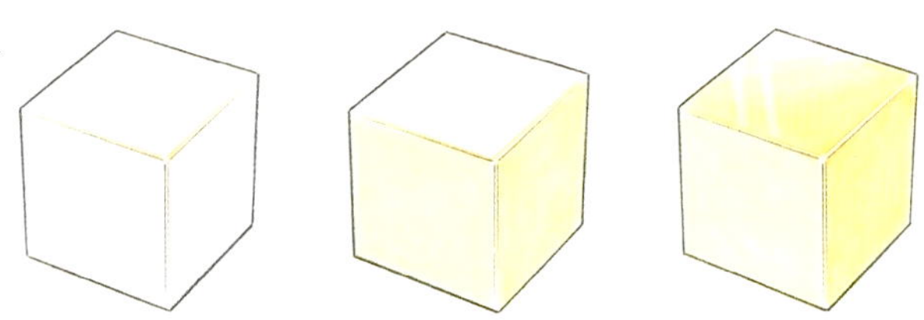

Représentation d'un cube de laiton.

Robinets chromés, dessinés avec différents instruments : crayon graphite (A), crayon de couleur (B), crayon de couleur et feutre (C), plume (D), stylo à bille (E), pastel et crayon de couleur (F).

MÉTAL CHROMÉ

La surface du métal chromé réagit comme un miroir, et reflète donc ce qui l'entoure. Elle n'a pas de couleur propre, sinon celle qu'elle acquiert sous l'influence de son environnement – avec un ton un peu plus foncé que dans la réalité.

Le reflet peut être celui d'un objet proche de la surface chromée. Sinon, le concepteur-designer peut imaginer l'objet au milieu d'un désert, un jour ensoleillé : il dessinera alors le reflet du ciel bleu, de la ligne d'horizon et de la terre (voir l'exemple du cylindre ci-contre). Cet effet fonctionne bien, et l'observateur comprend qu'il s'agit d'un objet chromé.

Pour représenter un reflet, on en dessine les parties les plus foncées au feutre, par touches contrastées. Les bords doivent être bien définis. Pour les tons intermédiaires, on peut utiliser un feutre plus clair que le premier, mais aussi des crayons de couleur ou des pastels. Les reflets de lumière sont matérialisés en réservant certaines zones du papier. La forme de la surface chromée et ses défauts de surface peuvent induire des déformations du reflet.

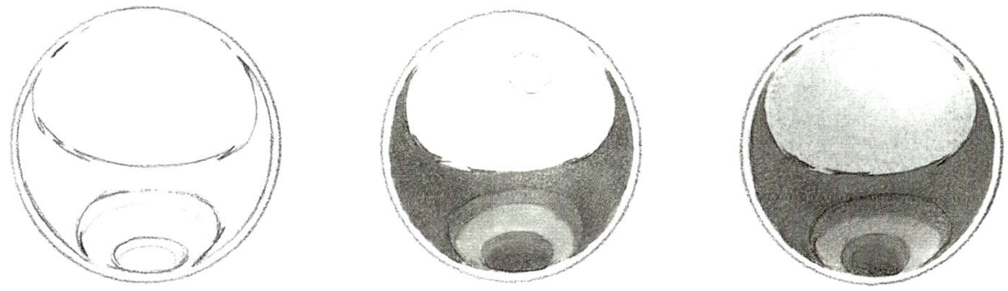

Sur ces sphères chromées, la ligne d'horizon fictive a été déformée.

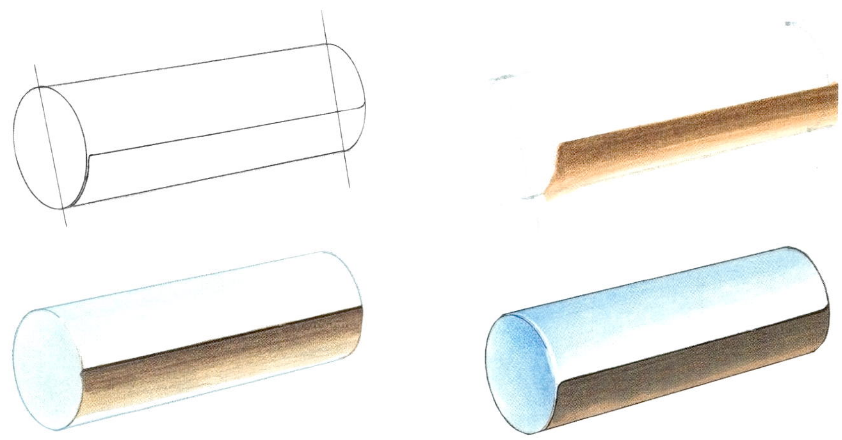

Sur ces cylindres chromés, on a marqué clairement la ligne d'horizon. Les marrons évoquent la terre, et le bleu semble être le reflet du ciel. Si vous employez des gris à la place de ces couleurs (voir les sphères ci-dessus), vous aurez l'impression que l'objet représenté est situé en intérieur. L'effet sera alors moins spectaculaire.

1

2

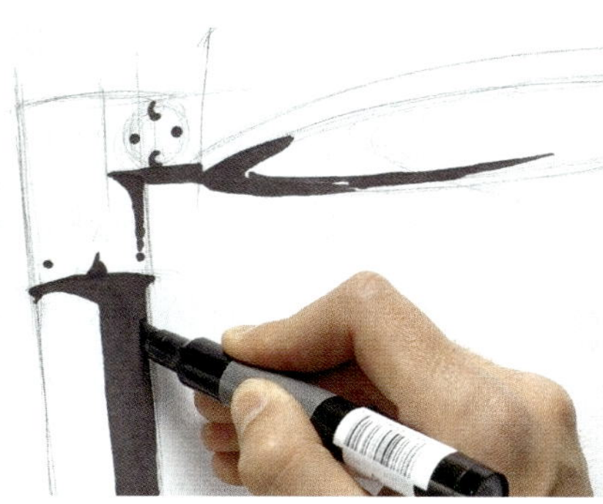

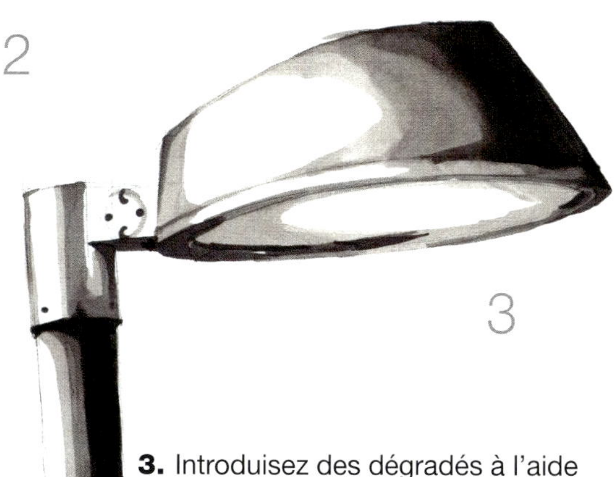

3

1. Commencez par définir au crayon graphite les lignes principales de cet abat-jour chromé.

2. Marquez ensuite les ombres les plus sombres avec un feutre gris foncé.

3. Introduisez des dégradés à l'aide d'un feutre gris clair, en laissant vierges certaines zones du papier pour représenter les brillances. Les variations de tons permettent d'obtenir un grand nombre de nuances.

les Autres matériaux

Matériaux translucides, matériaux texturés et céramiques posent des problèmes de représentation bien particuliers, pour lesquels nous donnons ici des solutions.

MATÉRIAUX TRANSLUCIDES OU TRANSPARENTS

Voici quatre techniques permettant de simuler des matériaux translucides ou transparents, par exemple le verre ou le Plexiglas®.

• Réalisez un à-plat léger au crayon graphite et adoucissez les tons avec une estompe. Effacez ensuite de larges zones pour reproduire les reflets, et saturez les parties les plus sombres.

• Posez une base de couleur avec un feutre, ou avec un crayon de couleur combiné à un feutre. Dessinez ensuite des reflets avec un crayon de couleur blanc (si la surface du verre est foncée) ou avec un crayon au ton moyen ou foncé (si elle est claire).

• Pour représenter un verre foncé, passez une couche de pastel clair et tracez des lignes blanches à l'aide d'une gomme. Pour un verre clair, réalisez les reflets avec un pastel de ton moyen.

• À l'aide de feutres clairs et usés, ombrez les objets visibles à travers le matériau transparent. Les formes doivent apparaître effacées, et les contrastes fades. Entre les formes, on intercale des espaces blancs pour simuler des reflets sur la surface du verre. Il faut que ces reflets empêchent de bien voir les objets qui se trouvent derrière.

Sphère texturée. On a placé un papier de verre épais sous le papier, et on a défini au feutre la forme de la sphère (A). On a ensuite passé sur la sphère des crayons de couleur foncée (B), puis on a légèrement déplacé le papier de verre et on a passé un crayon de couleur plus claire (C).

Cubes réalisés sur des différents supports : du papier de verre (A) et une plaque métallique perforée (B).

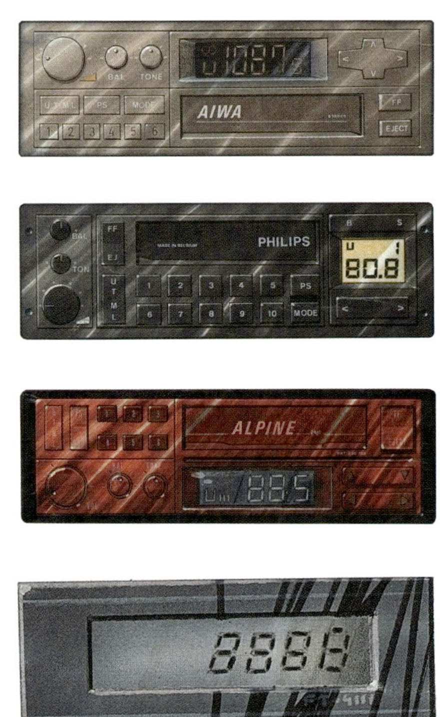

Différentes représentations de la partie frontale d'un magnétoscope.

1

MATÉRIAUX TEXTURÉS

Pour représenter des matériaux texturés – pierre, béton, toile, plaque de métal perforée, etc. –, il convient de donner un aspect mat au dessin, et donc d'éviter l'estompe et les brillances. La méthode la plus utilisée consiste à se servir de feuilles de papier de verre de grains différents : placez le papier de verre sous la feuille, et frottez un crayon sur le papier jusqu'à ce qu'apparaisse un motif granulé et moucheté caractéristique. Si vous voulez obtenir un effet de relief, déplacez légèrement la feuille sur le papier de verre et répétez l'opération en utilisant un crayon plus clair que le premier.

Pour reproduire la texture des pierres, trempez une brosse à dents dans de l'encre ou de l'aquarelle, puis approchez-la du papier et frottez-la avec l'ongle de façon à projeter de nombreuses petites gouttes.

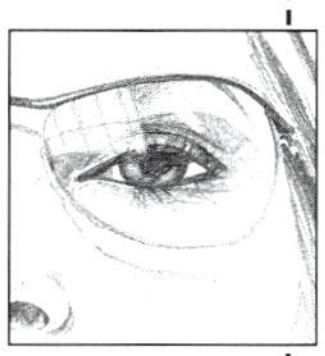

Le graphite et le pastel permettent de réaliser des transparences très convaincantes.

2

CÉRAMIQUE

La céramique doit être travaillée comme le plastique (voir page 116). On représente les céramiques blanches en laissant vierges de grandes zones de papier, et en utilisant des gris très clairs pour les parties les plus foncées.

3

Glissez un papier de verre épais sous la feuille, puis procédez de la façon suivante :

1. Posez une base de couleur au feutre.

2. Frottez sur le papier un crayon de couleur noire.

3. Déplacez légèrement le papier de verre et frottez sur le papier un crayon plus clair.

Le feutre est particulièrement efficace pour la céramique, car il met en valeur les détails et donne beaucoup de présence à l'image.

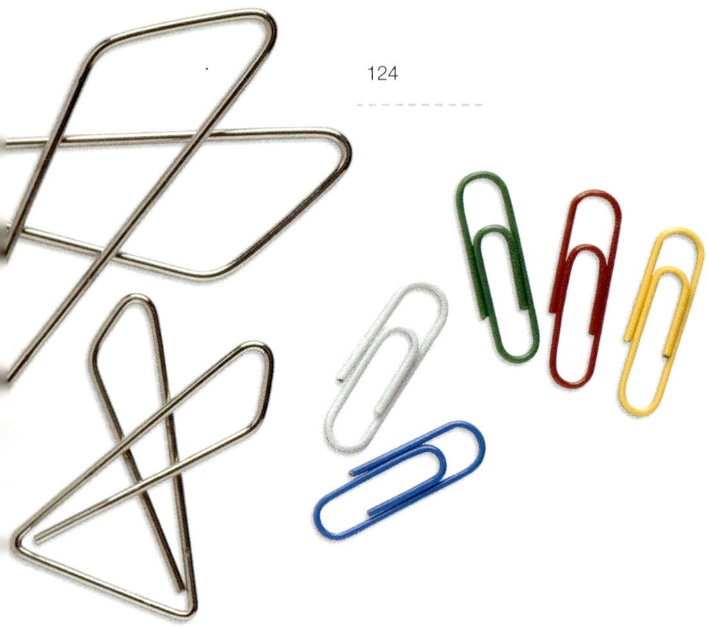

le Dessin

SCHMIDT-LACKNER DESIGN.
PREMIÈRES APPROCHES FORMELLES D'UNE SÉRIE DE ROBINETS.
ESQUISSE RÉALISÉE AU CRAYON DE COULEUR.

de communication

La présentation des dessins doit les mettre en valeur, mais sans brouiller leur message.

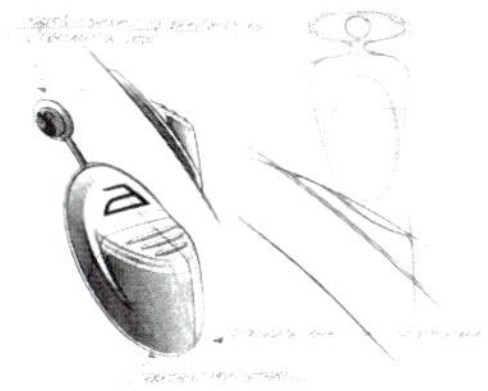

En plus de réaliser ses dessins, le concepteur-designer doit apprendre à les présenter de la façon la plus efficace possible. Il s'agit ainsi, comme nous le verrons dans ce chapitre, de les disposer au mieux sur la page, d'ajouter des vues de détail, des légendes ou des fonds colorés, et de les protéger afin qu'ils puissent être manipulés dans un groupe de travail. C'est surtout dans la phase qui précède la présentation au client que ces techniques vont être mises en œuvre : elles permettent une meilleure lecture des dessins, et facilitent donc la compréhension du projet. Mais certaines peuvent aussi s'appliquer aux premières phases de travail, au cours desquelles on jette ses idées sur le papier, puis on explore plus avant différents axes de travail. L'ajout de légendes sert ainsi souvent d'aide-mémoire au concepteur-designer, la disposition des dessins peut accompagner le processus créatif, et les ébauches les plus réussies doivent être conservées.

la Disposition des dessins

Au cours de la première phase du projet, la plus créative, la distribution des esquisses sur le papier ne suit aucune règle. Il s'agit de jeter des idées sur le papier, le résultat pouvant être assez anarchique. On conseille en général de dessiner de nombreux croquis de petite taille sur une même feuille car leur juxtaposition peut faire naître de nouvelles idées.

DÉVELOPPEMENT DU CONCEPT

Dans un second temps, le concepteur-designer travaille selon quelques grands axes qu'il a définis. Il développe alors son projet en effectuant une série d'ajustements. Le travail se fait beaucoup plus précis : il faut utiliser la perspective et les règles de proportions, et distribuer les dessins de façon rationnelle sur la feuille.

La disposition des dessins doit faciliter la compréhension du concept. Une solution consiste à disposer une série de vues en cercle, chacune explorant une solution, autour d'un dessin principal (voir exemple ci-dessous). Tenez compte du fait que les éléments représentés en vue orthographique apparaissent beaucoup plus statiques que ceux dessinés en perspective.

Dans la première phase, celle de la recherche d'idées, la disposition des dessins n'obéit à aucune règle précise.

Sur une même feuille, on peut trouver des dessins d'ensemble et d'autres présentant des détails. Il n'existe pas de place déterminée pour ces derniers, mais on peut les distinguer en les représentant avec une finition particulièrement soignée.

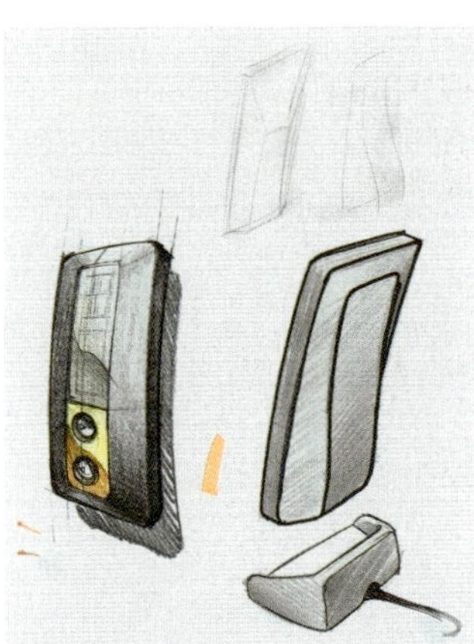

Quand la feuille contient un nombre limité de dessins, la distribution est simple : il suffit de les centrer.

CHOIX D'UNE SOLUTION

Dans la troisième phase de son travail, le concepteur-designer va approfondir le concept retenu en vue d'une présentation au client. Il ne propose généralement qu'un seul dessin, parfois accompagné d'un détail (voir ci-dessous) ou d'une légende (voir page 128). Dans ce cas, on suit les règles de la composition en cherchant à équilibrer la page et à unifier les échelles.

VUE DE DÉTAIL

La représentation de détails permet au professionnel de mettre l'accent sur certains aspects de son projet, elle l'aide à donner plus de précision à son travail. Pour en faciliter la lecture, on les représente à une échelle plus grande que celle utilisée pour le reste du projet. Il est possible d'ajouter un texte court pour apporter des précisions.

Les vues de détails ne doivent pas être inutilement multipliées, surtout si elles sont techniques : à l'inverse de effet recherché, leur trop grande profusion pourrait nuire à la compréhension du projet. L'ajout de schémas ou de diagrammes s'avère utile dans certains cas.

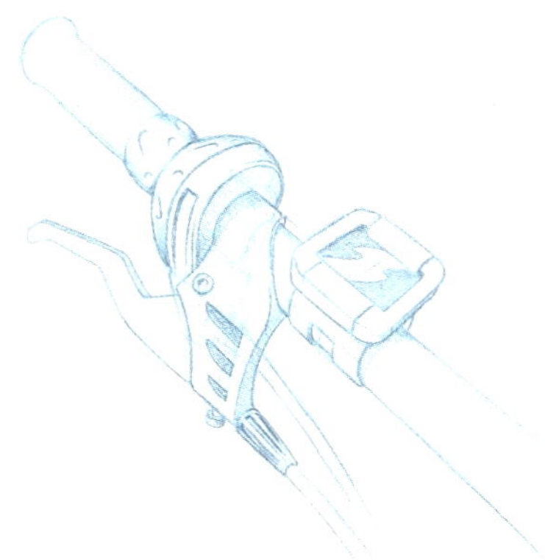

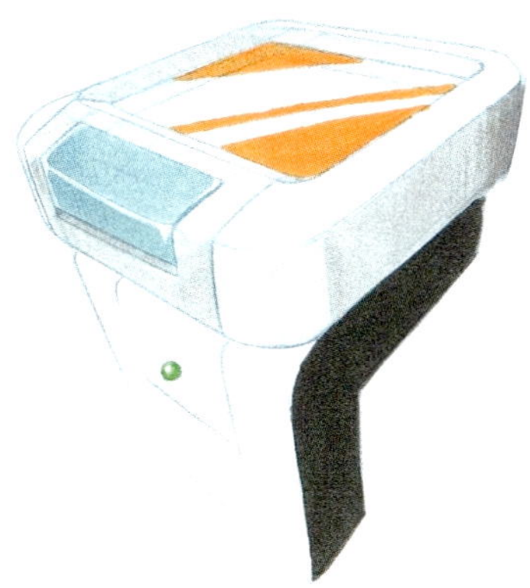

Pour montrer les détails, on les dessine à une échelle plus grande que les autres vues de l'objet. Il est possible d'utiliser des couleurs pour les mettre en valeur, et de représenter les autres vues en monochromie.

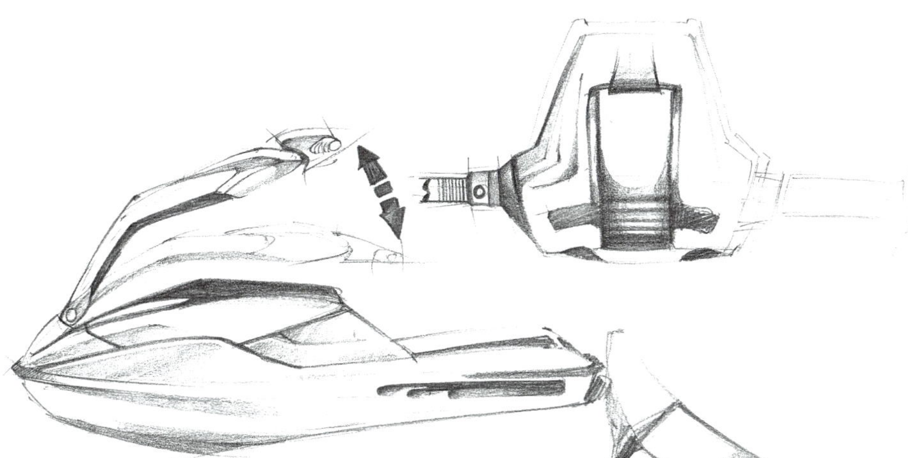

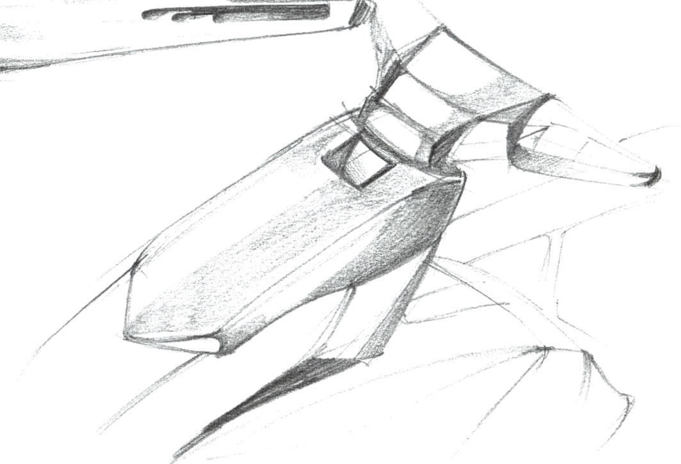

Pour présenter votre concept de la façon la plus claire possible, montrez-le sous différents angles et mettez en valeur les éléments les plus importants en jouant sur la disposition des dessins et sur les échelles.

l'Inclusion,
de légendes

Souvent, au cours des premières phases de la conception d'un produit, on accompagne les croquis de textes qui aident à décoder l'image : les légendes. Elles donnent des informations supplémentaires (description de la fonction, type de matériau, processus de fabrication, etc.) ou indiquent d'éventuelles variantes. Elles servent d'aide-mémoire au concepteur-designer ou de complément d'information pour les personnes avec lesquelles il travaille.

Une légende isolée permet de donner de l'importance à un détail.

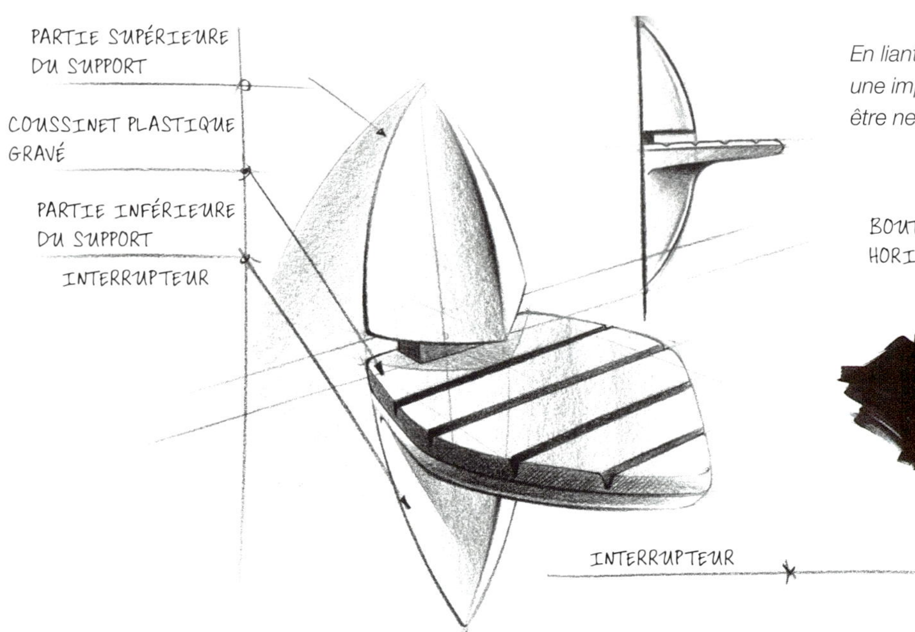

En liant les textes au dessin, les filets donnent une impression d'ordre et de rigueur. Ils doivent être nets et discrets.

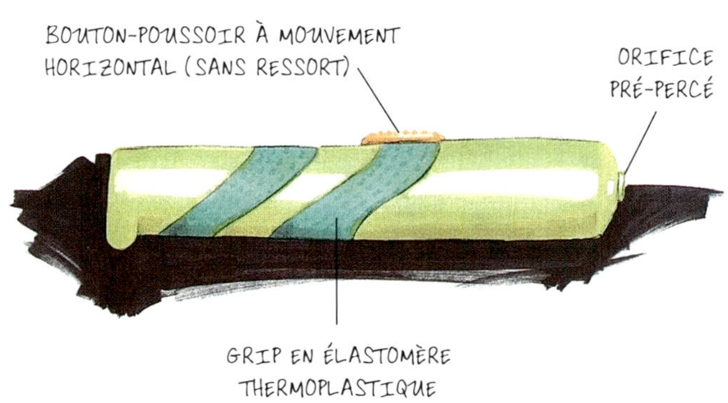

LETTRAGE
Le texte peut être écrit à la machine ou à la main – directement, à main levée, ou à l'aide d'un normographe. Dans ce dernier cas, qui est le plus fréquent, mieux vaut utiliser les lettres majuscules : elles sont plus faciles à lire que les minuscules.

PRÉSENTATION DU TEXTE
Séparez bien légendes et dessin pour ne pas gêner la lecture. Quand le texte se réfère à des parties spécifiques de l'objet, on les relie généralement par des lignes appelées filets. Si certains dessinent des filets ondulés, nous préférons pour notre part utiliser des filets droits, plus lisibles.
La légende doit si possible être située au même niveau que la partie du dessin à laquelle elle se rapporte. Si le texte propose de trop nombreuses variantes, mieux vaut réaliser un dessin alternatif qui les intègre toutes.

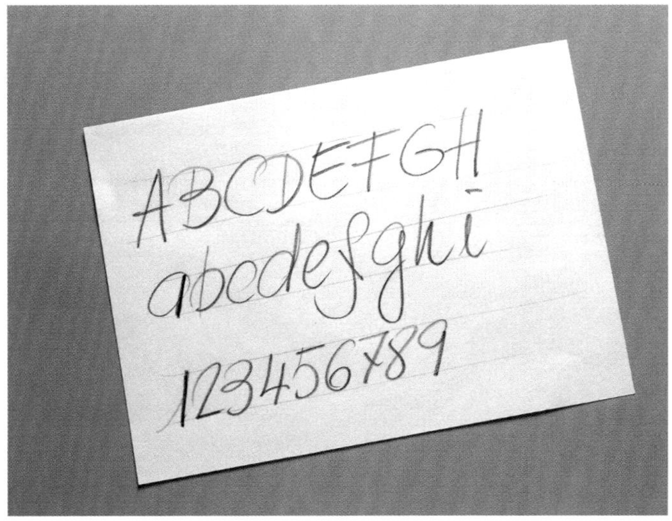

Tracer des lignes d'appui aide à unifier la hauteur des lettres, ce qui facilite la lecture du texte.

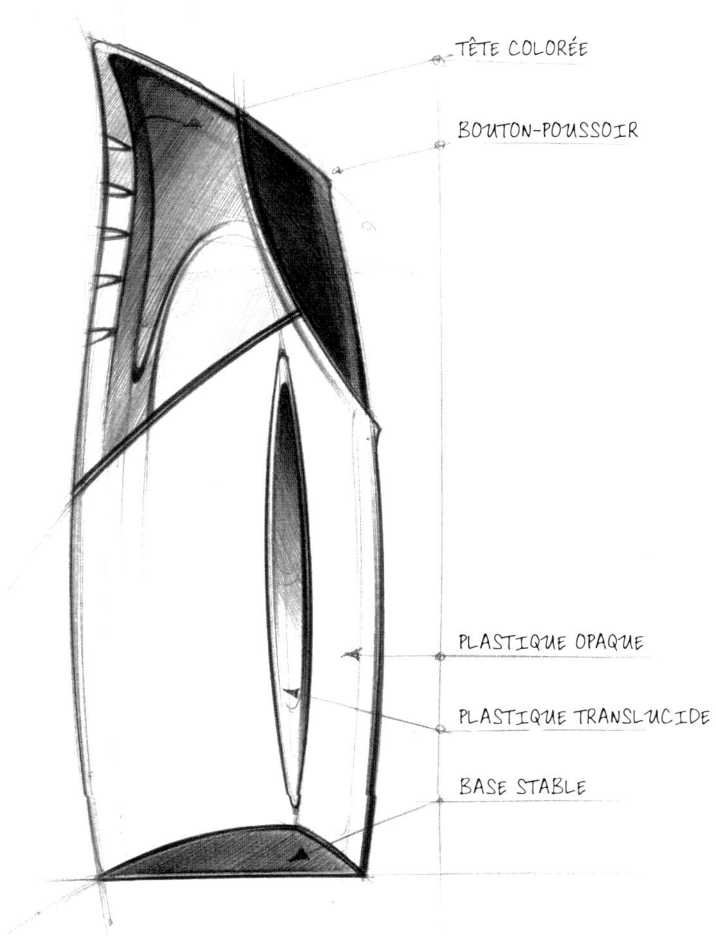

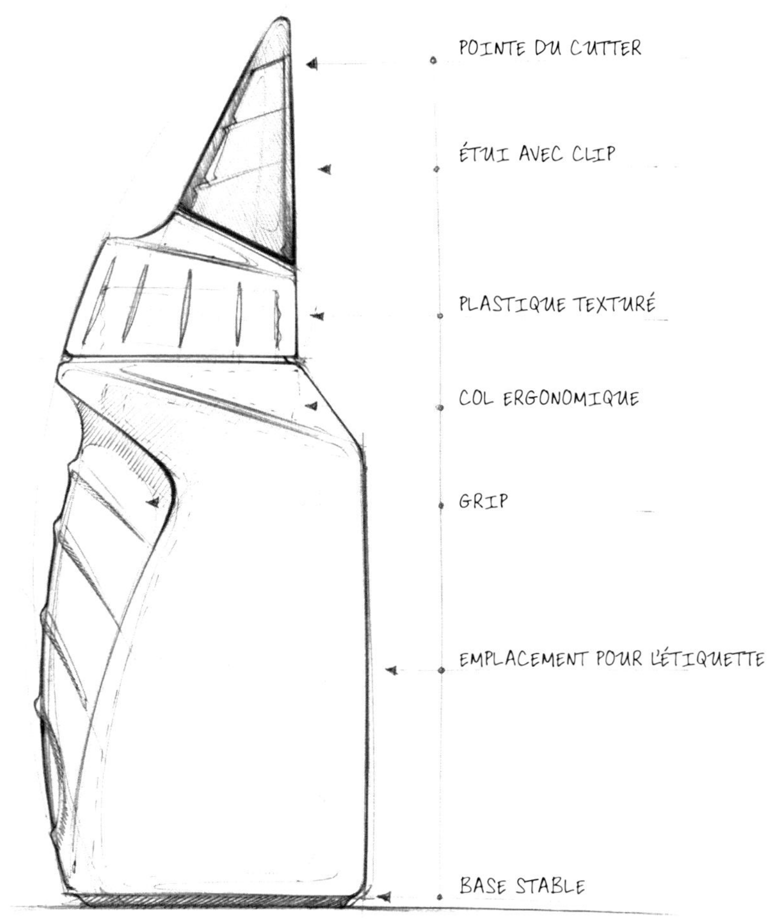

Avant d'exposer un projet à un client, le concepteur-designer doit prendre du recul par rapport à son travail pour réfléchir à une présentation adéquate. Il s'agit alors de choisir les images les plus parlantes, puis de les mettre en scène.

le Choix et la présentation des dessins

CHOIX DES DESSINS

Une fois qu'on dispose d'un ensemble suffisant de dessins, il faut savoir en éliminer certains et choisir les plus efficaces, même si ce ne sont encore que des esquisses rapides. Ces essais non finalisés ne seront pas présentés, mais ils peuvent aider à faire progresser votre réflexion personnelle. Pour vous aider dans ce tri, gardez en tête que les dessins retenus doivent être ceux qui reflètent le mieux votre projet. N'hésitez pas à en refaire certains pour les améliorer ou y inclure davantage de détails.

LOGIQUES DE PRESENTATION

Pour présenter les dessins, une solution consiste à les découper pour les coller sur un support commun. Le papier utilisé doit être de couleur neutre, autrement il pourrait interférer avec le message que vous voulez faire passer. Il est également possible de les rassembler dans un classeur (voir ci-dessous).

La présentation des dessins doit obéir à une logique. On peut ainsi progresser depuis les vues d'ensemble vers les détails, montrer différentes propositions côte à côte, ménager ses effets en gardant les éléments les plus originaux pour la fin (ou au contraire les placer en ouverture), etc. Chaque projet appelle ainsi une mise en valeur différente.

Propositions de couleurs pour un petit appareil électroménager.

Les dessins sont souvent réalisés sur des papiers de formats hétérogènes. On utilise donc un support commun, ici un classeur, qui donne une cohérence à la présentation.

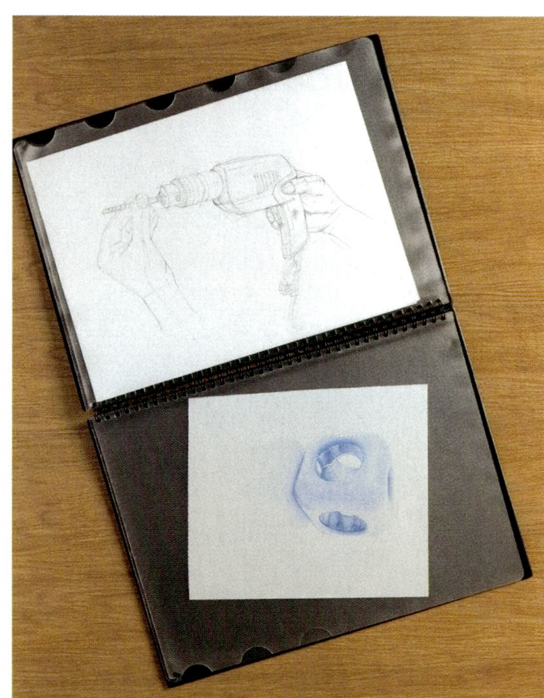

1. Réalisez un fond avec un feutre bleu et découpez-le.

1

FOND COLORÉ

Placer un dessin sur un fond coloré permet de lui donner de la profondeur. Commencez par choisir un dessin qui vous semble représentatif de votre projet et découpez-en le contour à l'aide de ciseaux ou d'un cutter. Placez le dessin découpé sur un fond qui vous semble intéressant et ajustez leurs positions de façon à équilibrer la composition. Faites en sorte que les côtés du fond et de l'objet ne coïncident pas : cela gênerait la lecture de l'ensemble. Fixez enfin le dessin découpé sur le fond à l'aide d'une colle en aérosol universelle.

Attention à ne pas toucher avec les doigts la zone recouverte de colle lorsque vous positionnez le dessin, autrement vous pourriez salir le papier. Le plus simple est de la manipuler à l'aide d'un cutter, qui vous permettra en outre de placer précisément l'image à l'endroit souhaité.

2

2. Découpez au cutter la forme de l'objet.

3

3. Si vous utilisez un papier layout, le fond risque d'apparaître par transparence derrière l'objet. Il faut alors découper la forme de l'objet dans le fond ou coller l'objet sur une autre feuille de papier.

4

4. À l'aide d'une colle en aérosol, fixez le fond bleu et l'objet sur une troisième feuille de papier.

la Protection des dessins

Des dessins élaborés sont parfois utilisés pour des présentations informelles, ou comme outils de travail dans un groupe. Ils risquent alors d'être déchirés ou froissés, de perdre leurs pigments ou d'être tachés. Divers outils et accessoires permettent de les protéger de façon à ce qu'ils puissent être manipulés sans précautions exagérées.

Agitez bien la bombe aérosol, sinon la colle reste au fond. Passez rapidement, et plusieurs fois, au-dessus de la feuille pour que le fixatif ne s'accumule pas dans certaines zones.

FIXATIF

Les travaux réalisés au graphite ou au pastel peuvent être fixés avec des fixatifs en aérosol qui, appliqués de façon uniforme, recouvrent le dessin d'une pellicule protectrice très fine. Utilisez ces produits avec parcimonie car une application excessive salit les couleurs et fonce le ton. La couleur des pastels, en particulier, tend à perdre son éclat et à foncer lorsqu'elle est recouverte de fixatif. Pour une présentation informelle, il peut ainsi être plus indiqué de monter les dessins au pastel sur des cartons et de les couvrir avec une feuille : on peut alors les manipuler sans risque et ils ne risquent pas d'être abîmés en étant frottés l'un contre l'autre comme lorsqu'ils sont rangés dans une chemise.

PROTECTIONS EXTÉRIEURES

La protection la plus simple est constituée par une feuille de papier collée au dos du support et repliée sur le dessin. Néanmoins, pour un travail qui doit être constamment manipulé, ce système n'offre pas une protection suffisante.

Choisissez les systèmes de protection en fonction de l'usage que vous ferez du document.

On protège aussi fréquemment les documents en les plaçant entre deux feuilles de plastique transparent. Le seul inconvénient de cette solution est que le dessin ainsi plastifié ne peut plus être modifié.
Enfin on peut poser sur le dessin une feuille de vinyle au faible pouvoir adhérent. Elle peut ensuite être retirée pour permettre de retravailler le dessin, et ce sans en abîmer la surface. Simplement il faut savoir que cette feuille de vinyle ternit les couleurs. Une alternative consiste à utiliser une feuille d'acétate, dont la transparence leur donne de la profondeur. Elle peut elle aussi être retirée facilement, mais sa surface est parfois trop brillante, ce qui génère des reflets gênants.

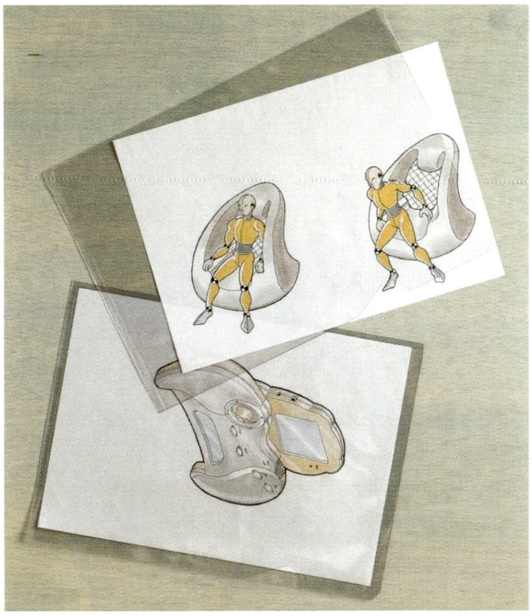

Les pochettes en plastique présentent l'avantage de pouvoir être retirées facilement pour retravailler le dessin.

HOUSSES ET POCHETTES

Il existe une vaste gamme de classeurs, de housses et de pochettes. Nous conseillons d'utiliser les housses rigides à fermeture Éclair, équipées d'anneaux permettant de fixer des pochettes en plastique.

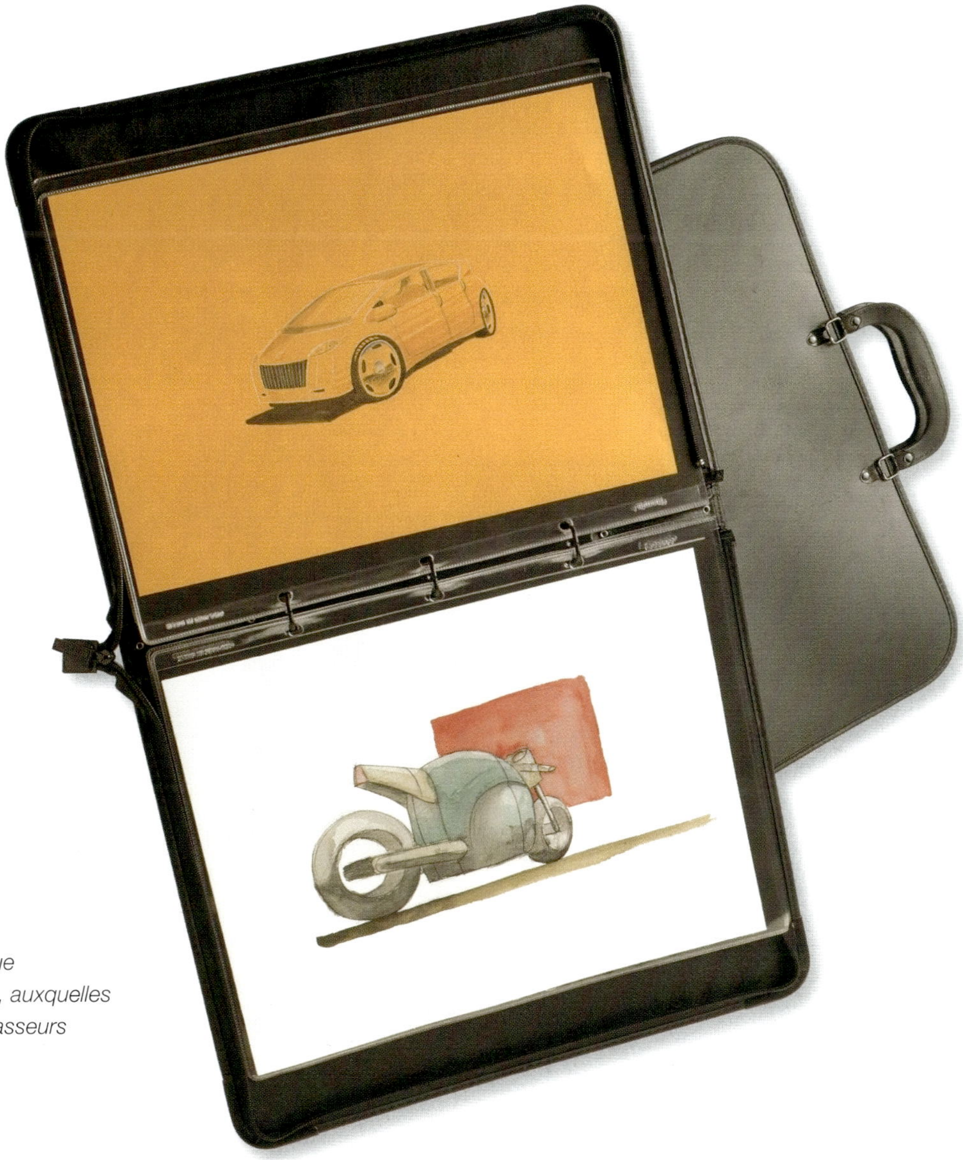

Il existe des pochettes en plastique de différents formats (A2, A3, A4), auxquelles correspondent divers types de classeurs et de housses.

L'OBJET ET SON CONTEXTE

« UN CONCEPTEUR-DESIGNER DOIT BIEN CONNAÎTRE LES OUTILS, LES STYLES ET LES TECHNIQUES, MAIS AUSSI SAVOIR COMMUNIQUER SES IDÉES. »

Jenny Mulherin, Técnicas de presentación para el artista gráfico, *1990.*

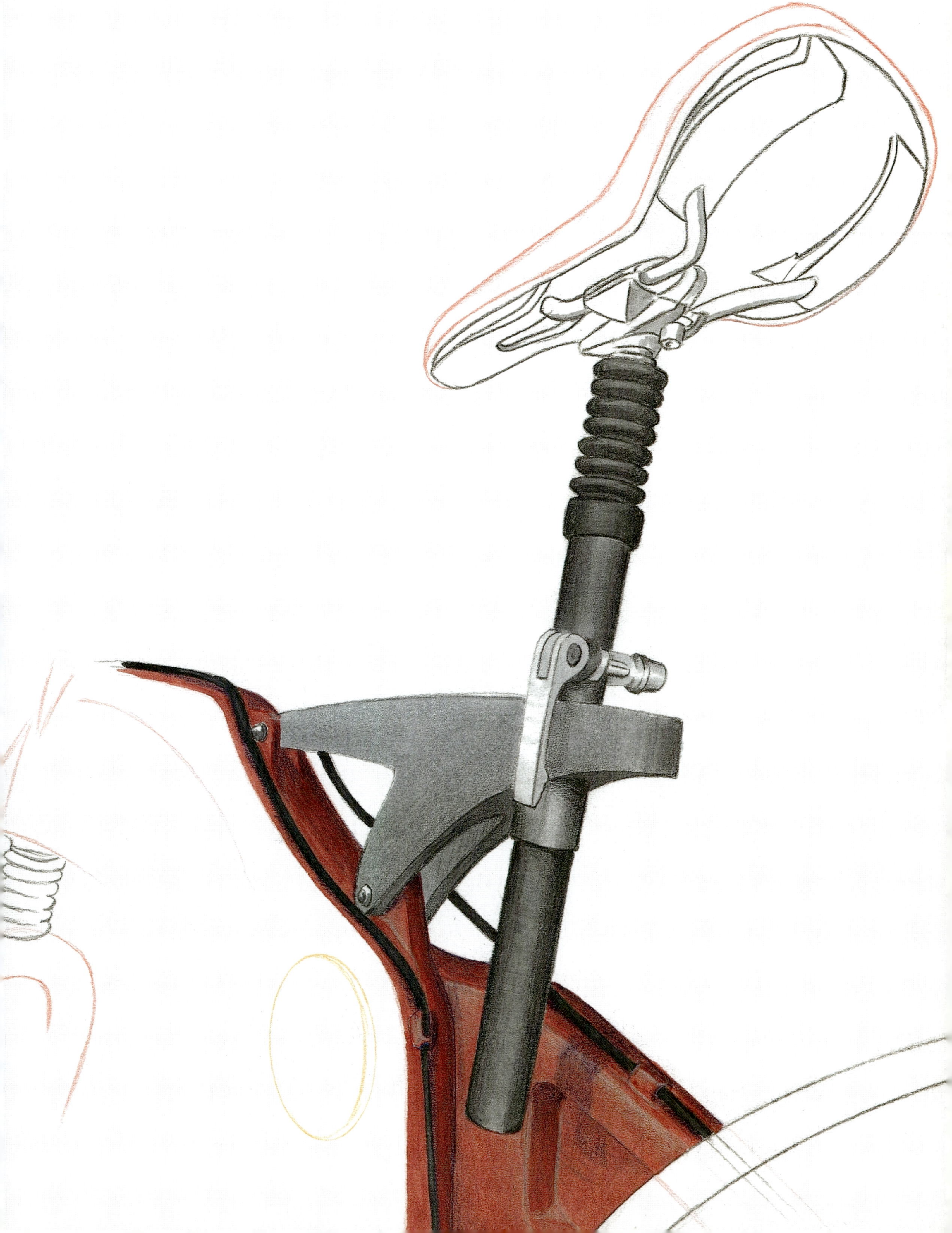

le Corps

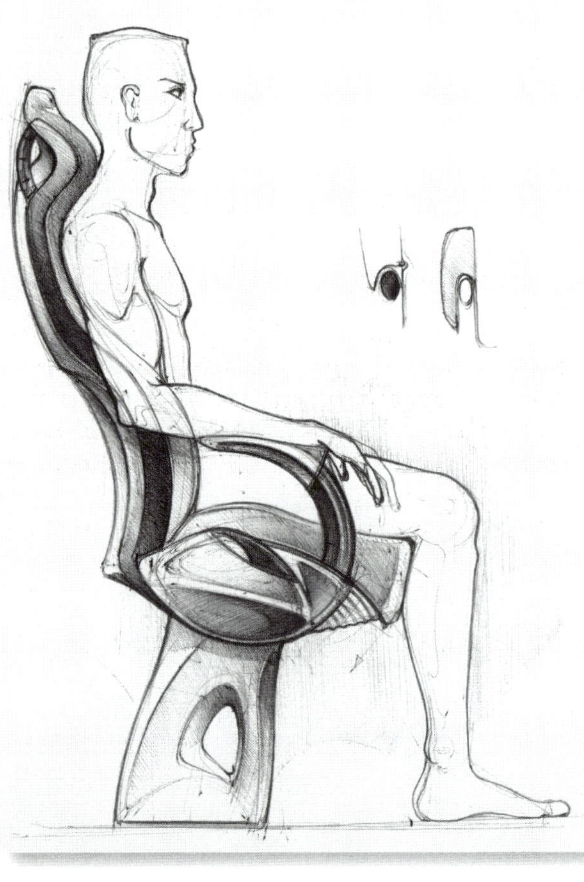

JORDI MILA.
ÉTUDE DE LA SILHOUETTE HUMAINE ET SIÈGE DE VÉHICULE, 2004.
DESSIN RÉALISÉ AU STYLO À BILLE.

humain

Ajouter une silhouette humaine dans le dessin permet de mettre en contexte l'objet présenté.

Pour faciliter la lecture du dessin, le concepteur-designer peut y inclure une présence humaine qui interagisse avec l'objet présenté. Elle permet de donner les proportions de l'objet et d'en préciser la fonction ou le mode d'utilisation.
En général, les représentations humaines sont dessinées sous forme de silhouettes. On limite le nombre de détails, car elles ne doivent pas attirer le regard : la représentation humaine est là pour mettre en valeur l'objet, et non pour se substituer à lui. L'important est que les membres soient bien proportionnés, et que l'attitude décrite paraisse naturelle.
Il est également possible de ne représenter que des mains. Cette technique est utilisée pour montrer avec plus de précision une interaction avec un objet.

la Silhouette humaine

Le corps fait partie des sujets les plus difficiles à dessiner. Le mieux, même si cela peut paraître difficile, est de s'entraîner d'après la réalité : le résultat est toujours plus naturel, moins figé, qu'un dessin réalisé à partir d'une photo. Essayez de reproduire les positions du corps, les mouvements, les interactions avec l'environnement, les formes et les plis des vêtements.
Pour affiner votre compréhension du corps humain, vous pouvez consulter des manuels d'anthropométrie. Les muscles et les articulations y sont représentés avec précision, et les mouvements sont décomposés.

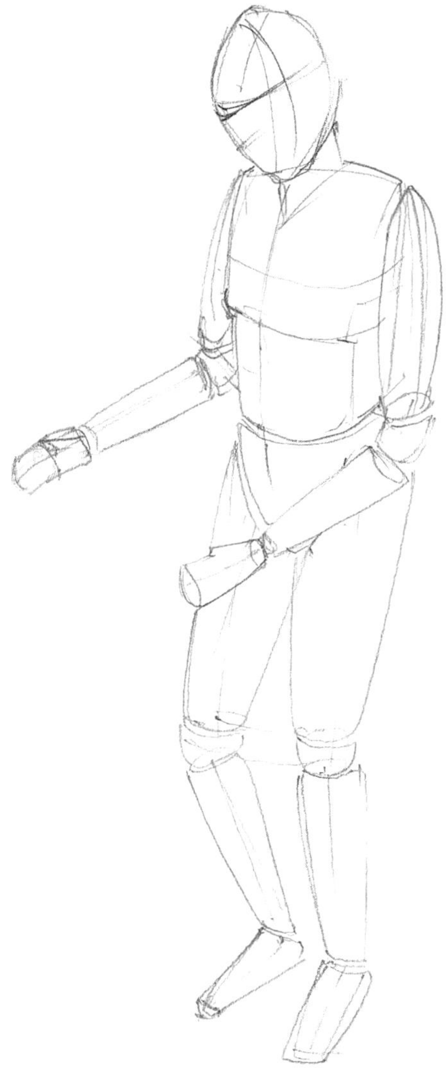

Les schémas des manuels d'anthropométrie présentent généralement les individus de face ou de profil, dans des attitudes qui manquent de vie. Ils aident toutefois à décrypter les volumes du corps et à les restituer sur le papier de façon synthétique.

VUE DE FACE
Lorsque vous dessinez un être humain, il est important de créer une structure de base qui définisse une attitude générale et permette de respecter les proportions des différentes parties du corps. Pour le représenter de face, commencez par tracer une ligne de construction qui divise le corps en deux et coïncide avec la position de la colonne vertébrale.
Tracez ensuite deux segments horizontaux qui représentent les épaules et les hanches. Esquissez l'ellipse formée par la tête. En vous appuyant sur cette structure de base, dessinez le tronc, les bras et les jambes sous forme de polygones, en vérifiant au fur et à mesure que les proportions sont correctes. Vous pouvez ensuite affiner la silhouette en traçant des séries de lignes de plus en plus épaisses.

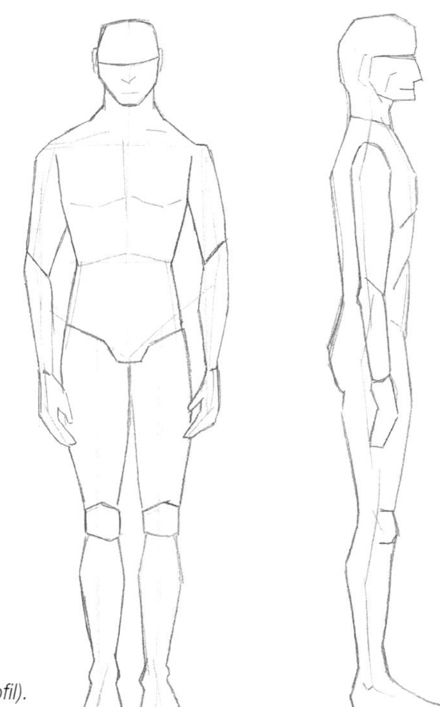

Dessin d'un corps d'homme (face et profil).

VUE DE PROFIL

Tracez les lignes de construction de la colonne vertébrale comme expliqué pour la vue de face. Simplement, cette ligne doit être plus ou moins courbée selon l'attitude du personnage. Ajoutez ensuite les repères des épaules et du bassin, puis des membres et de la tête, en orientant les lignes en fonction du profil recherché. Vos traits doivent être légers, car vous les effacerez une fois le travail terminé. Repassez ensuite sur les polygones ainsi tracés pour donner du volume au tronc et aux membres.

Les formes polygonales aident à reproduire les volumes du corps.

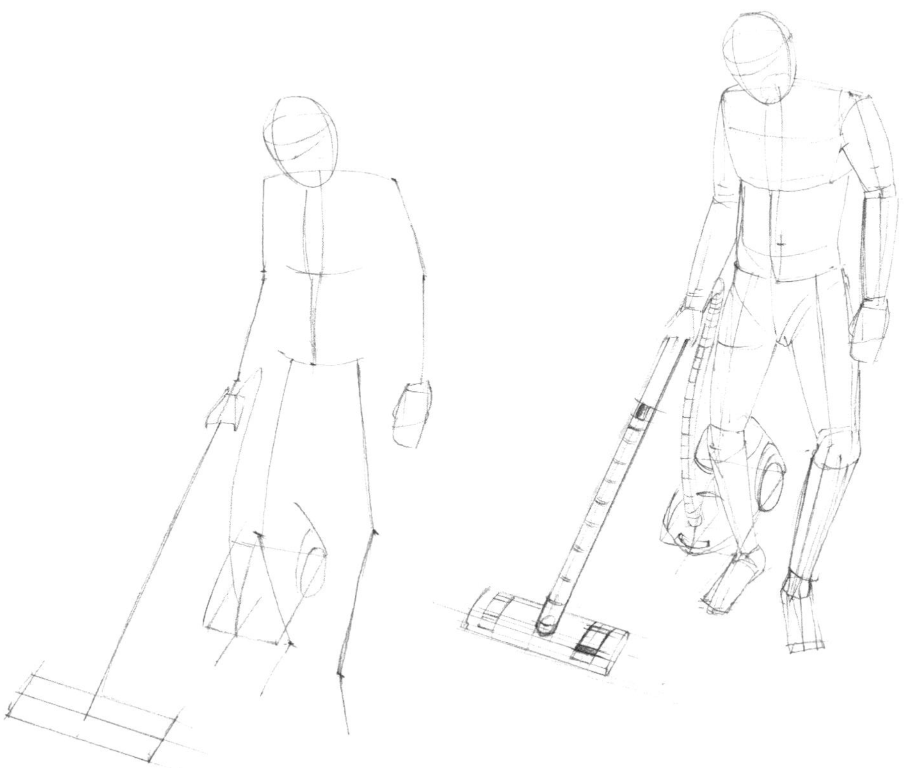

Représenter le corps humain sous la forme d'un personnage en fil de fer permet d'en restituer les proportions. On repasse ensuite sur les traits de façon à finaliser la silhouette.

Après avoir dessiné la colonne vertébrale et les membres, on ajoute l'objet mis en scène (ici une perceuse) et on vérifie que les proportions de l'ensemble sont correctes.

DEGRÉ DE DÉTAIL DU DESSIN

Le dessin des personnages ne va en général pas au-delà d'une représentation schématique. Il s'agit en effet de mettre l'objet présenté en situation sans interférer avec le message que l'on veut faire passer. En donnant peu de détails aux personnages, on indique qu'ils n'ont qu'une importance secondaire. De même nous vous déconseillons d'ombrer ou de peindre leurs silhouettes, ou de dessiner les décors avec trop de précision.

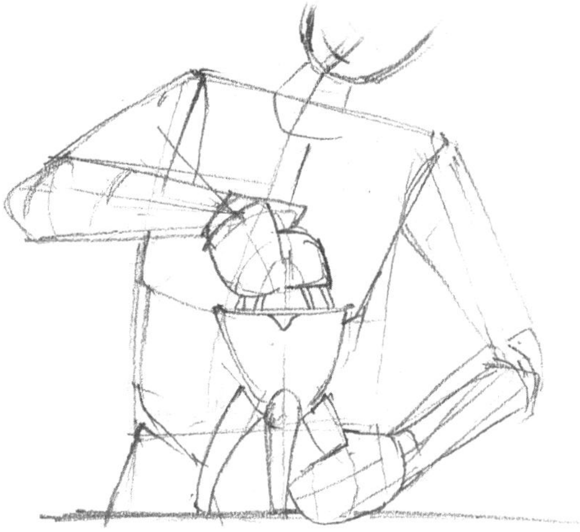

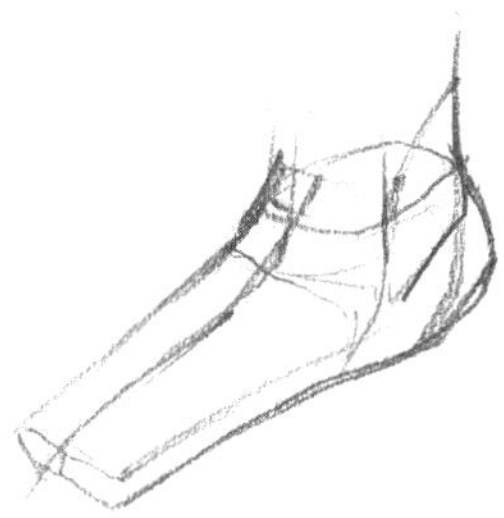

Quelques exemples de représentation du corps humain, dans différentes positions.

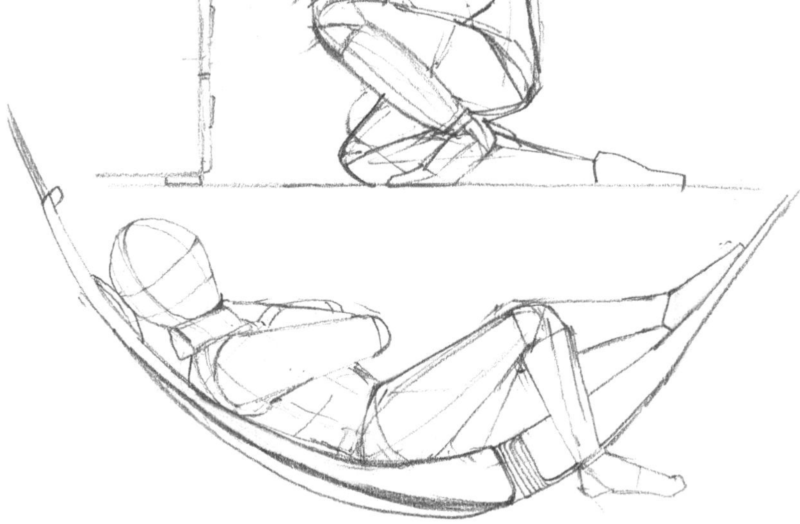

MISE EN SCÈNE DU PROJET

Le concepteur-designer doit représenter la silhouette de façon à ce qu'elle facilite la lecture de son projet. Cette mise en scène se joue à différents niveaux. Le personnage permet d'abord de donner de la vie à un dessin : en entourant l'objet d'un contexte, on le rend plus proche, plus familier. À un niveau plus pratique, la silhouette donne les proportions de l'objet. Enfin elle peut servir à montrer la fonction de l'objet, et comment l'utiliser – ce qui est particulièrement utile pour les projets innovants. Dans tous les cas l'attitude de la silhouette et son interaction avec l'objet doivent être aussi réalistes que possible, autrement le dessin paraîtra artificiel.

C'est ici le fauteuil qui est mis en avant : le personnage reste secondaire.

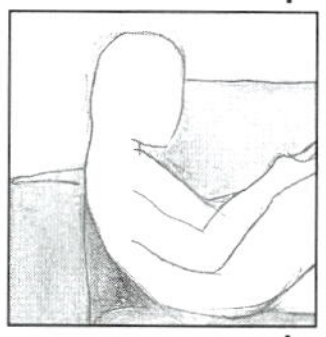

La représentation de l'humain dans le dessin ne se justifie que si elle met en valeur le projet. Dans tous les cas, on donne au corps le moins possible de détails.

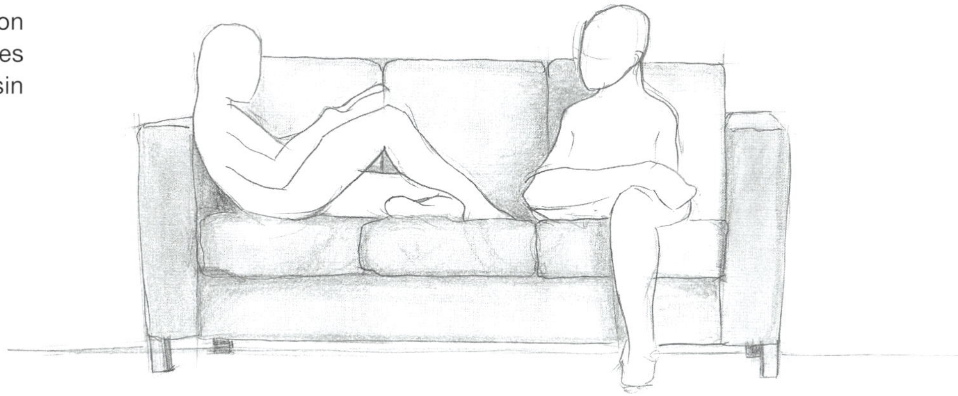

Les deux personnages permettent d'indiquer les proportions du canapé.

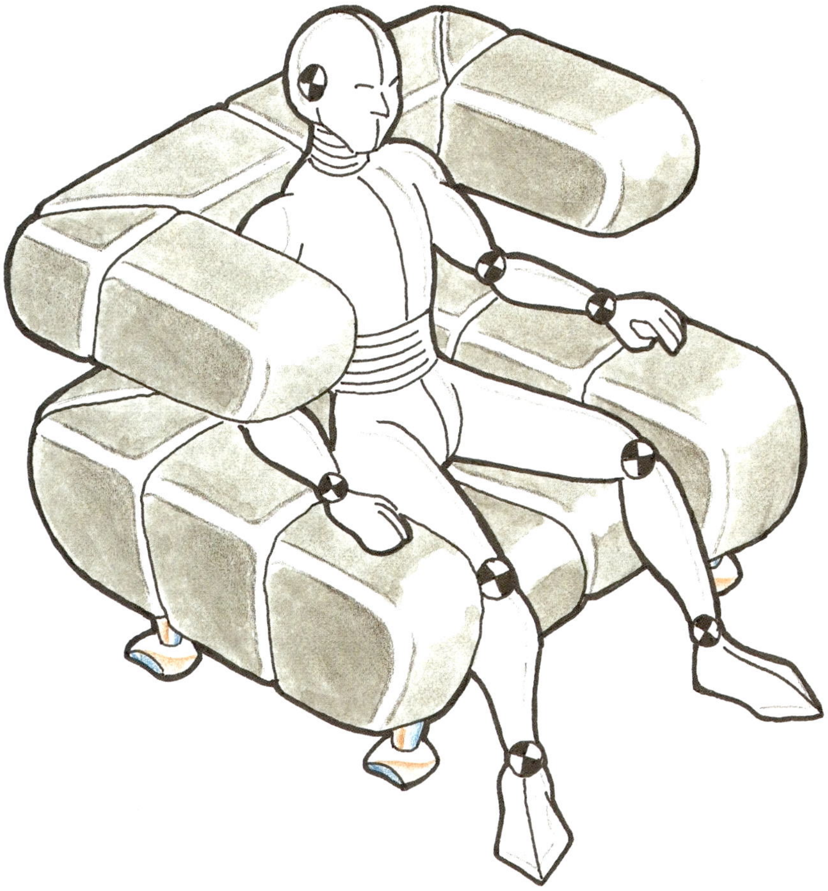

Autre type de représentation du corps humain. Vous pouvez varier les styles, le but devant toujours être de mettre l'objet en valeur.

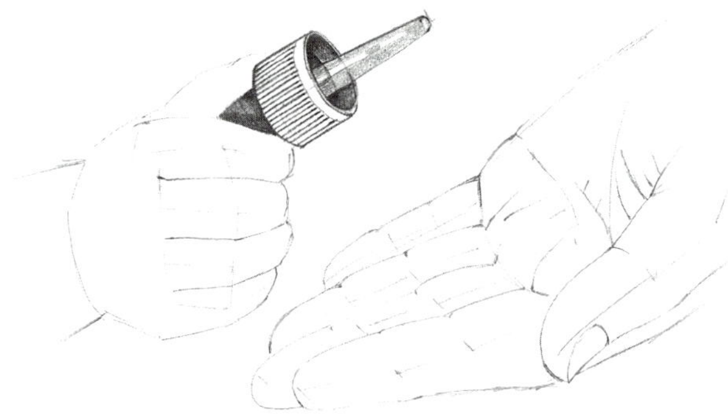

Après le visage, la main est la partie du corps la plus singulière. Par voie de conséquence elle est aussi la plus complexe à dessiner, et celle dont la représentation varie le plus. Main calleuse ou manucurée, main d'enfant ou de vieillard, les possibilités sont multiples.
Dans le contexte d'un projet de conception, la représentation de la main permet de fournir des informations sur la fonction d'un objet ou sur la façon de le manipuler. Il s'agit de la montrer en interaction avec un environnement : elle peut ainsi prendre, serrer, brandir, saisir, empoigner, montrer, pincer, toucher, caresser, gratter, etc.

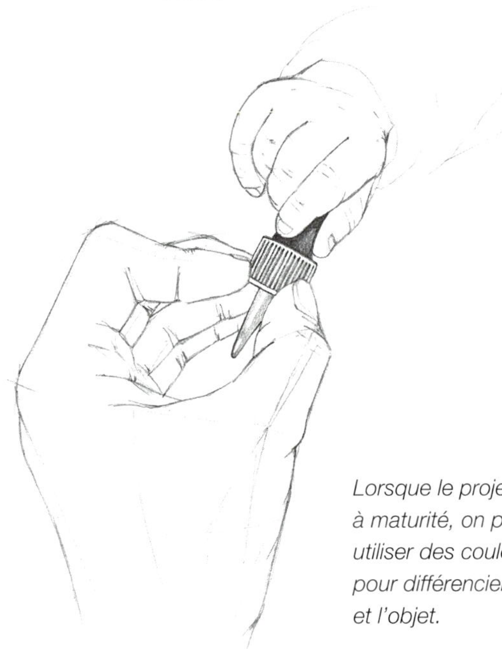

la Main, le geste

Dessiner les mains implique de comprendre leur structure : on peut ainsi imaginer la main sous forme d'une courbe par rapport à laquelle chaque doigt est placé en position radiale. Il est inutile de montrer beaucoup de détails (plis, rides, etc.), car ils ne sont en général pas porteurs d'informations pertinentes. Par contre vous pouvez exagérer légèrement l'expressivité des gestes afin de les rendre plus lisibles.

Lorsque le projet arrive à maturité, on peut utiliser des couleurs pour différencier la main et l'objet.

La main d'un enfant et celle d'un adulte sont très différentes, que ce soit par la taille, la forme des doigts et de la paume, ou l'aspect de la peau. Ces variations peuvent être accentuées pour les besoins de l'exposé.

STRUCTURE DE LA MAIN

Comme pour le corps, le meilleur moyen de dessiner la main consiste à réaliser un ensemble de lignes quadrillées formant une sorte de structure en fil de fer : on construit les volumes des doigts sous forme de cylindres, et la paume sous forme d'un carré. L'utilisation de ces formes schématiques permet d'ajuster les proportions de la main et de la positionner de façon naturelle dans l'espace. Elle aide aussi à résoudre les problèmes de raccourci ou de perspective.

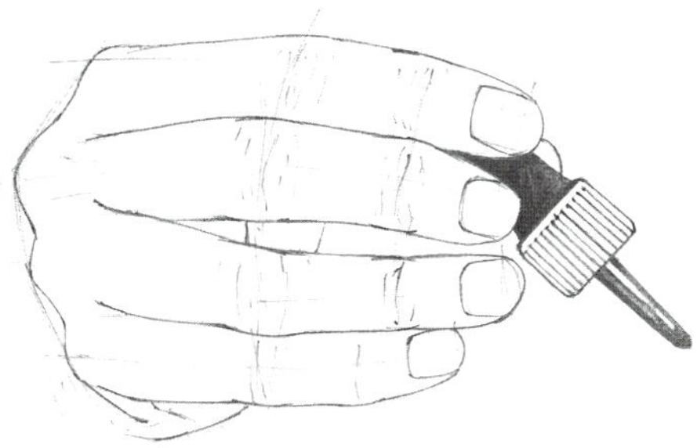

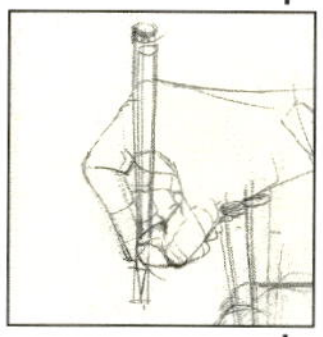

Une représentation réaliste de la main apporte de la vie à un projet.

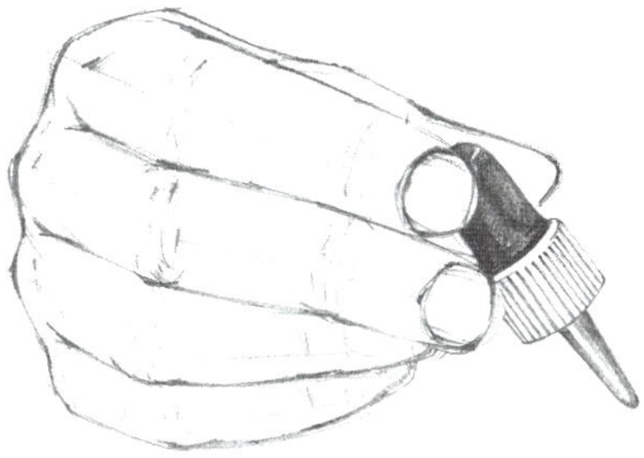

Les mains et leur environnement doivent être correctement proportionnés. Il faut aussi reproduire le plus finement possible la façon dont la main interagit avec l'objet présenté, et les différentes déclinaisons de cette interaction.

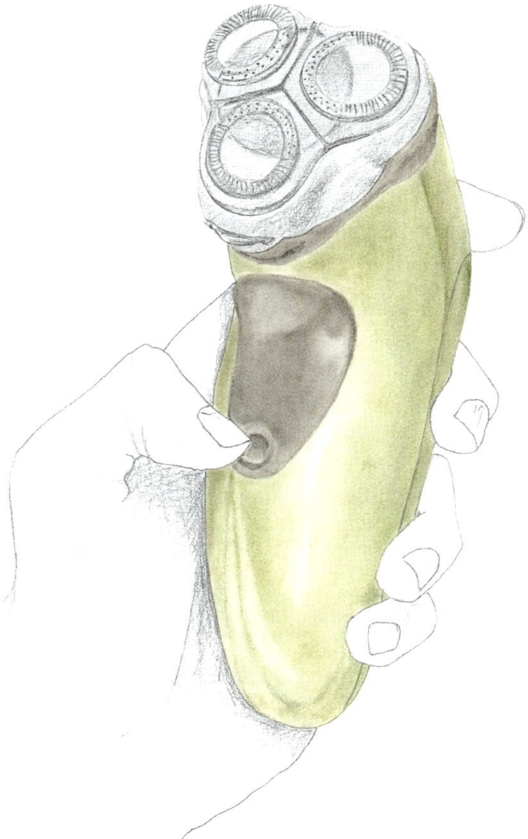

On a ici mis en valeur le rasoir avec des couleurs, la main étant simplement travaillée en niveaux de gris.

la Mise en scène

JUANMA GONZALEZ.
Esquisse d'un véhicule dans un environnement urbain, 2005. Feutre et crayon graphite.

de l'objet

Placer le projet dans un contexte permet de le rendre plus immédiatement compréhensible.

La mise en scène du dessin est un aspect à ne pas négliger. Certains concepteurs-designers estimant qu'elle est aussi importante que le dessin lui-même. Le choix du point de vue, par exemple permet de mettre en avant certaines parties de l'objet, la taille du papier conditionne les dimensions du dessin, l'ajout de cadres, de fonds colorés ou de photos peut lui donner de la profondeur... De même, ombrer la surface sur laquelle est posé l'objet, ou lui dessiner un contexte (on parle parfois de scénographie), permet de l'ancrer dans la réalité. Dans tous les cas, le but doit être de clarifier le message pour l'observateur en l'aidant à imaginer l'objet dans un contexte réel. Il faut ainsi trouver pour chaque projet un environnement adapté, qui le mette en valeur sans en brouiller le message.

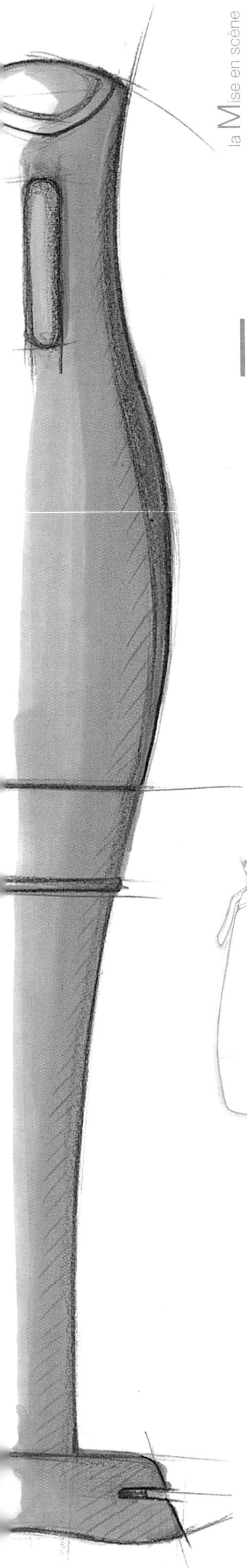

le Point de vue
sur l'objet

Lorsqu'il représente un projet, le concepteur-designer doit décider du point de vue, c'est-à-dire de l'angle d'après lequel il va le dessiner. Suivant les caractéristiques de l'objet et la finalité de son dessin, il peut ainsi opter pour une vue en deux ou en trois dimensions. Dans le premier cas le dessin apparaît sans volume, alors que dans le second l'usage de la perspective crée un effet de profondeur.

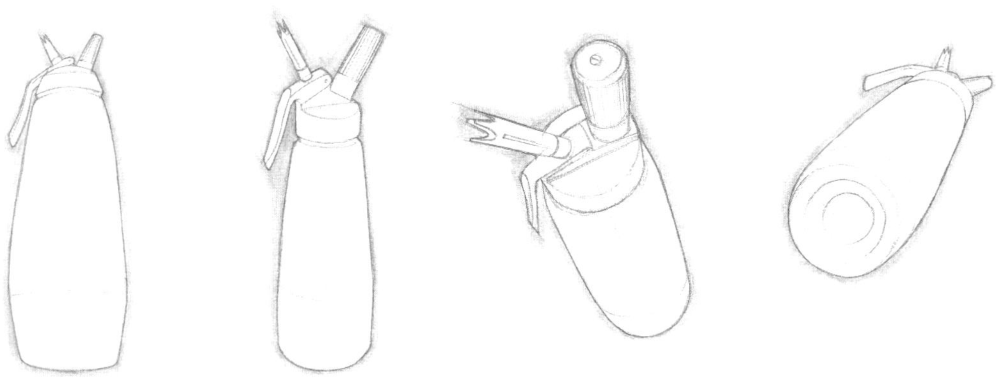

Différentes vues d'un siphon. La position choisie va dépendre de ce que l'on veut mettre en avant : la forme générale, le bec, voire la base.

Différentes vues d'une console de jeu portable. Le troisième dessin est réalisé depuis un point de vue exrême, ce qui lui donne un aspect assez spectaculaire, mais ses proportions sont faussées. Le premier dessin offre une meilleure vision d'ensemble et ses proportions sont plus justes.

REPRÉSENTATION EN DEUX DIMENSIONS

Lorsqu'il travaille sur un projet dont les caractéristiques les plus importantes sont rassemblées sur un seul plan, le concepteur-designer peut opter pour une représentation en deux dimensions, dite vue orthographique (voir page 50). Ce type de représentation est fréquemment employé dans les dessins techniques, en particulier quand l'une des faces de l'objet concentre l'essentiel des informations utiles, ou quand sa forme serait complexe à reproduire en trois dimensions. Une chaîne stéréo, par exemple, se singularise souvent par sa façade, et ses autres faces ne présentent que peu d'intérêt. Le client ou le collègue trouve donc dans la vue orthographique les informations dont il a besoin pour se faire une opinion.
Ce type de vue présente en outre l'intérêt de clarifier un dessin, dans la mesure où elle évite les déformations de la perspective. La forme et les dimensions véritables de l'objet sont alors montrées avec précision.

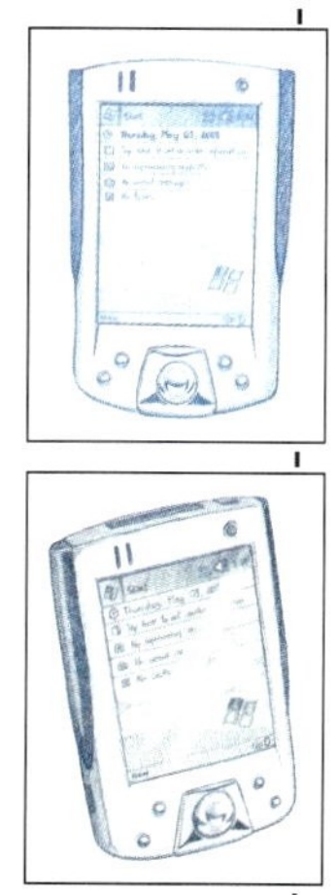

Une vue en deux dimensions suffit souvent pour représenter des appareils électroniques, car la perspective de ces objets apporte en général peu d'informations et s'avère difficile à réaliser. Le premier dessin de cet agenda électronique est ainsi plus pertinent que le second, réalisé en perspective.

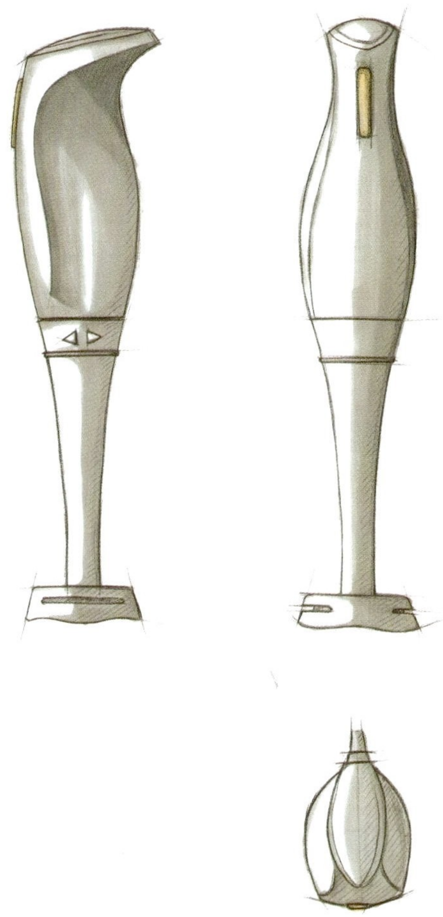

Différentes vues d'un mixer.

Différentes vues d'un scooter des mers. Dans tous les cas le dessin est en trois dimensions, car il paraît avoir du volume.

REPRÉSENTATION EN TROIS DIMENSIONS

Lorsque la relation volumétrique entre les différentes faces d'un objet doit être soulignée, on choisit une vue en trois dimensions, et, si nécessaire, à partir de différents points de vue. La forme de l'objet dépend alors du point de vue du dessinateur – c'est là le principe de base de la perspective (voir page 58). Il commence toujours par réfléchir à l'angle d'observation qui mettra en avant les aspects les plus significatifs d'un objet. S'il utilise plusieurs vues sur une même feuille, il doit identifier celle qu'il souhaite privilégier pour la mettre en avant dans sa composition.
Choisir un angle de vue extrême permet d'obtenir un effet spectaculaire, mais la forme du produit est faussée (voir, page 146, le troisième exemple de la console de jeu).

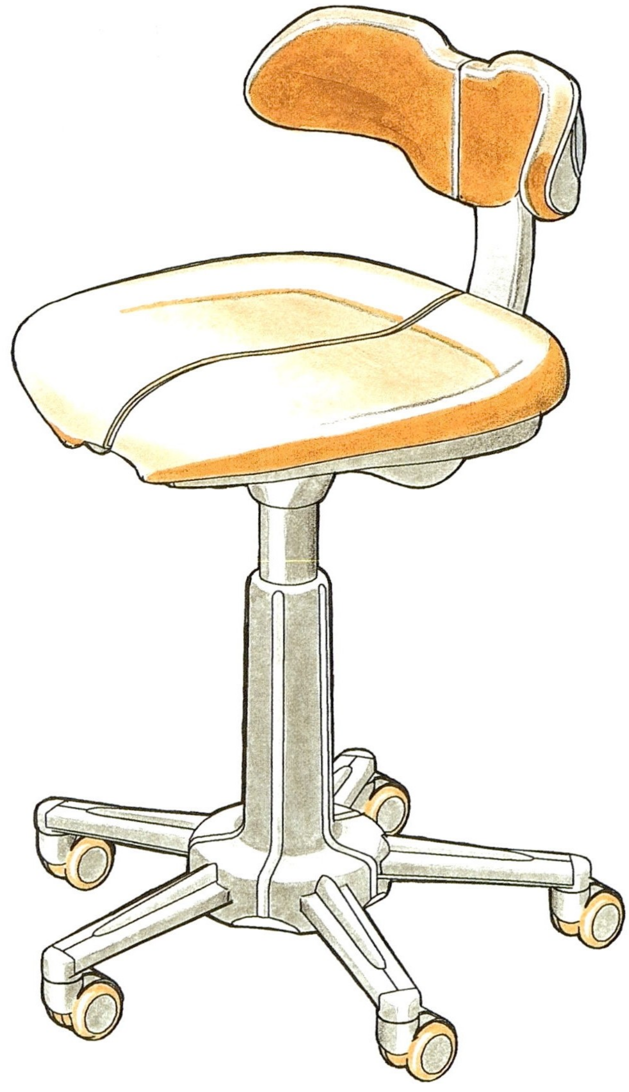

Ce dessin offre une vue d'ensemble intéressante du siège, mais le mécanisme qui permet de modifier la hauteur d'assise est ici invisible. Il faudra choisir un autre point de vue si on veut le mettre en valeur.

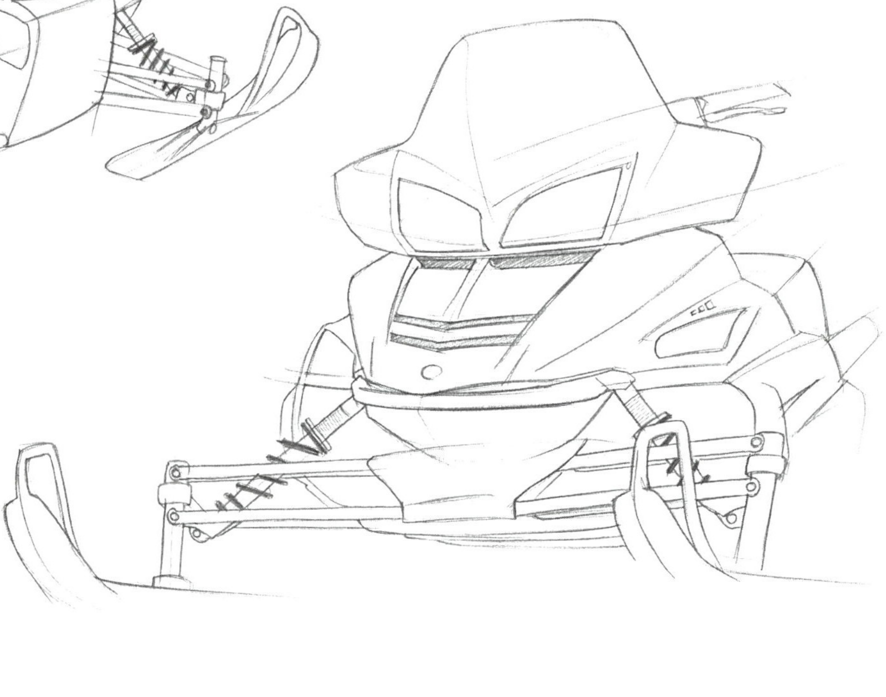

Ci-dessus : l'arrière d'une motoneige.
Ci-contre : l'avant de cette moto, à partir d'un point de vue très bas.

Le choix du point de vue dépend de quatre facteurs. Il doit ainsi :

• montrer clairement la forme d'ensemble et les détails importants de l'objet ;
• faciliter la compréhension des dimensions de l'objet : une perspective trop extrême fausse les proportions ;
• mettre en valeur le projet : il s'agit de choisir un ou plusieurs points de vue séduisants, et de soigner la composition de la page ;
• surprendre ou renvoyer une image familière, selon le cas. Ainsi, pour donner un aspect hors du commun au dessin, vous pouvez choisir un point de vue peu courant. Néanmoins, lorsque vous donnez une vue d'ensemble du produit, nous vous recommandons de sélectionner le point de vue le plus naturel.

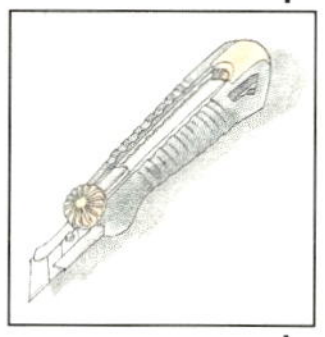

Le point de vue adopté doit être celui qui donne le plus d'informations sur l'objet représenté. Ce cutter pourrait ainsi être difficile à identifier s'il était montré sous un autre point de vue.

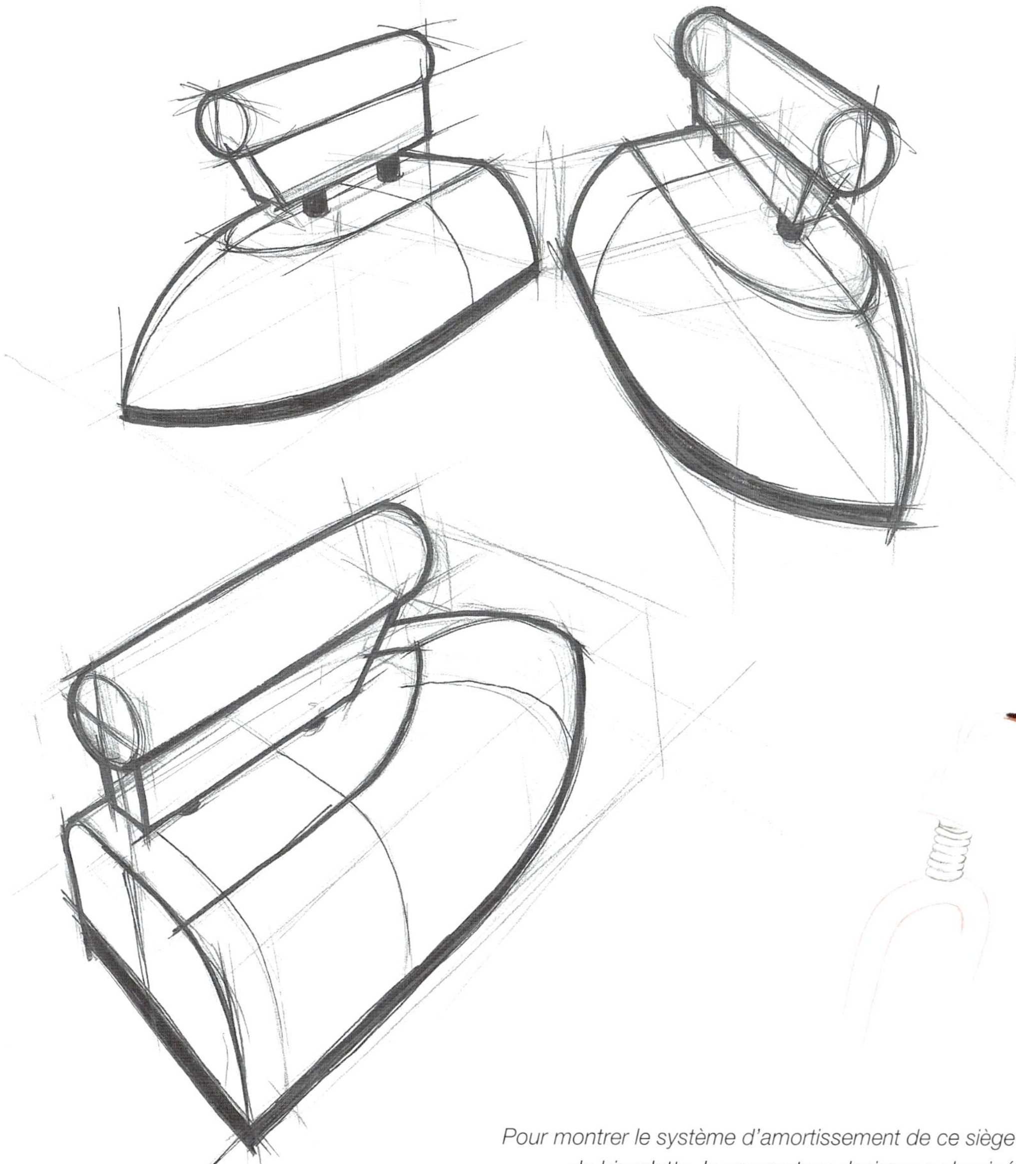

Vues en perspective d'un fer à repasser. Notez que l'angle de vision ne change pas.

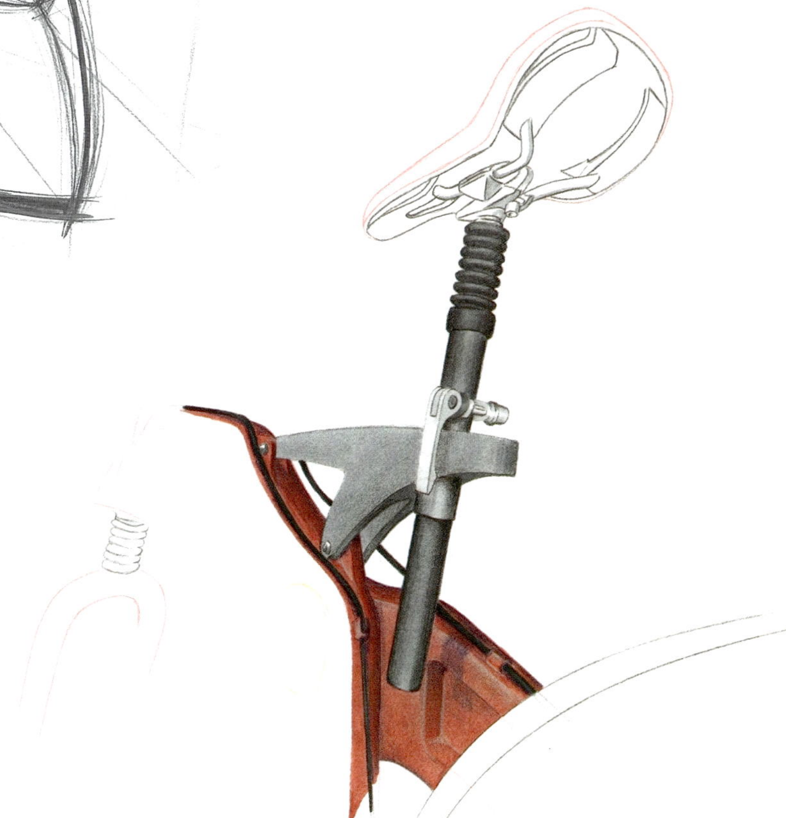

Pour montrer le système d'amortissement de ce siège de bicyclette, le concepteur-designer a dessiné la perspective d'après un point de vue peu habituel.

Les concepteurs-designers utilisent généralement les formats A4 ou A3 pour leurs dessins. Pour présenter des projets de grande taille, par exemple une automobile, ils peuvent utiliser une échelle plus grande, du A2 par exemple. Travailler sur une feuille de grand format donne plus de liberté d'expression, mais le tracé est alors plus difficile. Les petites imprécisions disparaissent toutefois dans la réduction de format que l'on effectue par la suite.

Lorsqu'on travaille sur une feuille de petit format, du A4 par exemple, les dessins sont forcément de taille réduite. Cela facilite la visualisation globale de l'objet, mais ne permet pas de représenter beaucoup de détails.

la Taille du dessin

Pour les premiers dessins d'un projet, on conseille souvent de travailler sur un format réduit et de n'utiliser qu'ensuite des feuilles de plus grandes dimensions. On vainc ainsi plus facilement l'angoisse de la page blanche : il y a moins d'espaces vierges à remplir, le format amène à se concentrer sur la forme générale, et on peut facilement recommencer.

La taille du papier dépend aussi de l'outil choisi. Par exemple le feutre, qui produit des traits ayant une forte présence, est mieux adapté aux grands formats que les crayons de couleur.

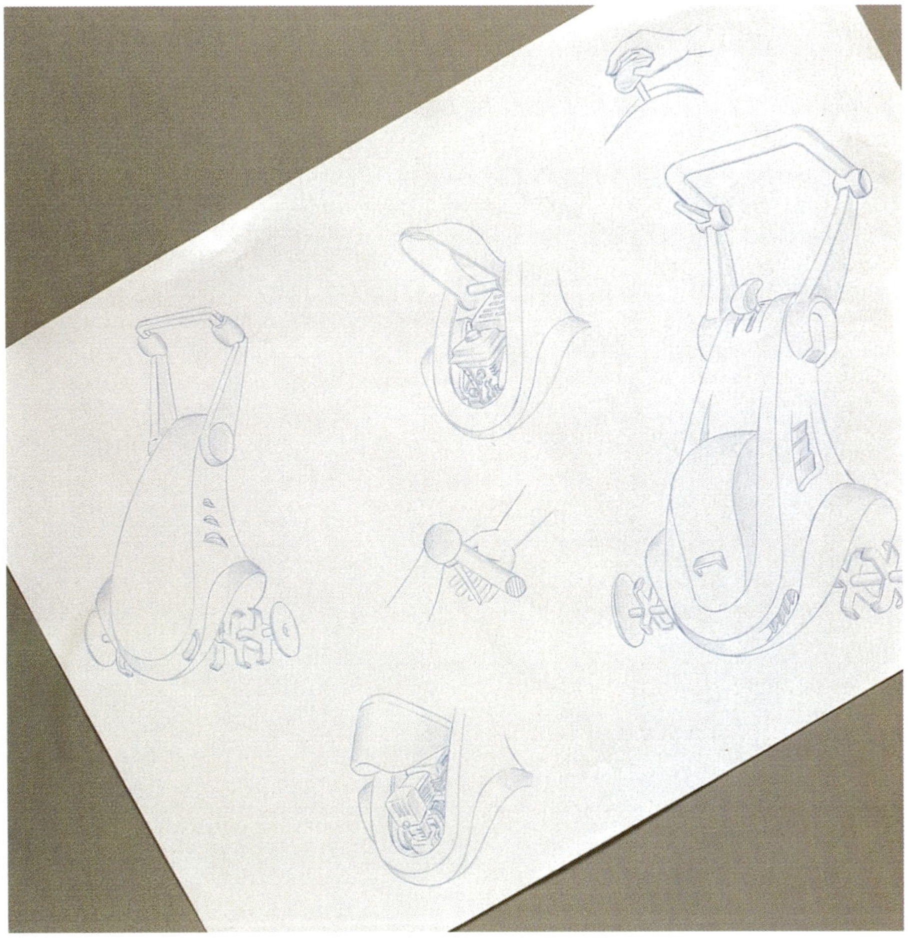

Travailler sur de grands formats comme le A3 aide à mettre en valeur les détails. On peut en outre juxtaposer plus de dessins, et donc exposer plus d'idées sur une même feuille.

Certains professionnels évoquent l'influence négative de l'école, où les élèves travaillent toujours sur de petits formats : les dessins que l'on y produit sont souvent trop petits et ne permettent pas à la créativité de s'exprimer. Ils recommandent de travailler sur un grand format, qui favorise un style plus libre. Les grandes feuilles obligent d'ailleurs à travailler avec le bras autant qu'avec le poignet.

Un dessin peut être réduit ou agrandis à l'aide d'une photocopieuse, ce qui permet de résoudre certains problèmes d'échelle. Ainsi, lorsque vous réduisez votre image, les erreurs de dessin deviennent moins visibles, mais vous perdez aussi certains détails. Lorsque vous en augmentez la taille, le trait perd de sa spontanéité, mais vous pouvez alors mieux fignoler les détails.

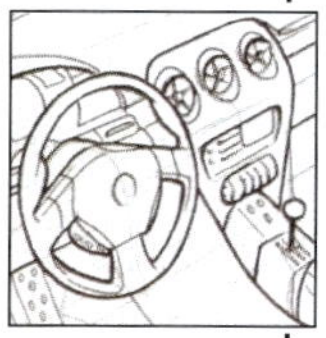

Si vous voulez représenter les détails d'un objet, il vous faudra travailler à une échelle plus grande.

Les traits des images agrandies perdent en spontanéité et doivent alors être subtilement transformés. Mais ce travail ne permet jamais d'obtenir un résultat parfait, c'est pourquoi nous déconseillons d'utiliser cette technique pour une présentation à un client. Elle peut par contre vous aider à réaliser les tracés qui posent des problèmes d'échelle.

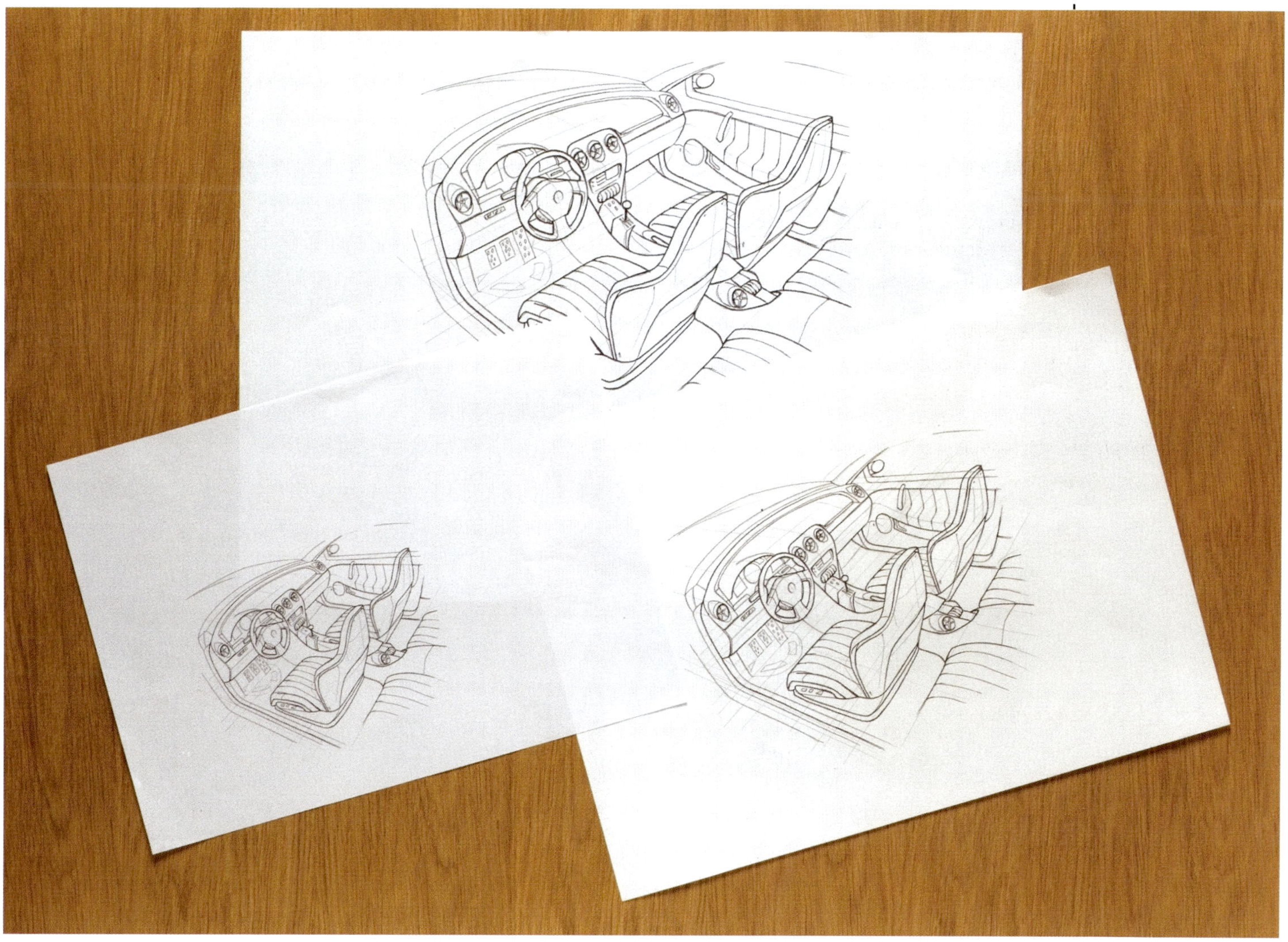

Cadres,
fonds colorés et illustrations

En créant un effet de profondeur, l'ajout d'un fond derrière le dessin participe à sa mise en scène : à la manière d'une fenêtre, il ouvre un nouvel espace sur le papier. Nous vous conseillons d'utiliser des tons qui contrastent avec le dessin, ce qui lui donne plus de présence, et une forme carrée ou rectangulaire, sans diagonales, qui évoque la silhouette d'une fenêtre.

Le fond a ici été réalisé avec des crayons de couleur. On utilise également des pastels : on râpe la pâte de pastel à l'aide d'une lame, on la mélange avec un solvant et enfin on étale la solution avec un coton, en créant des gradations délicates.

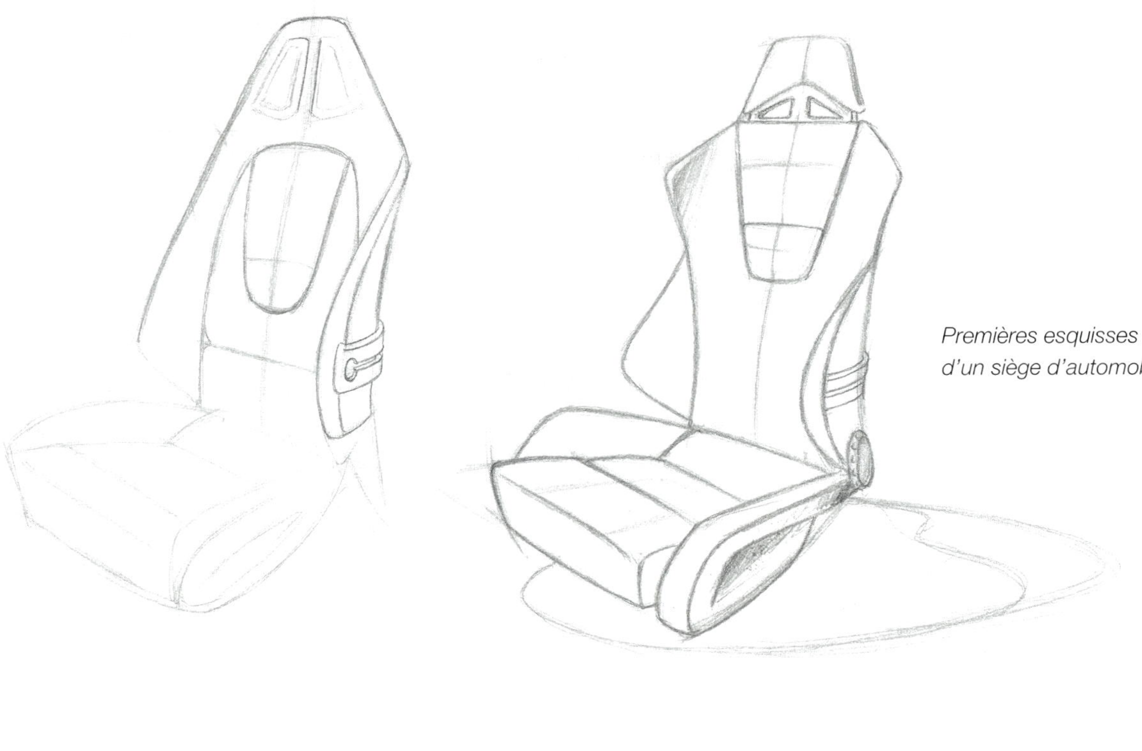

Premières esquisses d'un siège d'automobile.

CADRE

Lorsqu'on examine un dessin, l'œil se déplace : il glisse d'abord sur la périphérie de la feuille, puis se concentre sur le dessin lui-même avant de reprendre son cheminement. En plaçant le dessin dans un cadre, on y attire et on y fixe le regard de l'observateur. Le cadre permet ainsi de mettre l'objet présenté en avant. Si la feuille est couverte de plusieurs dessins, il leur donne une unité.

Pour donner plus d'énergie au résultat final, il est possible de placer le cadre en partie derrière le dessin. L'observateur a alors une sensation d'espace, et l'objet représenté semble se diriger vers lui. Au contraire, face à une feuille sans cadre ou dont le cadre suit les bords du papier, l'observateur se sent comme attiré.

FOND COLORÉ

Sur la feuille de papier blanche, le dessin apparaît parfois terne et sans vie. L'ajout d'un fond permet d'atténuer le contraste entre le blanc du papier et le dessin, ainsi qu'entre le contour irrégulier de l'objet représenté et la forme rectangulaire du support. Il met ainsi les formes du dessin en valeur, fait ressortir ses couleurs et lui donne de la profondeur. Lorsque la représentation inclut beaucoup d'images différentes, le fond coloré apporte une cohérence à l'ensemble.

Le fond doit être constitué d'une forme simple, le plus souvent un bloc de couleur carré ou rectangulaire, disposé au moins en partie derrière l'image. Ces formes géométriques donnent un sentiment d'équilibre et de stabilité sans interférer avec le message du concepteur-designer.

Le cadre ancre le dessin dans la page et crée un effet de profondeur. Il peut être positionné le long des bords de la feuille ou près du dessin.

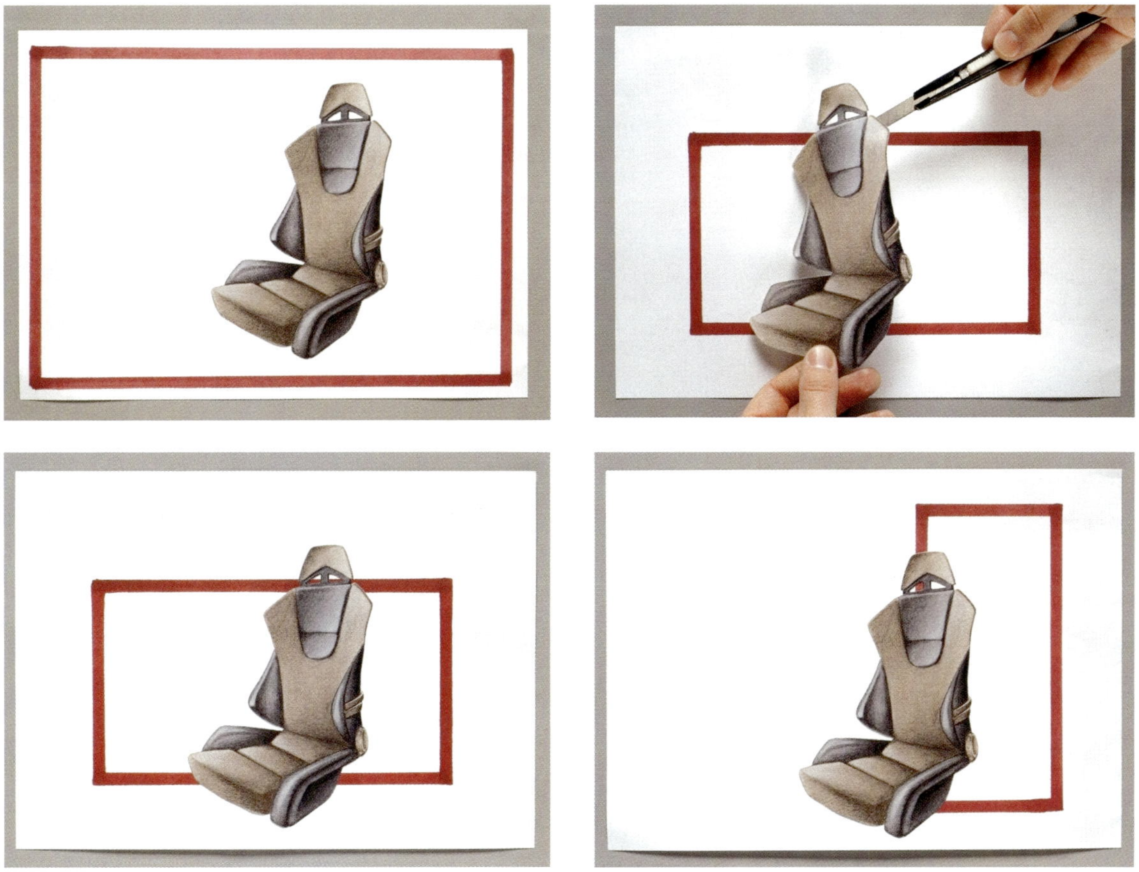

Pour réaliser le fond coloré, vous pouvez le travailler directement sur le dessin, ou découper l'objet, créer le fond puis coller l'objet dessus. Dans le premier cas, si vous travaillez avec une poudre de pastel dilué ou un feutre, protégez le dessin (selon l'outil employé, vous pouvez utiliser du ruban adhésif ou une simple feuille de papier). Cette précaution n'est pas nécessaire si vous employez des crayons de couleur ou du pastel non dilué, puisque vous pourrez corriger par la suite les erreurs commises. Certains travaillent sans protéger le papier, ce qui est plus rapide – à condition d'avoir une maîtrise technique suffisante.

ILLUSTRATIONS

On peut aussi créer des formes à partir d'illustrations réalisées par d'autres, des photographies le plus souvent. Le procédé apporte du dynamisme à la présentation, et permet de placer l'objet dans son contexte. Comme nous allons le voir, on procède soit par collage soit par transfert.

Dans ces deux exemples, le fond a été réalisé au pastel. Pour le premier, on a étalé de la poudre de pastel avec du coton, puis on l'a fixée. Pour le second, on a dilué le pastel avec un solvant (de l'essence à briquet).

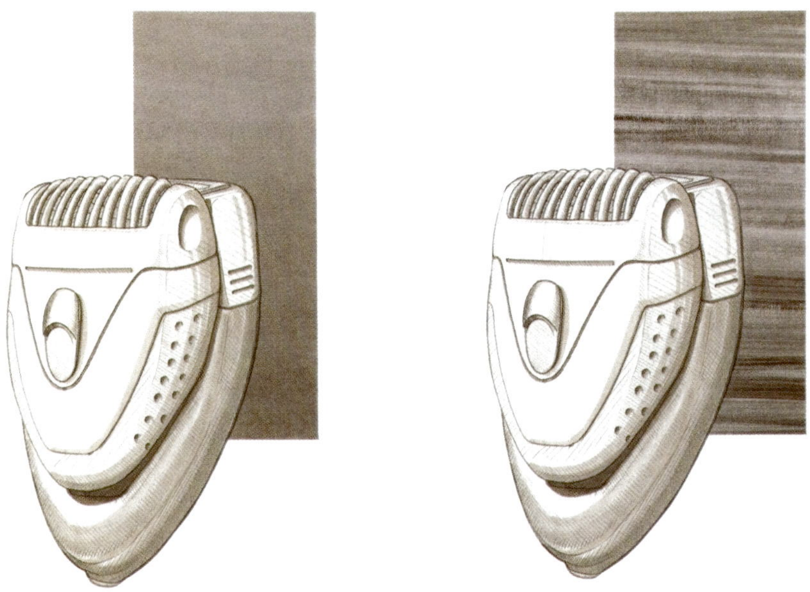

Ici on a dessiné le fond au feutre, en créant un à-plat uniforme dans le premier cas, un dégradé dans le second.

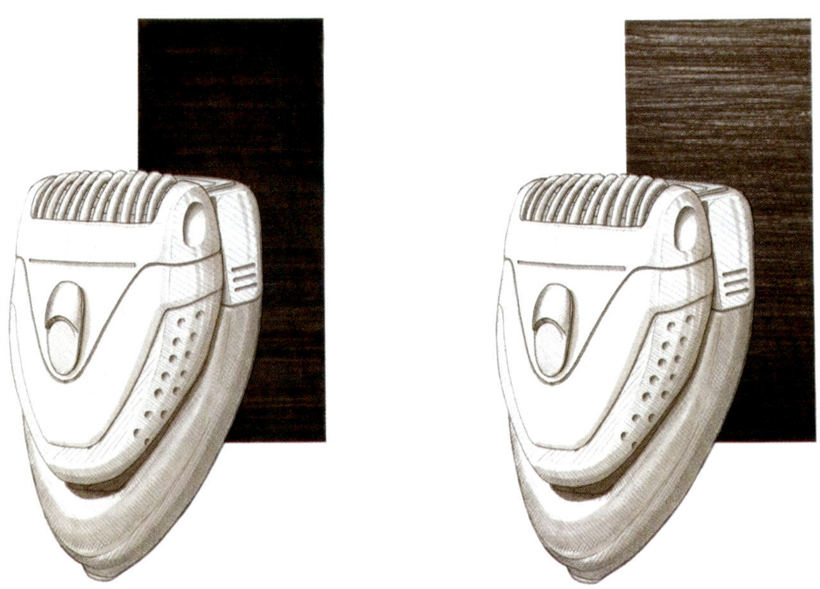

Ces images doivent agir comme des fonds : il faut éviter qu'elles prennent le pas sur l'objet en question. On les place donc au second plan, et on les atténue parfois à l'aide de papier végétal ou en les reproduisant dans des gris très doux. Le plus simple est d'utiliser des photographies tirées de revues ou de journaux. Un projet de grille-pain peut par exemple être illustré par l'image d'une cuisine.
Pour réaliser un collage, il est conseillé de fixer la photographie sur le support à l'aide d'une colle en aérosol. Pour un transfert, prenez une image et humidifiez-la avec un solvant qui dilue l'encre. Posez ensuite le recto de l'image contre le support et frottez le verso, ce qui permet de transférer l'image sur le papier. Soyez attentif à ne pas trop mouiller le papier, et sachez que certains produits d'impression ne conviennent pas à cette technique.

En ouvrant une sorte de fenêtre sur le monde réel, l'ajout d'une image donne une sensation d'espace.

Une des difficultés du collage est de trouver une photographie qui soit à la même échelle que le dessin.

Le transfert permet de créer une ambiance – mais celle-ci ne doit pas prendre plus d'importance que l'objet présenté.

Ombres
portées et reflets

Posé sur un support, un objet dessiné semble souvent plus réaliste que lorsqu'il flotte dans le vide. Pour cela, vous pouvez projeter une ombre, dite ombre portée, sous l'objet représenté, ou créer un reflet de l'objet sur la surface faisant office de support.

OMBRE PORTÉE

En plus de l'ombre propre de l'objet, qui se limite à sa surface, on peut représenter l'ombre portée qu'il projette sur les surfaces alentour. L'ombre portée donne du volume au dessin et contribue à le situer dans l'espace en évitant qu'il flotte, sans repères, sur le papier. Elle peut être réalisée à l'aide de techniques et d'outils variés, l'important étant qu'elle soit bien contrastée.

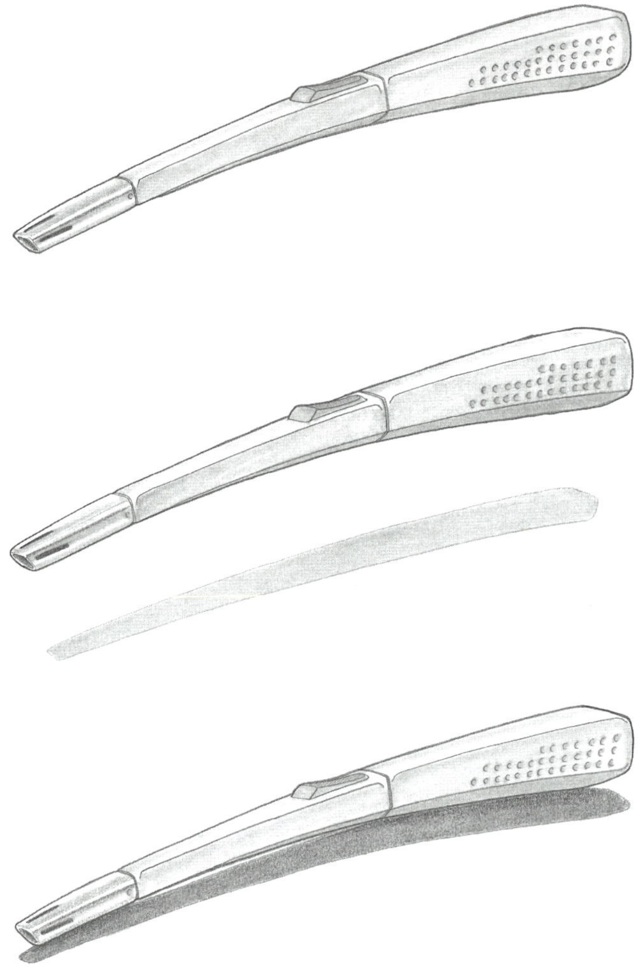

Un objet dénué d'ombre portée semble flotter dans l'espace. Si l'ombre portée se trouve à une certaine distance de l'objet, on a l'impression qu'il flotte au-dessus d'une surface ; si elle touche l'objet et la surface, il semble y être posé.

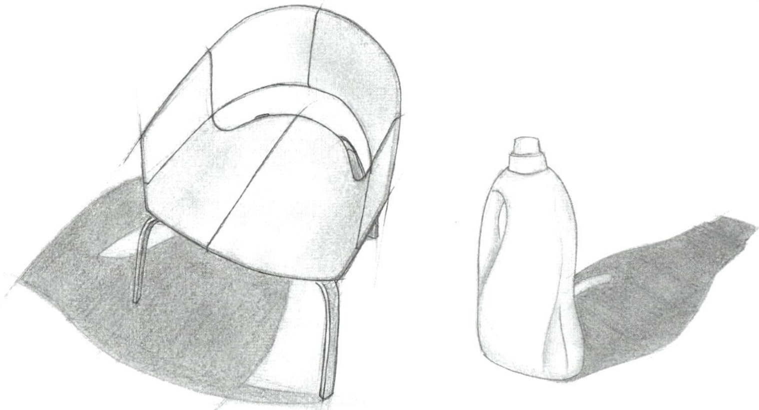

L'ombre portée donne du réalisme à un dessin et permet de l'ancrer sur la feuille.

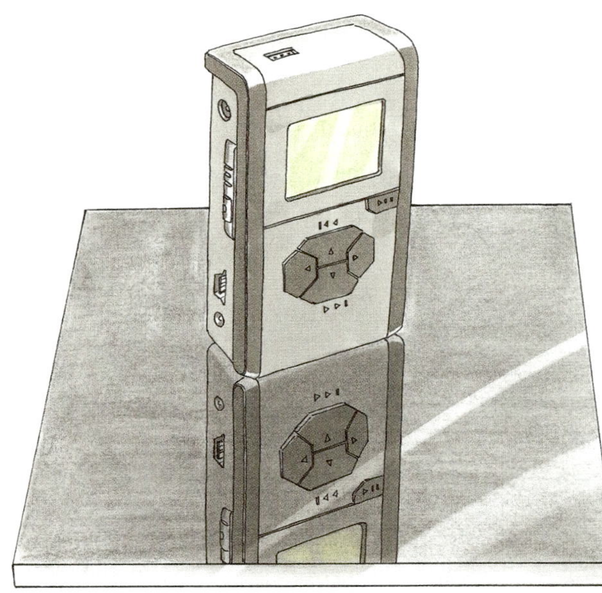

Projet de baladeur MP3. Avec la gomme, on a recréé un effet de brillance sur la surface traitée au pastel.

REFLET

Projeter un reflet de l'objet sur son support est un autre moyen de donner l'illusion du réel. Il paraît alors posé sur une surface réfléchissante, du verre ou du métal poli par exemple. Souvent utilisée pour les produits technologiques, la projection d'un reflet met en valeur la finition de l'objet et l'inscrit dans un contexte moderne et un peu aseptisé. Il convient de ne pas abuser de cet effet, car il est difficile à réaliser, se révèle mal adapté à certains types d'objets et peut lasser à la longue.
Selon le point de vue utilisé, on peut représenter la totalité de l'objet dans le reflet, ou seulement une partie. L'intensité du reflet doit être différente de celle de l'objet : si elle était la même, l'effet miroir obtenu compliquerait la compréhension du dessin.

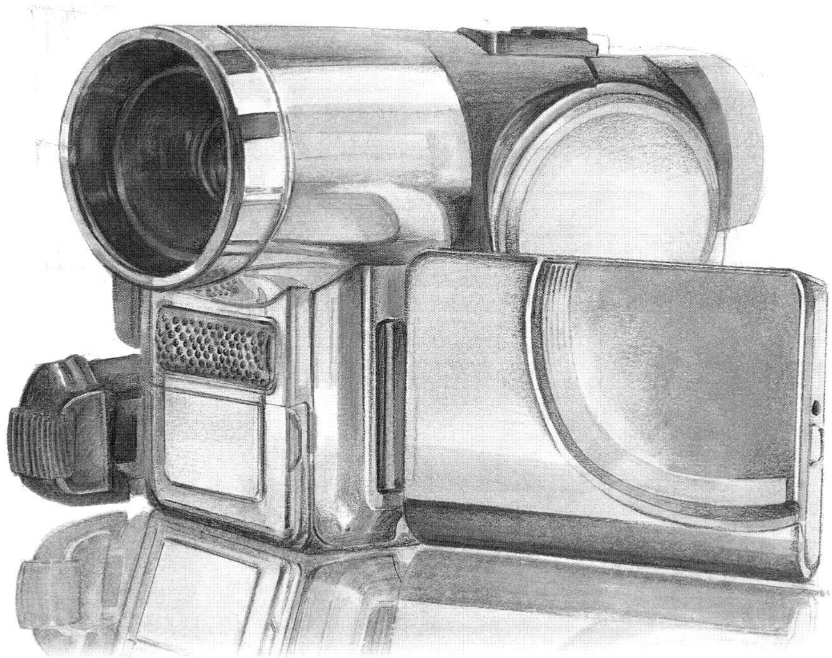

L'effet de reflet demande beaucoup de travail, aussi ne l'utilise-t-on qu'à une phase avancée du dessin.

Projet d'un casque de baladeur et d'un réveil. Notez combien le traitement du reflet diffère de celui de l'objet lui-même.

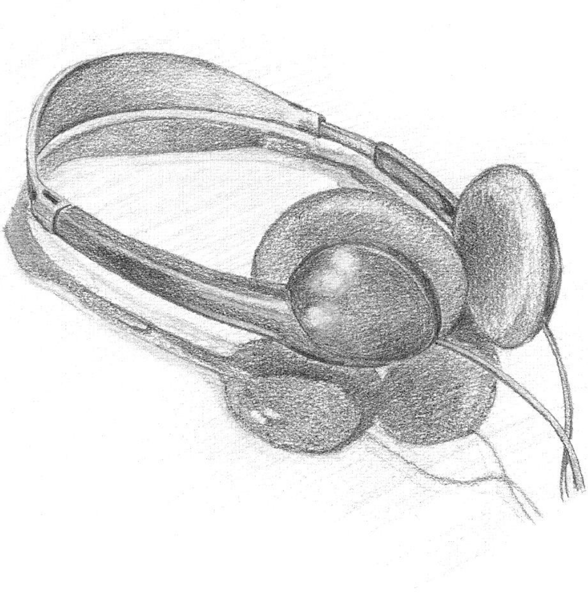

Une dernière technique de mise en scène consiste à dessiner l'objet dans l'environnement qui sera le sien. On peut ainsi expliciter sa fonction et ses particularités, et donner une idée de ses dimensions.

l'Environnement du projet

Projet de lampe de bureau.
Les dessins auxiliaires (table, siège, porte-crayons, etc.) aident à mieux visualiser le positionnement de la lampe sur un bureau.

CONTEXTE D'UTILISATION

La représentation du contexte de l'objet permet à l'observateur d'en saisir la fonction de façon beaucoup plus immédiate et concrète qu'un dessin de l'objet isolé. Cette technique aide en outre à visualiser l'intégration de l'objet dans son environnement.

Vous pouvez vous contenter de suggérer les éléments qui entourent l'objet : il est inutile de représenter tous les détails car l'objectif est de mettre en valeur le projet, et non son environnement. Vous n'avez d'ailleurs pas besoin de représenter tous les éléments du décor. Dans le cas, par exemple, d'un appareil électroménager, vous pouvez vous contenter de dessiner une petite partie du plan de travail et quelques objets. Il est aussi possible de mettre en avant le projet avec des couleurs et de n'utiliser que des niveaux de gris pour son environnement.

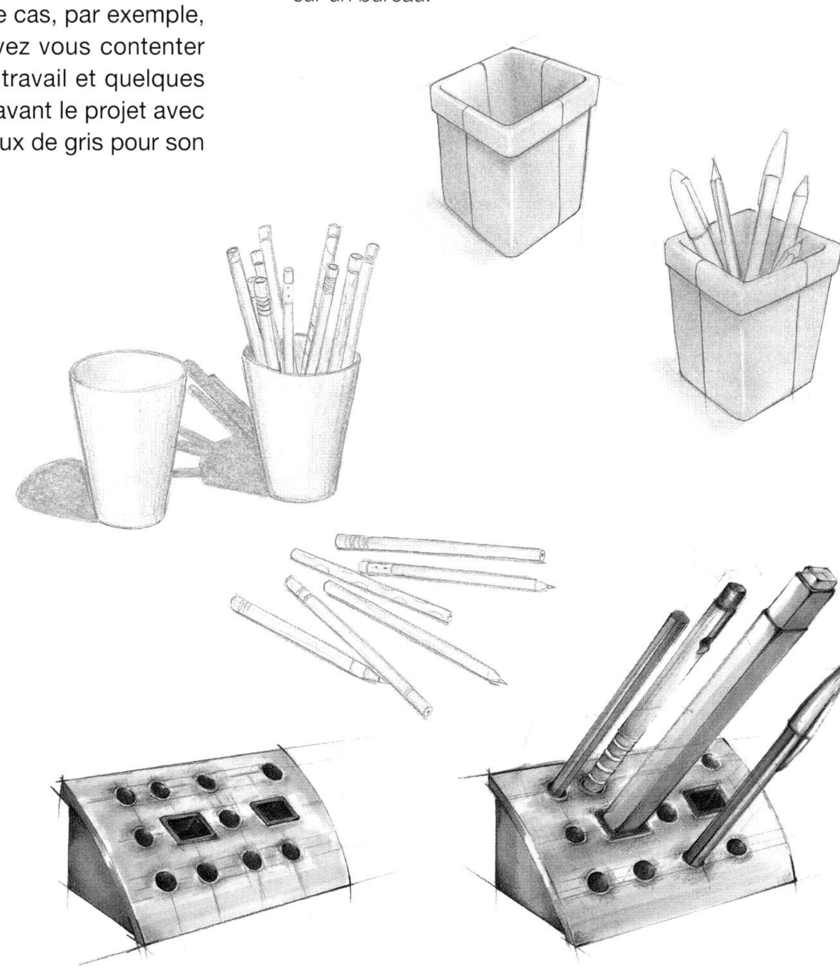

Trois projets de porte-crayons.
La mise en scène permet de comprendre immédiatement leur fonction, et de visualiser leur taille.

ÉCHELLE

Les dessins qui entourent l'objet présenté, dits dessins auxiliaires, permettent de donner une idée précise de ses dimensions réelles. Aussi, quel que soit le nombre de versions produites, dessins auxiliaires et dessin du projet doivent avoir toujours le même rapport de proportion avec la réalité, mais aussi entre eux.

Les éléments de l'environnement aident à montrer la fonction de l'objet et ses proportions, mais dans tous les cas ils doivent rester au second plan.

L'utilisation de la couleur a permis de détacher ces deux projets de presse-agrumes de leur environnement immédiat. Les quelques éléments qui les entourent – fruits, verres, carafe – en soulignent la fonction.

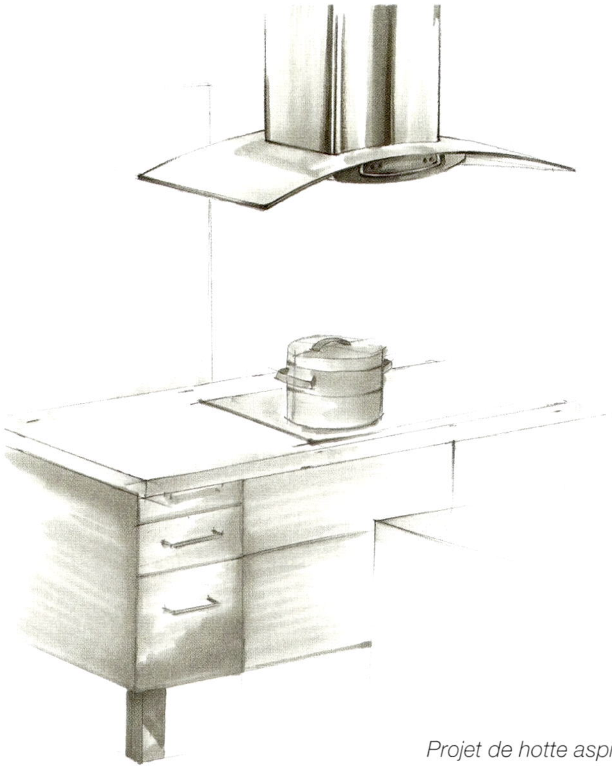

Projet de hotte aspirante.

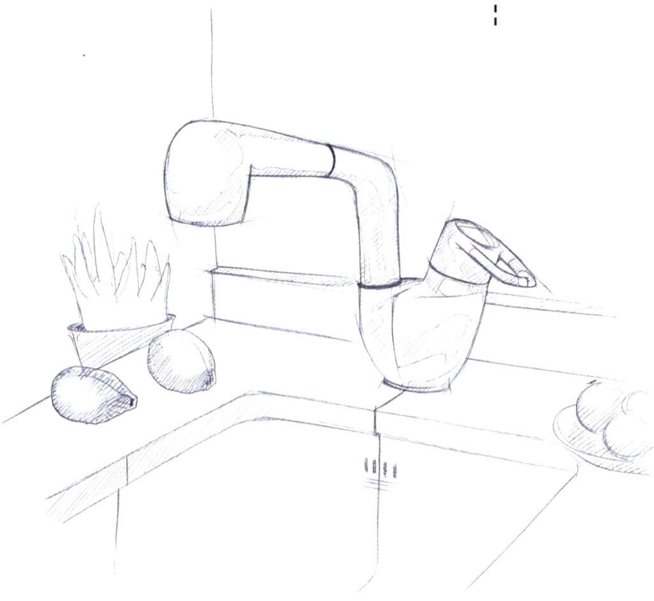

Projet de robinet. Tous les éléments de ce dessin ont ici été traités de la même façon, alors que le dessinateur aurait dû mettre le robinet en avant.

L'Étude technique

« L'ÉTUDE TECHNIQUE PERMET DE TRANSMETTRE À TOUS LES SERVICES DE PRODUCTION LES DONNÉES DONT ILS ONT BESOIN, ET QUI SONT IMPLICITES DANS LES DESSINS DE PRÉSENTATION. »

A. Chevalier, Guide du dessinateur industriel, *1992*.

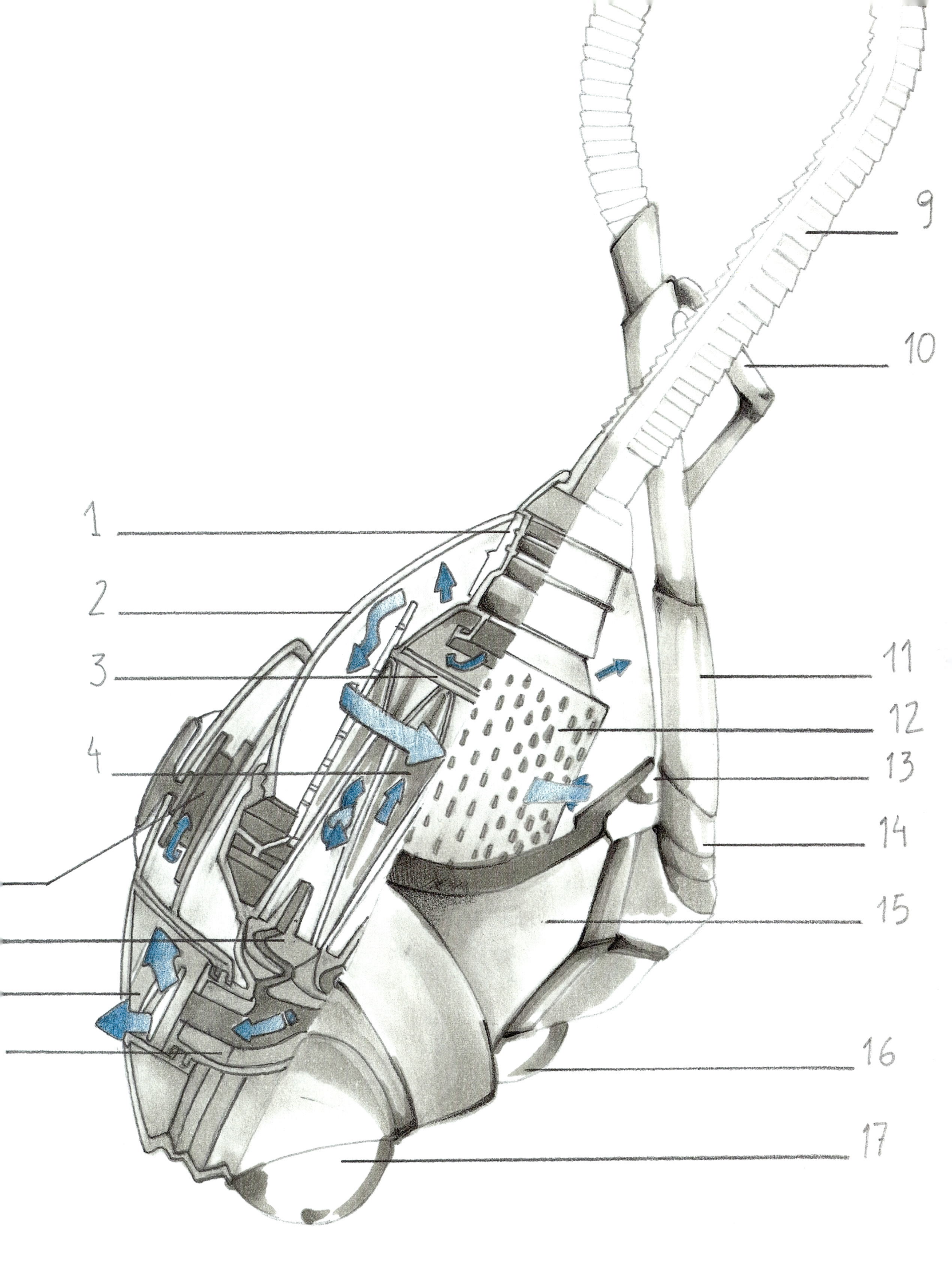

1
2
3
4
9
10
11
12
13
14
15
16
17

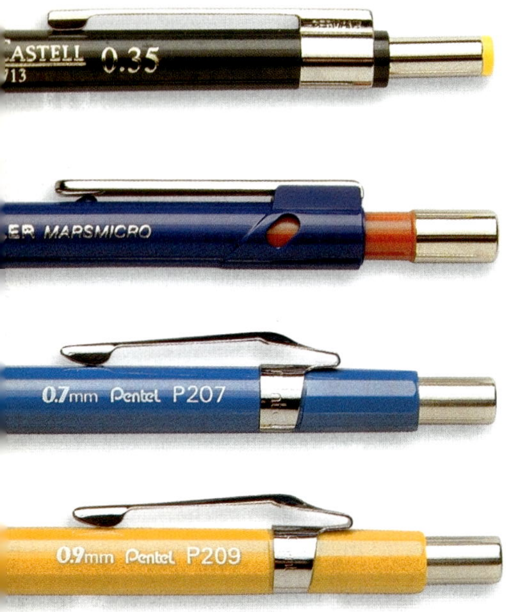

le Dessin

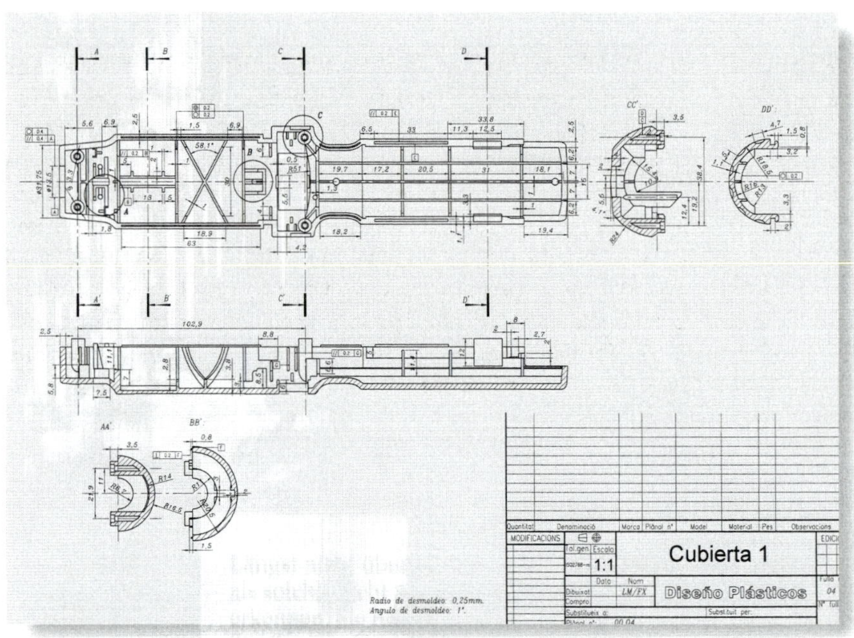

LLUIS MATAS ET FRANCESC CARRERAS.
Structure d'un tournevis électrique réalisée avec un logiciel de DAO.

technique

La finalité première du dessin technique est de transmettre une information fiable à la sphère de production.

Étape finale de la conception du produit, l'étude technique permet de passer de la phase de conception à la phase de fabrication. Le concepteur-designer doit alors avoir défini la configuration finale du produit, résolu les problèmes d'ergonomie et déterminé les méthodes de production. Dans le dessin technique, il expose les dimensions de l'objet, les pièces qu'il intègre, les matériaux qui seront utilisés et le traitement final des surfaces.
Cette étape exige une grande rigueur de la part du concepteur-designer, ainsi que la maîtrise de techniques de travail particulières. Le dessin technique constitue en effet un langage graphique à part entière, dont les codes obéissent à des normes précises. D'ailleurs, si beaucoup travaillent encore « à la main », on remarque que le travail sur ordinateur est aujourd'hui de plus en plus présent.

le Langage du dessin technique

Le dessin technique permet au concepteur-designer de communiquer ses idées à la sphère de production, qui va les concrétiser. Utilisé surtout dans le domaine de la fabrication en série, il constitue une sorte de langage commun entre le dessinateur et l'ingénieur. Sa maîtrise est indispensable pour réaliser ses propres dessins ou interpréter ceux de ses collègues.
La conception de produits oblige donc à réaliser des dessins pouvant servir de base à un processus de production. Le professionnel doit ainsi :
• connaître les règles de projection du dessin technique, et en particulier celles de la projection orthographique, qui permet de représenter correctement les vues de n'importe quel objet (de face, de côté et de dessus).
• maîtriser les différents codes de normalisation industrielle : coupes, sections, vues auxiliaires, etc.
• savoir définir précisément les mesures de son projet, et coter ses dessins conformément aux normes industrielles.

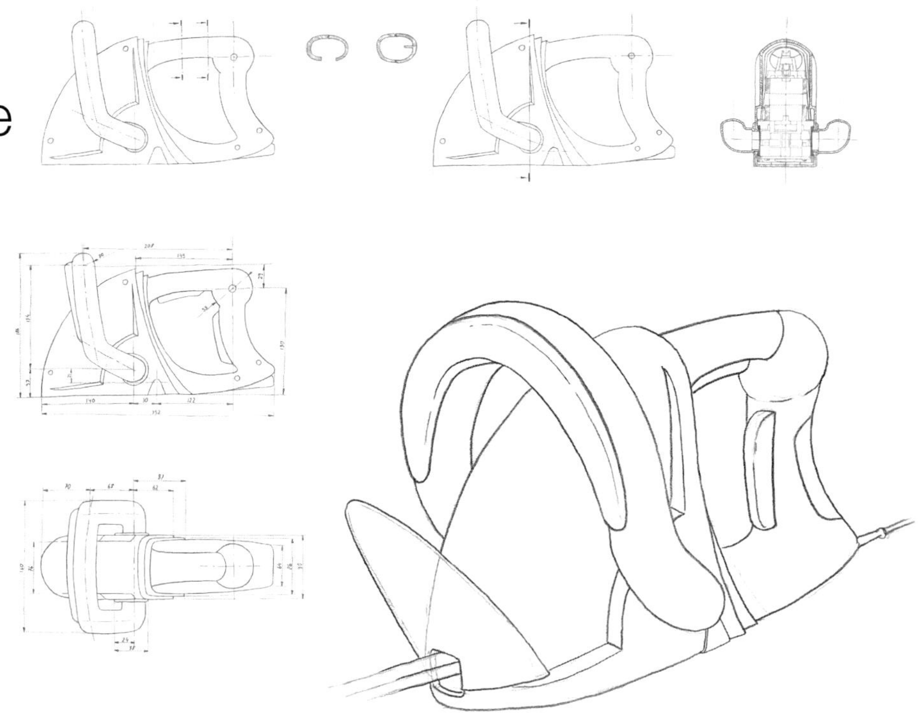

L'utilisation de sections, de coupes et de cotes permet d'enlever toute ambiguïté aux informations transmises par le dessin.

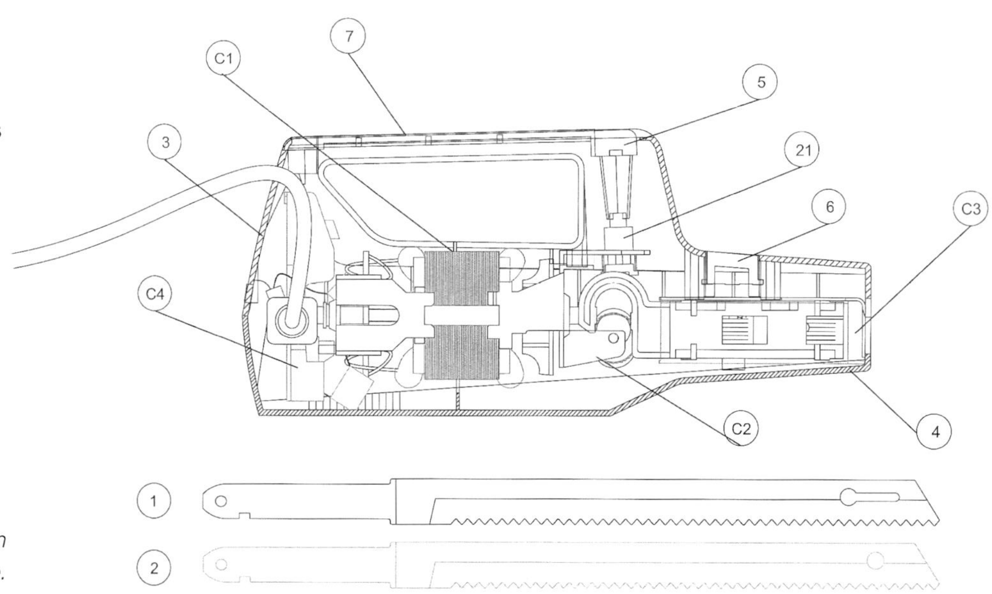

Coupe effectuée dans le plan de symétrie d'un outil électrique.

Le dessin technique peut être comparé à un langage dans lequel les mots sont remplacés par des lignes, des chiffres et des symboles. Pour éviter qu'un projet puisse être mal interprété, il est primordial que ce langage se fonde sur des normes claires et précises : elles sont établies, dans chaque pays, par les services officiels de normalisation. Aujourd'hui, on tend à adopter les mêmes normes dans le monde entier. Un même dessin peut ainsi être utilisé non seulement dans le pays où il a été réalisé, mais aussi, moyennant quelques modifications, dans d'autres régions de la planète.

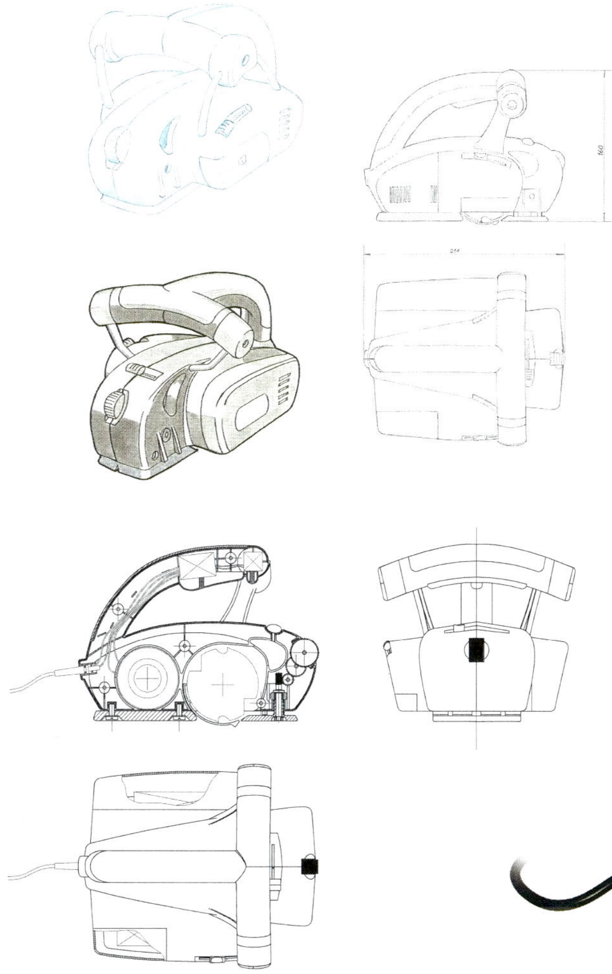

Phases du processus de conception. En principe, on expose ses premières idées au travers d'esquisses, puis on développe les concepts les plus intéressants dans des dessins de meilleure qualité, accompagnés de croquis indiquant les principales mesures. Enfin, on met au point des plans techniques plus élaborés et on cherche à obtenir une représentation réaliste de l'objet définitif.

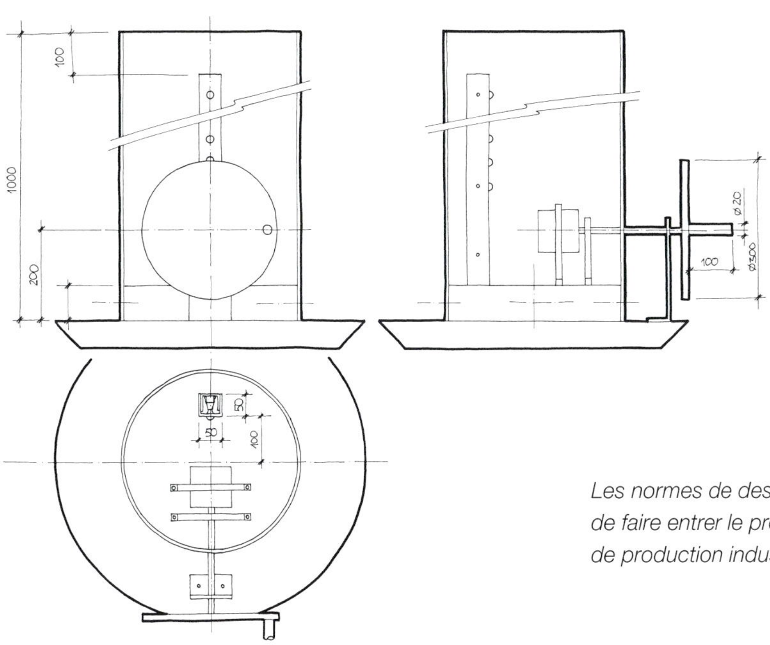

Les normes de dessin technique permettent de faire entrer le projet dans une logique de production industrielle.

les Premiers plans,
travailler avec les normes industrielles

Avec les premiers plans, le concepteur-designer commence à représenter précisément les détails de son projet. Il en définit ainsi les dimensions, il présente les systèmes de raccord et les détails de la structure, etc.

CROQUIS
Réalisé, pour l'essentiel, à main levée, le croquis ne fournit pas nécessairement des mesures exactes. Il s'agit plutôt d'ébaucher des idées, d'une façon rapide, claire et précise, pour les exposer à un tiers ou pour faire avancer une réflexion personnelle. Le croquis peut également être coté, et apporter des informations précises. On utilise alors souvent du papier millimétré.

PREMIERS PLANS
Les premiers plans présentent le concept du projet en respectant les normes industrielles. On réalise ainsi différentes vues en intégrant les informations nécessaires pour que les mesures du projet soient parfaitement claires. Il est important que les différentes parties des objets dessinés soient correctement proportionnées : dans la mesure du possible, on les dessine à l'échelle.
Les premiers plans sont utilisés comme matériel d'appui pour illustrer les rapports techniques. Ils sont en général réalisés au crayon ou au stylo à bille, et on peut s'aider de divers accessoires : règles, équerres, équerres triangulaires, rapporteur et compas. Mais, aujourd'hui, le concepteur-designer travaille

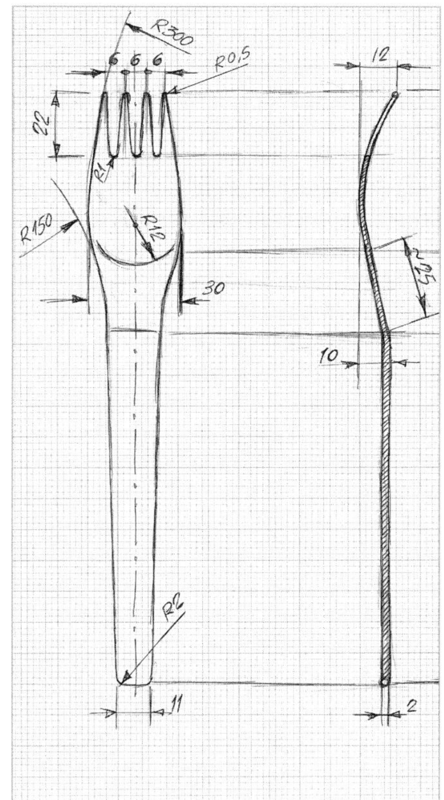

Croquis d'une fourchette sur papier millimétré. Les cotes fournissent toutes les dimensions nécessaires à la fabrication.

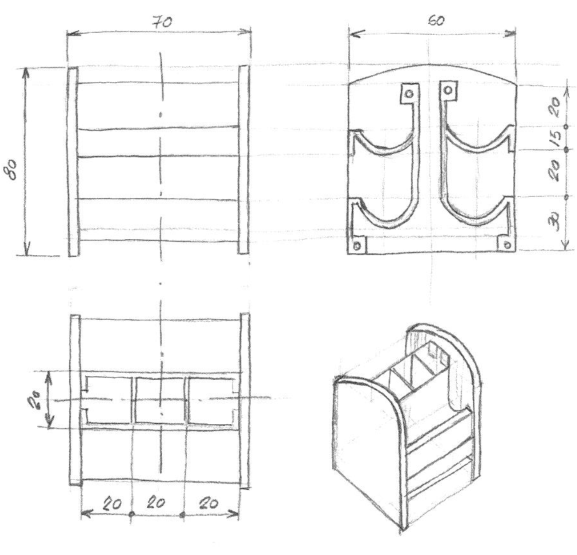

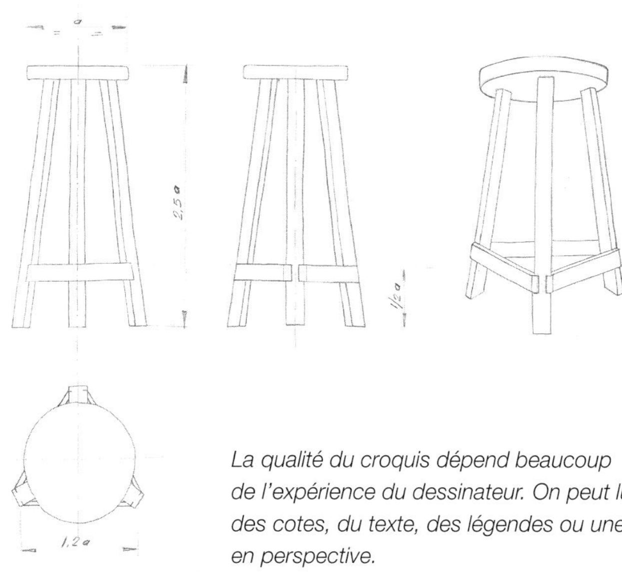

La qualité du croquis dépend beaucoup de l'expérience du dessinateur. On peut lui ajouter des cotes, du texte, des légendes ou une vue en perspective.

de plus en plus souvent avec un logiciel de dessin assisté par ordinateur (DAO), ce qui permet de modifier les tracés à tout moment et d'obtenir un résultat d'une grande précision. En général, il scanne un croquis qu'il travaille ensuite dans le logiciel de DAO.

On utilise aussi souvent les premiers plans pour élaborer des maquettes : ils servent de gabarits pour la découpe. En définissant ainsi des volumes, le concepteur-designer est sûr de travailler sur des formes dont les mesures correspondent à la réalité du projet. Pour étudier l'ergonomie d'un produit, par exemple, il ne servirait à rien d'utiliser une maquette dont les proportions seraient faussées.

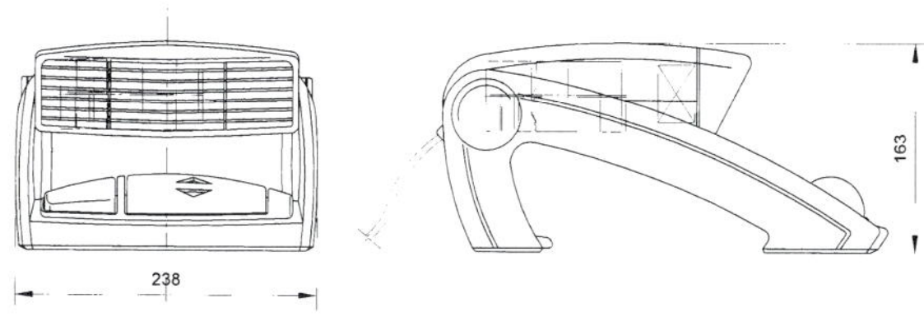

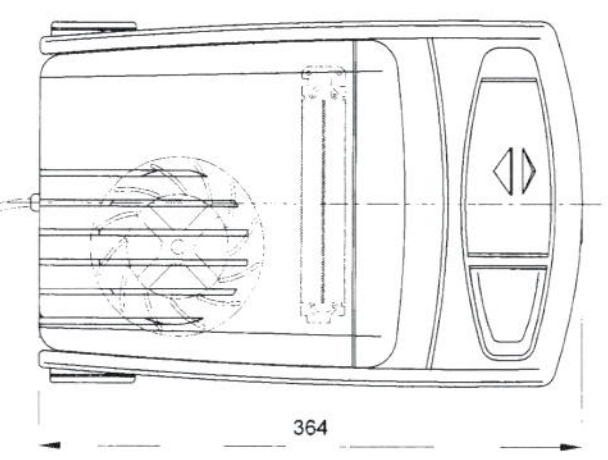

Plans réalisés avec un logiciel de DAO. Une fois qu'il a réalisé son premier croquis, le concepteur-designer peut travailler directement sur son ordinateur.

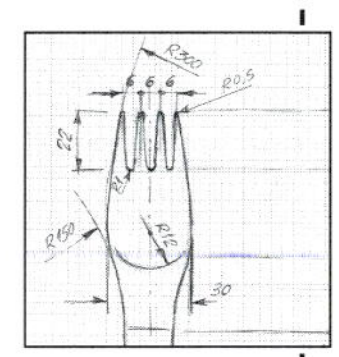

Le papier millimétré aide à tracer les lignes et à donner des proportions justes à l'objet.

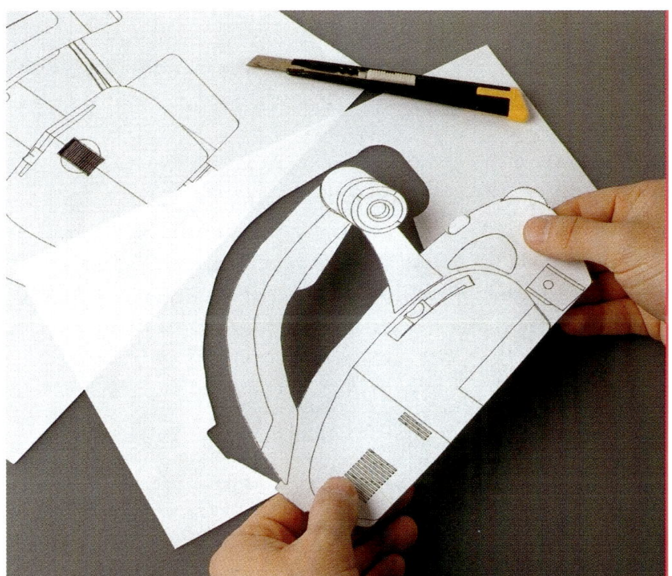

Pour élaborer des maquettes, on commence par réaliser des plans techniques qu'on découpe et qu'on colle sur du polystyrène expansé. On découpe ensuite le polystyrène à l'aide d'une machine de découpe au fil chaud, d'une scie ou d'un cutter, et on finit le travail avec du papier de verre.

la Vue en coupe

L'objectif d'une vue en coupe est de montrer la structure interne d'un objet. Il existe différentes façons de la représenter, suivant que l'on travaille en deux ou en trois dimensions, que l'on montre tout l'intérieur de l'objet ou seulement une partie, que l'on détaille ou non des articulations dans un dessin à part.

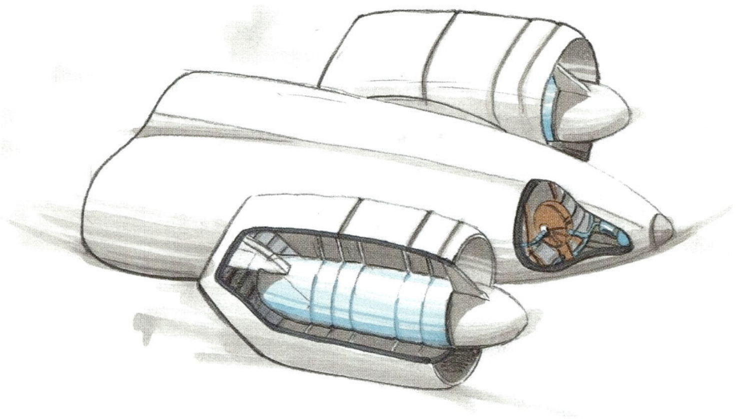

Coupes partielles d'un avion (cabine et moteur).

COUPE EN DEUX DIMENSIONS

Les coupes en deux dimensions sont parfaites pour décrire avec précision la disposition interne et le fonctionnement de différents éléments. Elles nécessitent de sélectionner soigneusement les parties à détailler, et de centrer la vue sur elles. Elles sont souvent accompagnées d'une vue extérieure de l'objet en perspective.

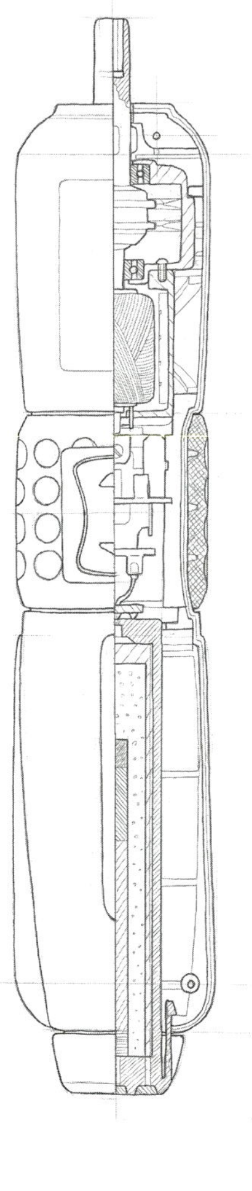

Demi-coupe d'un tournevis électrique. Conformément à la norme industrielle, chaque pièce est différenciée par un type de trame.

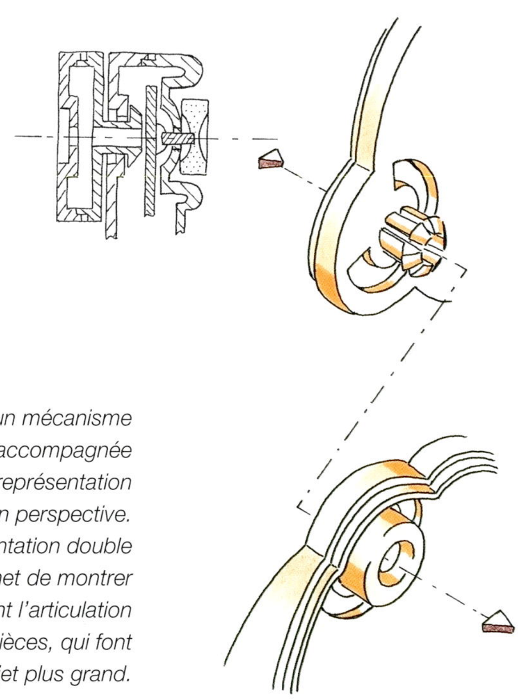

Coupe d'un mécanisme de précision accompagnée de sa représentation en perspective. Cette présentation double permet de montrer clairement l'articulation de ces deux pièces, qui font partie d'un objet plus grand.

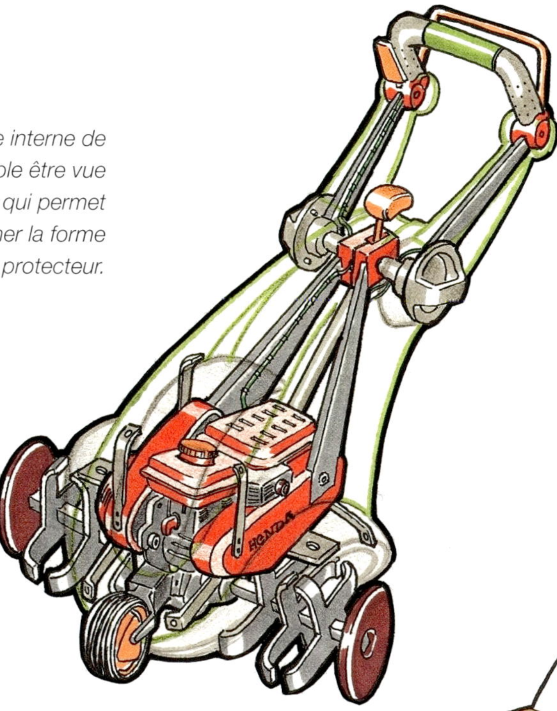

La structure interne de cette tondeuse semble être vue par transparence, ce qui permet en même temps de deviner la forme du plastique protecteur.

Il est d'usage de représenter par des hachures les coupes dans l'épaisseur d'un élément. On peut varier les types de hachures et les couleurs pour différencier ces coupes les unes des autres.

COUPE EN TROIS DIMENSIONS

La coupe en perspective d'un objet est délicate à réaliser, car les erreurs de proportions, qui ont tendance à s'accumuler dans ce type de représentation, deviennent rapidement gênantes.
Conique ou axonométrique, la perspective doit donc être la plus rigoureuse possible. Il s'agit d'un travail long et difficile, mais qui reste moins fastidieux que la réalisation d'une vue éclatée. Pratiquer la coupe d'un objet dans une vue en deux dimensions simplifie le travail, c'est pourquoi on y a recours si la perspective n'est pas indispensable. Elle ne remplace en aucun cas un plan technique, puisque cette représentation n'inclut pas les mesures des différents éléments.

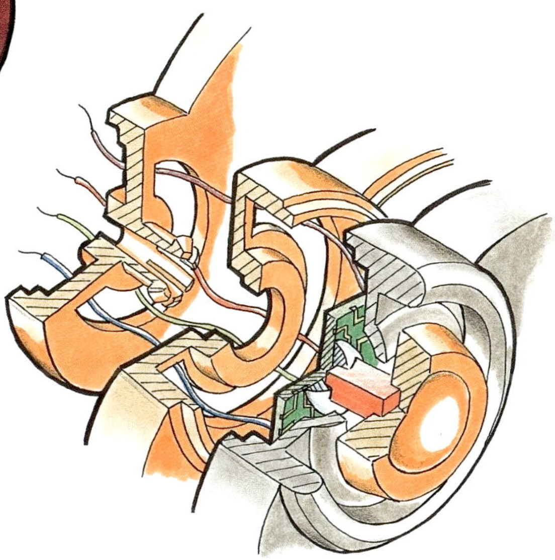

Vue de détail d'une pièce. La coupe pratiquée permet d'observer à la fois les éléments internes et l'aspect extérieur.

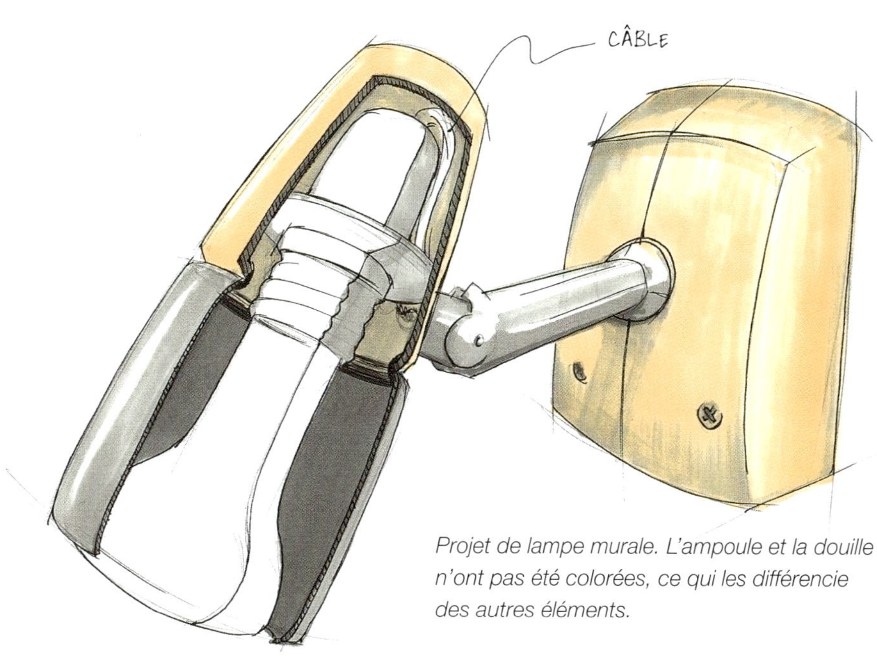

Projet de lampe murale. L'ampoule et la douille n'ont pas été colorées, ce qui les différencie des autres éléments.

La perspective éclatée, également appelée perspective explosée, permet au concepteur-designer de désarticuler son projet. Il dessine les différents composants de l'objet de façon que chacun soit facile à reconnaître et identifier par rapport à l'ensemble, mais sans qu'il soit isolé de son voisin immédiat. Mieux vaut d'ailleurs dessiner ces composants dans l'ordre du montage ou du démontage de l'objet. Ainsi, même si l'objet est démonté, il est possible de se faire une idée du résultat final.

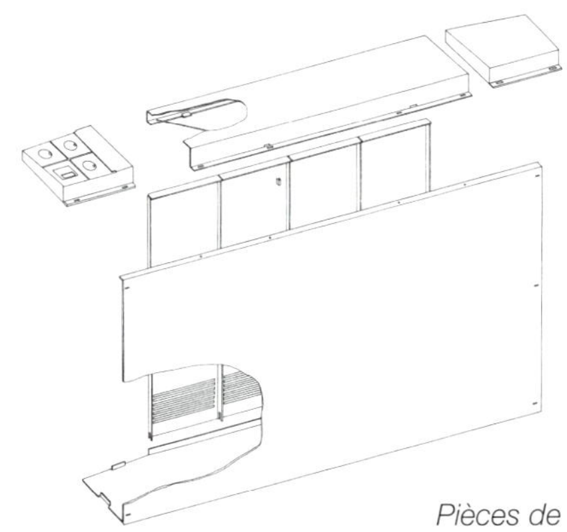

Pièces de la structure d'un chauffage électrique. Très simple, quasi technique, le dessin donne une idée assez précise des dimensions réelles du produit.

la Perspective éclatée

PERSPECTIVE CONIQUE ECLATÉE

Cette perspective est délicate à réaliser car les projections de tous les éléments doivent avoir les mêmes points de fuite : le point de vue est vertical pour les éléments inférieurs, mais horizontal pour les éléments supérieurs (voir l'exemple ci-contre). Elle permet de mettre en valeur certaines parties du projet, ce qui peut s'avérer très utile – mais elle peut aussi donner à voir des zones sans intérêt.

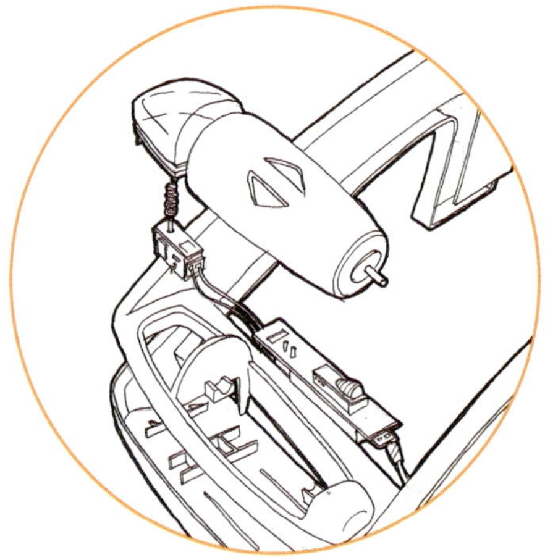

Vue de détail d'un ventilateur chauffant. Il est possible de réaliser une nouvelle vue éclatée à partir de chacun des sous-ensembles.

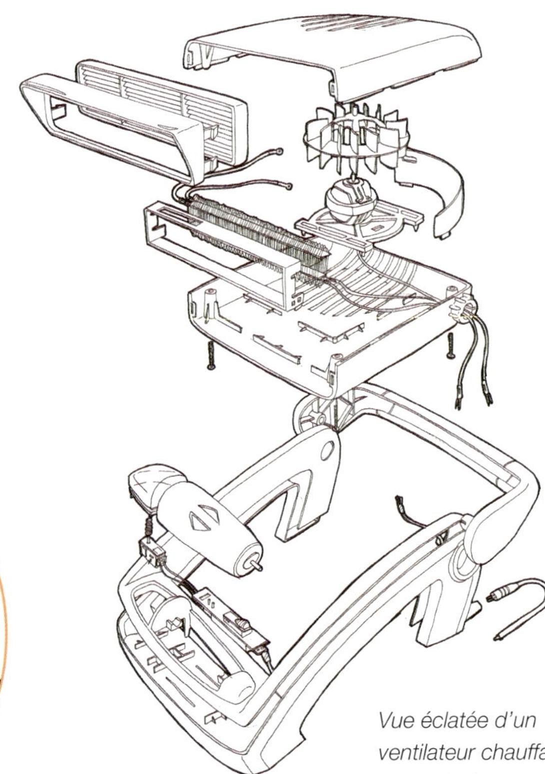

Vue éclatée d'un ventilateur chauffant : on peut observer tout le mécanisme interne.

PERSPECTIVE ISOMÉTRIQUE ÉCLATÉE

En donnant la même valeur à chaque axe, la perspective isométrique simplifie la réalisation du dessin. Tous les éléments sont représentés selon le même point de vue et ont donc la même importance dans le dessin.

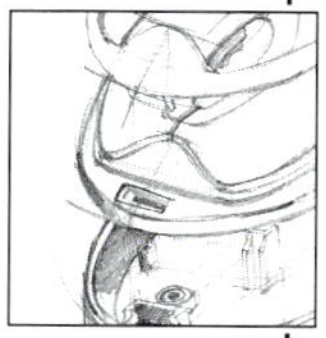

Pour clarifier l'articulation des différents composants d'une vue éclatée, il convient de réduire autant que possible la distance entre eux.

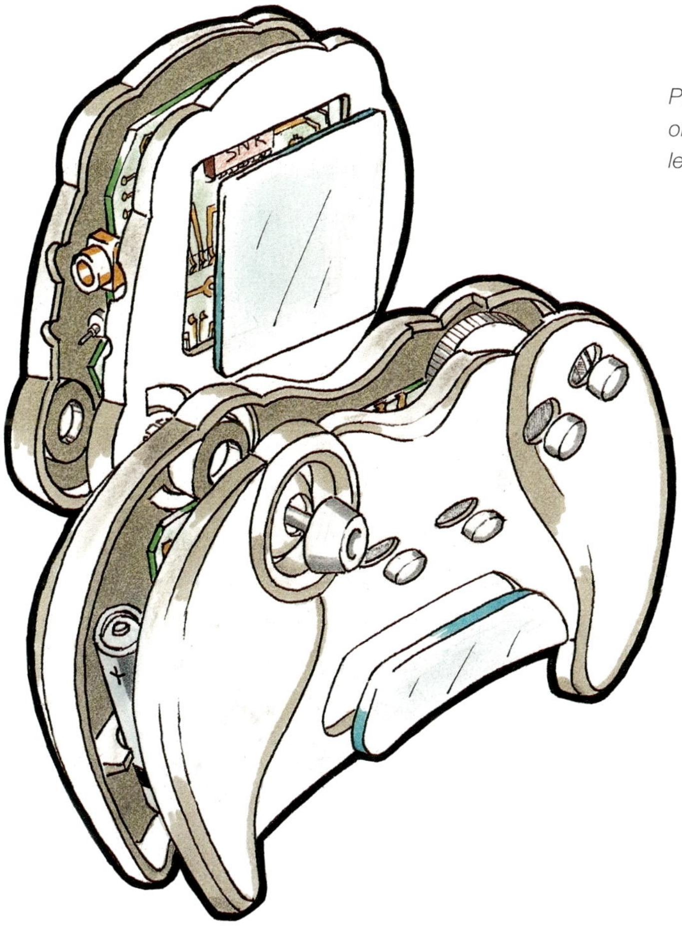

Projet de console vidéo portable. Les ombres ont permis de souligner les distances entre les pièces et de les différencier entre elles.

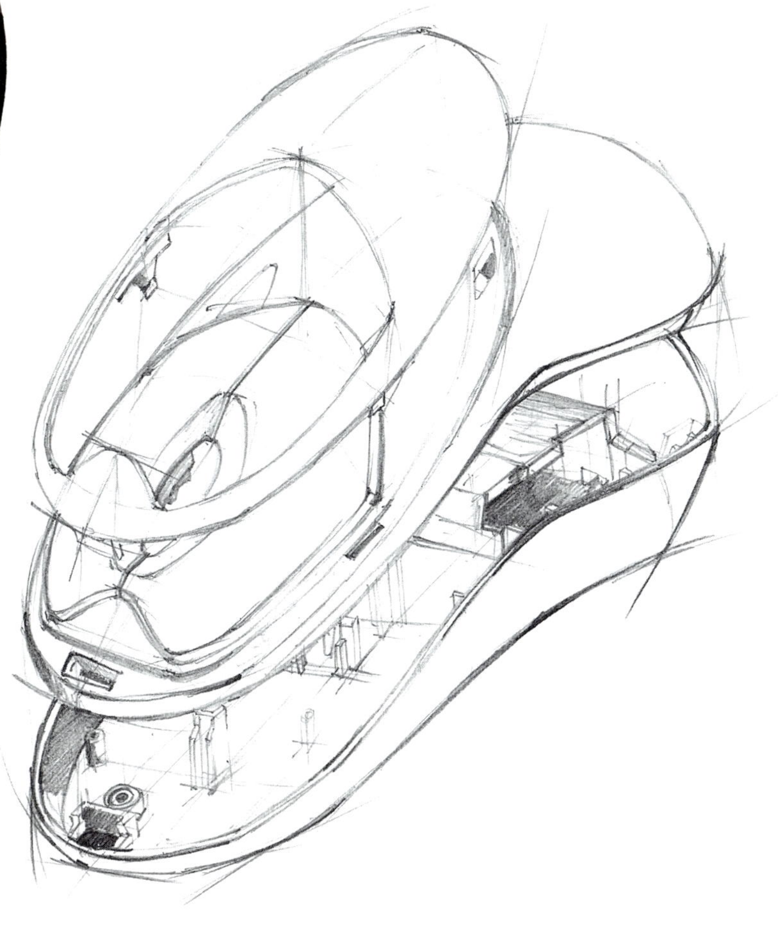

Le concepteur-designer s'est ici aidé de lignes auxiliaires pour décomposer l'objet.

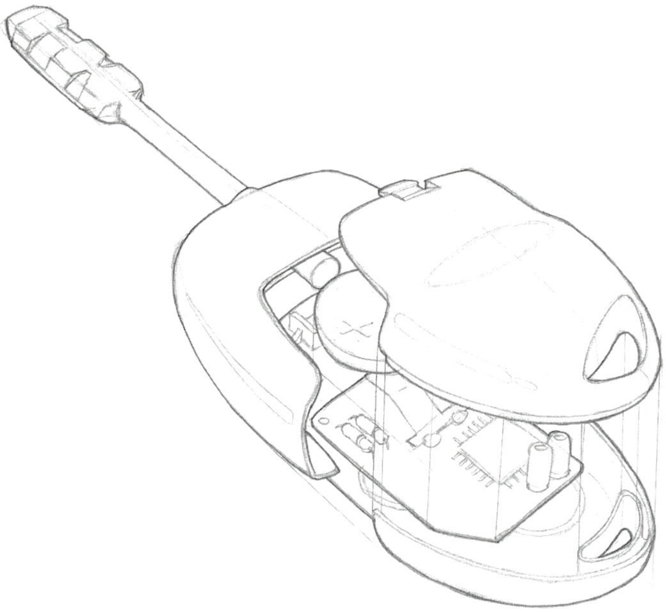

CONSEILS DE RÉALISATION

Le concepteur-designer n'abuse en général pas des perspectives éclatées, car elles sont longues et difficiles à réaliser. Il ne les travaille de façon précise que si elles doivent servir à une présentation.

Pour clarifier l'articulation des pièces, il est possible de les relier par des lignes – mais, dans la majorité des cas, ce n'est pas nécessaire. Vous pouvez donner de la profondeur à l'ensemble en superposant partiellement certaines pièces, à condition que cela ne gêne pas la compréhension du projet.

Quand l'objet contient trop de pièces, il faut souvent faire une série de dessins dont chacun présente un aspect de la structure de l'objet. Il est également possible, à partir d'une même vue éclatée, de créer plusieurs sous-ensembles, chacun étant présenté en détail.

Les lignes auxiliaires réalisées sur la vue éclatée de ce transmetteur indiquent comment les différentes pièces doivent s'emboîter. Elles aident à visualiser l'aspect final de l'objet.

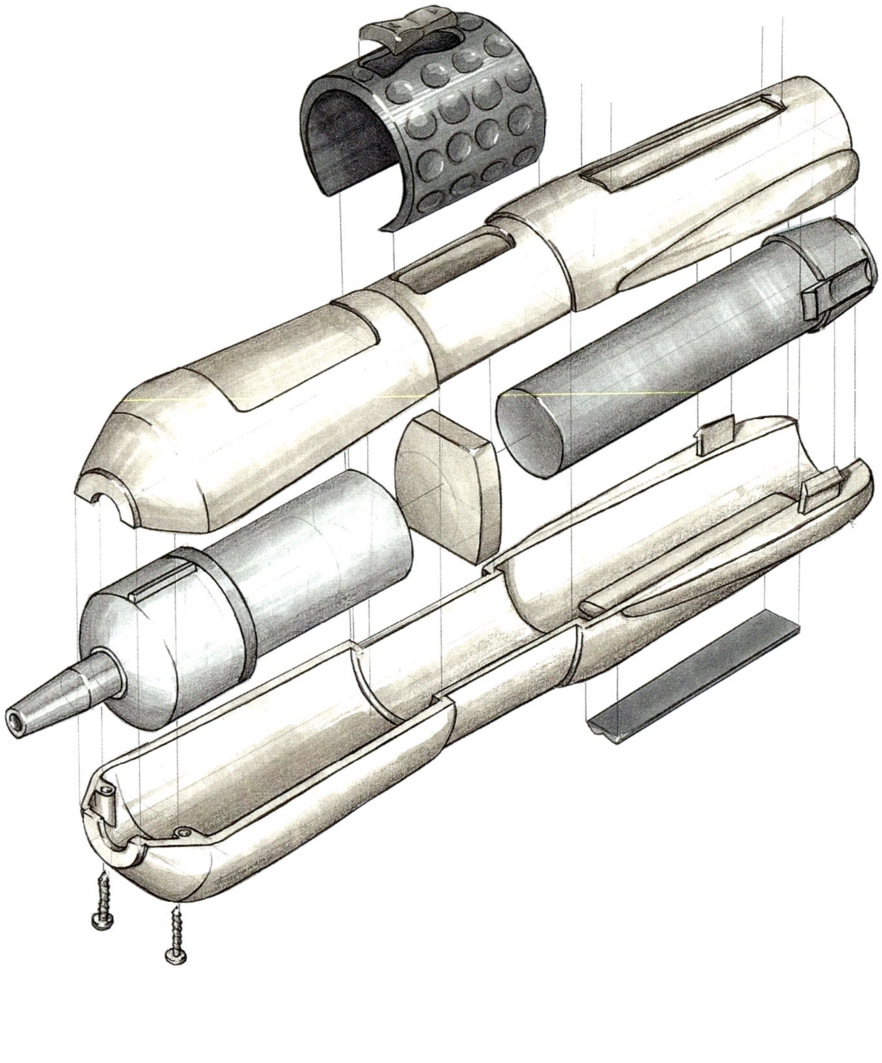

Vue éclatée d'un tournevis électrique. La représentation du moteur et de certains éléments a été simplifiée.

PERSPECTIVE ÉCLATÉE EN PROFIL

La perspective éclatée en profil est une variante de la perspective éclatée, dans laquelle les différentes pièces sont présentées à l'intérieur du profil de l'objet lui-même. Elles forment ainsi une sorte d'accordéon. Les phases de la conception d'un marqueur peuvent ainsi être résumées graphiquement dans la forme du marqueur lui-même. Pour ce type de perspective, on éloigne le moins possible les différents éléments les uns des autres.

TRANSPARENCE

Les effets de transparence permettent d'introduire une autre variante dans la perspective éclatée : on donne à voir l'intérieur du produit au travers de sa structure extérieure. Cette représentation est un peu complexe à réaliser, car il faut introduire de subtiles différences entre les pièces vues par transparence et les autres.

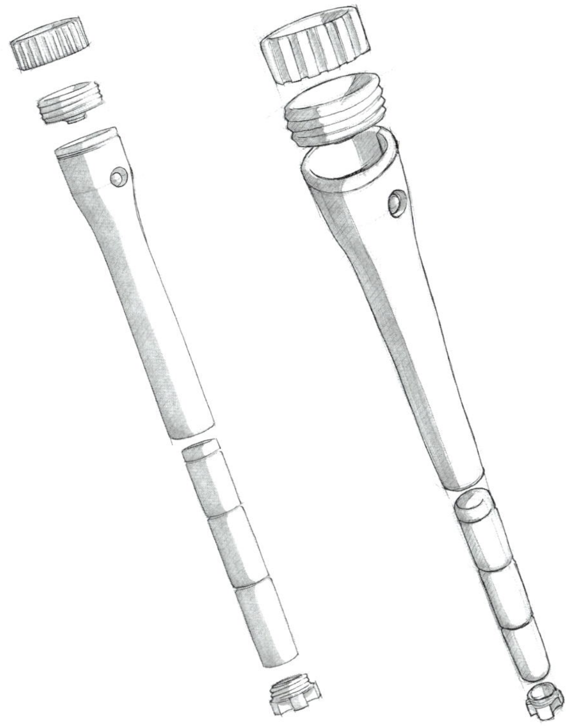

Vue éclatée d'une lampe de poche. Dans le second exemple, on a superposé certaines pièces à d'autres, ce qui permet d'obtenir un résultat plus réaliste.

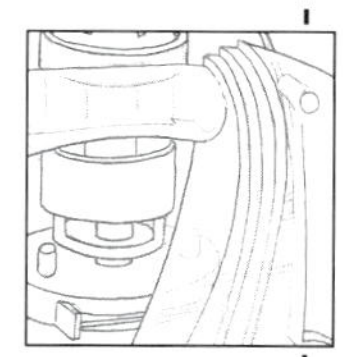

L'intensité et l'épaisseur du trait sont fondamentales lorsqu'on donne un effet de transparence à certains éléments : les pièces situées derrière eux doivent apparaître comme estompées par rapport aux autres.

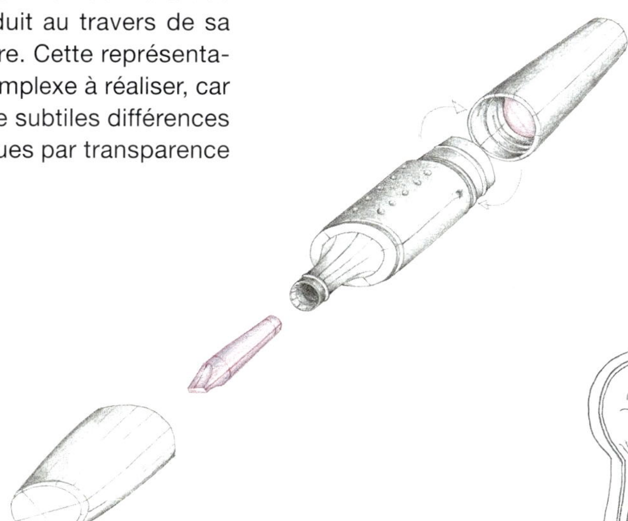

Perspective éclatée en profil des composants d'un feutre.

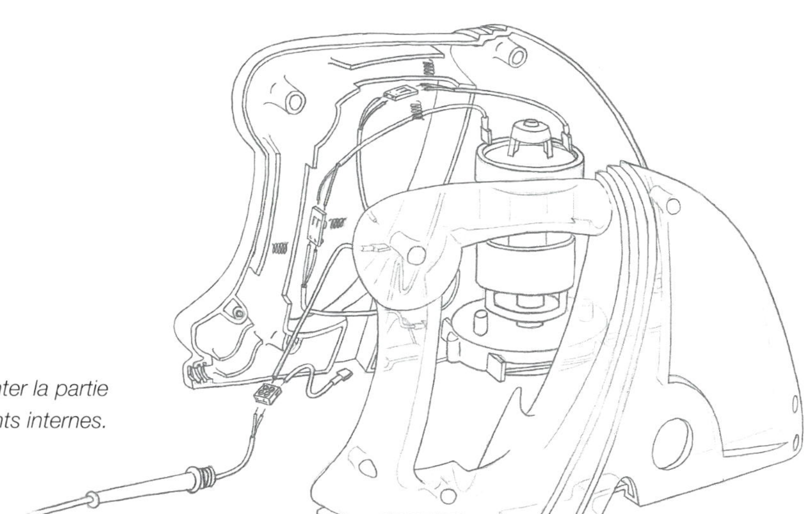

On a ici utilisé la transparence pour représenter la partie de la structure qui cachait les éléments internes.

les Diagrammes, fonction

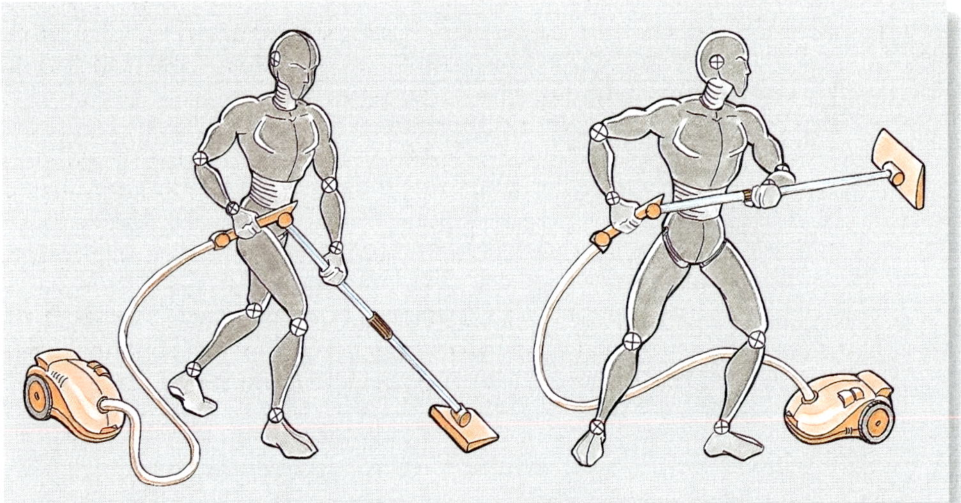

DANIEL SOLER.
Étude de l'utilisation d'un aspirateur domestique, 2005.
Dessin réalisé au stylo à bille et au feutre.

et utilisation

Un diagramme permet d'expliquer la structure, les fonctions ou l'utilisation d'un produit.

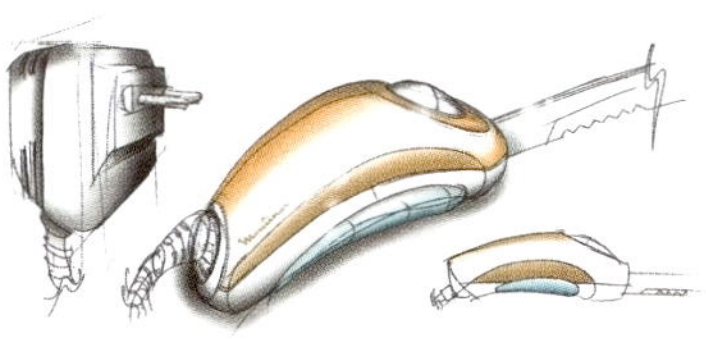

En sciences exactes, on définit le diagramme comme une représentation schématique résumant une expérience. Dans le contexte du dessin industriel, il est utilisé pour synthétiser les informations relatives à un produit et pour en expliquer les particularités d'une façon accessible au plus grand nombre. Ainsi, lorsqu'il réalise un diagramme, le concepteur-designer :

• élimine du dessin tout ce qui est secondaire ;
• regroupe les différents ensembles à l'aide de codes graphiques ;
• met en valeur les éléments importants, au moyen de contrastes de couleur par exemple ;
• compare les caractéristiques des différentes solutions envisagées, quand il en existe plusieurs.

Un diagramme doit être assez explicite en lui-même pour se passer d'explications supplémentaires. Il peut être utilisé tant pour présenter un projet que pour expliquer l'utilisation d'un objet, ou pour communiquer des informations à un ingénieur.

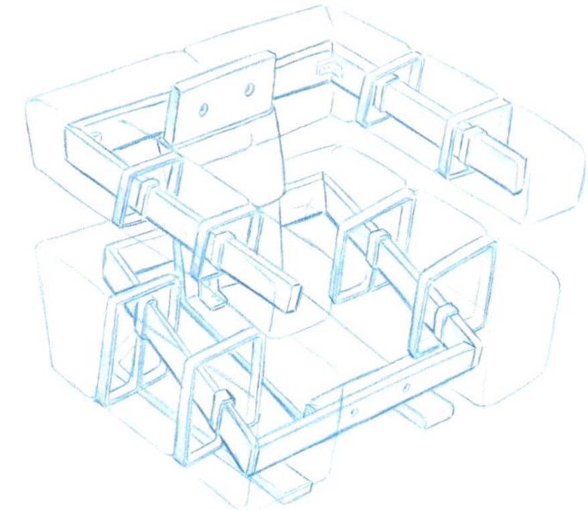

les Diagrammes structurels

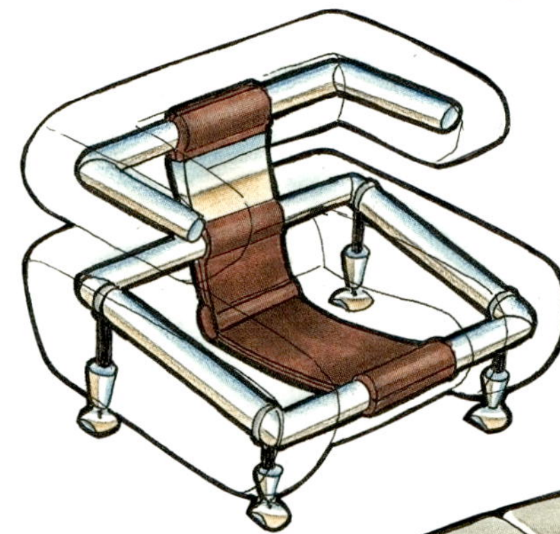

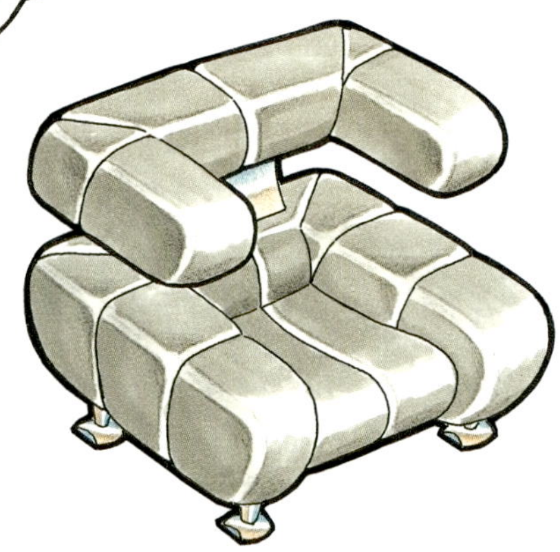

Les diagrammes structurels sont utilisés pour représenter l'articulation des différents éléments d'un produit. Ainsi pour une moto, on pourra mettre en avant le châssis. Ils peuvent aussi montrer un mouvement : dans le cas d'une porte, par exemple, on indiquera le sens d'ouverture. Parfois, les diagrammes sont accompagnés de légendes qui nomment certains éléments, ou donnent des caractéristiques.
Le diagramme structurel a l'avantage de pouvoir être compris sans compétences techniques particulières, par opposition aux plans techniques. Il décrit souvent mieux un projet qu'une maquette, et se révèle plus simple à réaliser. Bien sûr, pour certains types de projet, ceux par exemple qui nécessitent une étude poussée de l'ergonomie, la réalisation d'une maquette reste absolument nécessaire.

Les deux premiers dessins illustrent deux propositions de structure pour le fauteuil, le troisième présente son apparence extérieure finale.

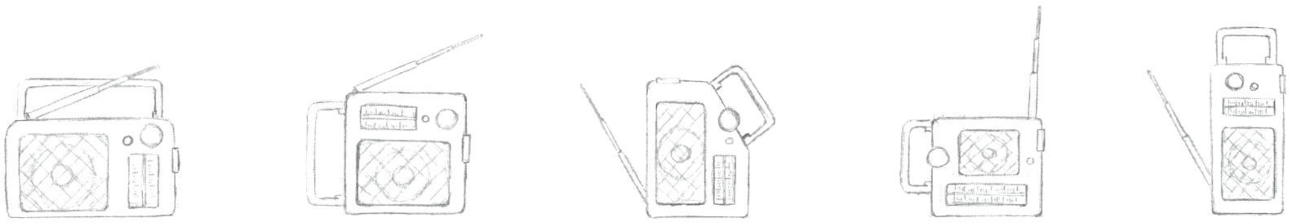

Représentation schématique de différents concepts de radio. L'agencement des éléments est différent dans chacune des solutions proposées.

Les diagrammes peuvent être associés à des effets de transparence, qui permettent de montrer l'architecture interne de l'objet sous sa structure extérieure. Cette dernière est ainsi évoquée par des lignes douces et peu appuyées alors que des traits plus foncés ou des couleurs différentes sont utilisés pour l'intérieur.
Ce type de dessin peut être très schématique, car il n'y a aucune obligation d'obtenir un résultat réaliste. En supprimant les informations qui vous semblent les moins importantes, vous simplifiez votre message, qui devient d'autant plus clair et évident pour le destinataire.

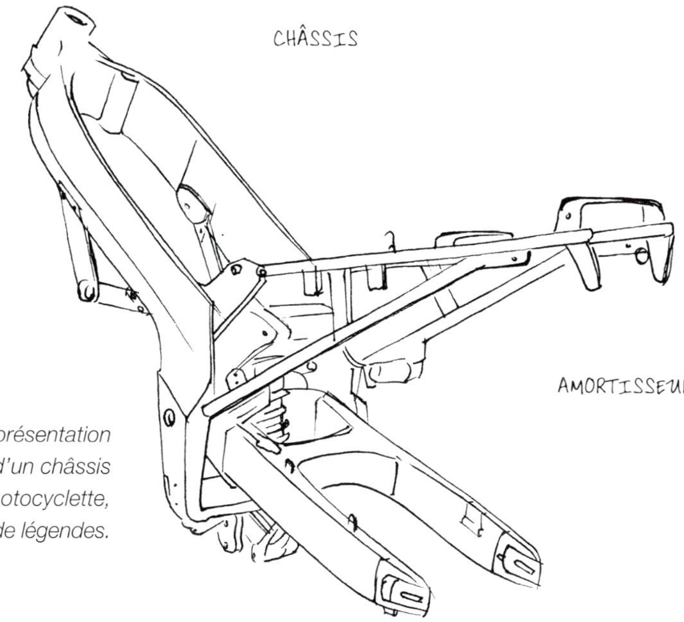

Représentation d'un châssis de motocyclette, accompagnée de légendes.

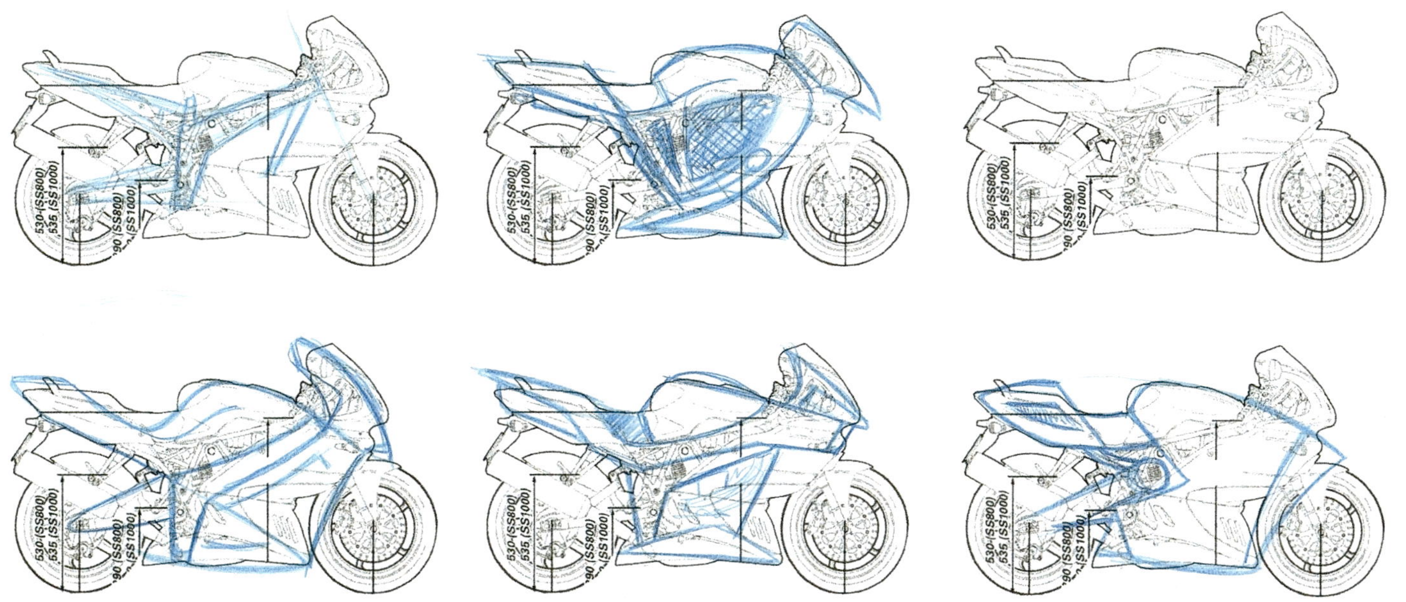

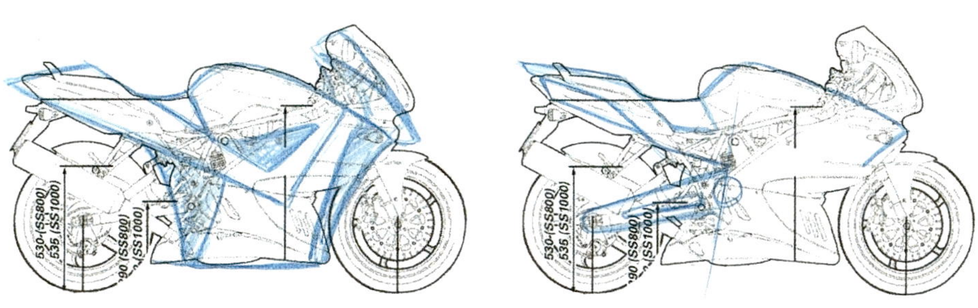

En partant d'un même châssis, le concepteur-designer a travaillé différents carénages. Pour mieux souligner les propositions, il a utilisé une couleur différente.

les Diagrammes fonctionnels

Le concepteur-designer a dessiné les objets que son projet de mallette peut contenir.

Les diagrammes fonctionnels permettent de montrer les fonctions d'un produit : ce sont ici les possibilités d'utilisation qui sont mises en avant. Employés pour exposer un concept de façon claire et directe, ils peuvent rester schématiques. Ils sont souvent utilisés dans les notices d'utilisation des produits. Si les diagrammes fonctionnels doivent faire partie de la palette des compétences de tout dessinateur, leur maîtrise est particulièrement importante pour les concepteurs-designers.

LÉGENDES

Vous serez parfois amené à ajouter des légendes pour expliciter les fonctions d'un projet. Ces textes doivent être parfaitement lisibles, car ils doivent pouvoir être lus par d'autres personnes que vous, lors de réunions de travail par exemple.

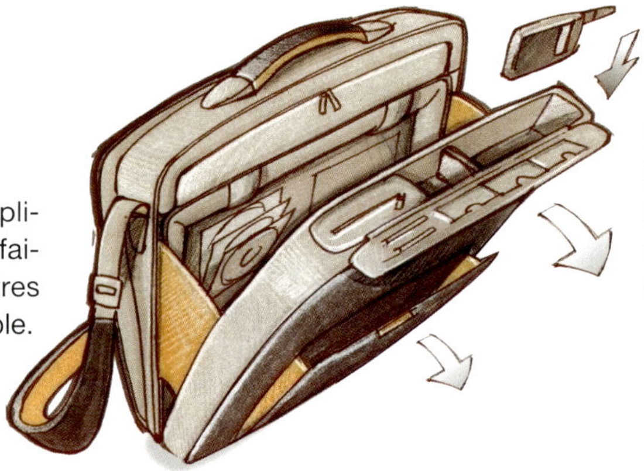

Les flèches indiquent l'emplacement des compartiments et des ouvertures.

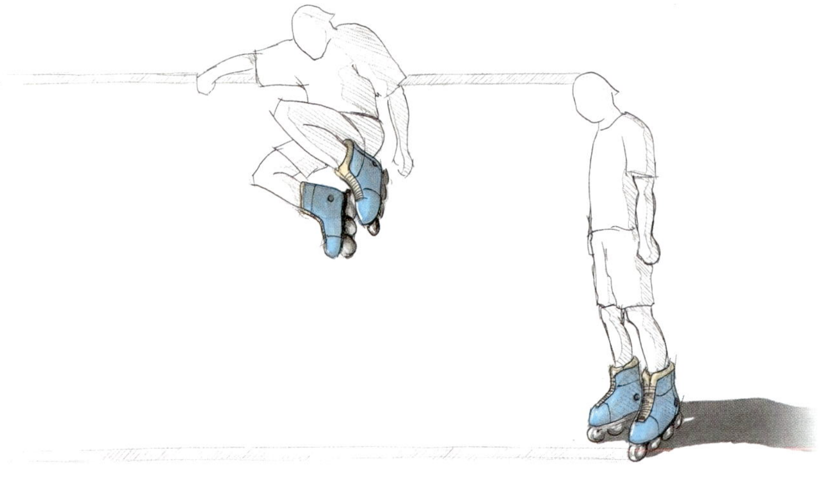

En plus de leur fonction de base – permettre de se déplacer sur le sol –, ces patins offrent la possibilité de réaliser des sauts. Le concepteur-designer a jugé utile de souligner cette caractéristique dans son dessin.

Deux représentations d'un motoculteur : la première le montre en action dans un champ, la seconde indique comment le déplacer.

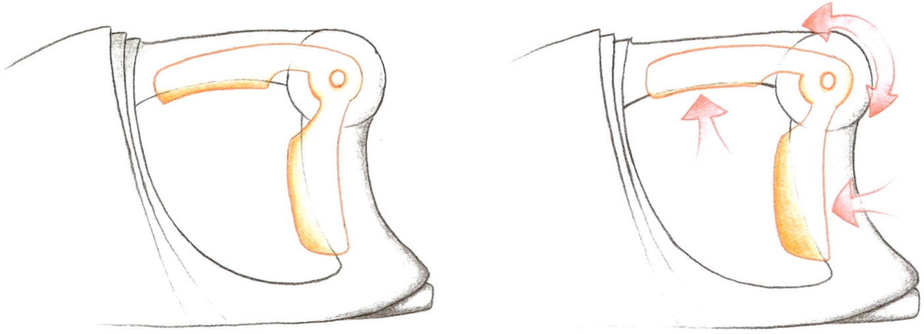

Diagramme fonctionnel donnant à voir deux positions d'une poignée.

Dans ces textes, on indique les noms des éléments qui constituent l'objet, leurs fonctions, et, parfois, les matériaux dont ils sont composés et leurs finitions. On se sert de filets pour relier les légendes à l'image, en prenant soin de placer le texte le plus près possible de l'élément dont on veut expliquer la fonction. Il est également possible de placer la légende à l'intérieur du dessin.

FLÈCHES

Des flèches sont parfois ajoutées pour indiquer le sens d'un mouvement. Elles peuvent montrer les utilisations possibles de l'objet présenté, ou les étapes du montage, ou encore servir de lien entre une série de dessins.

Si on travaille en perspective, les flèches doivent être dessinées de façon à reproduire l'impression de profondeur. On les met parfois en valeur en les dessinant sous forme de rubans.

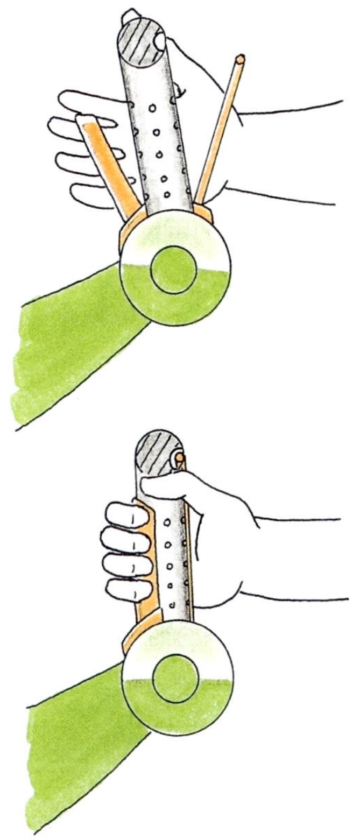

Deux positions d'un interrupteur servant à faire démarrer et à arrêter une machine-outil.

Trois possibilités offertes par un fauteuil transat : en position de repos, en position assise et plié.

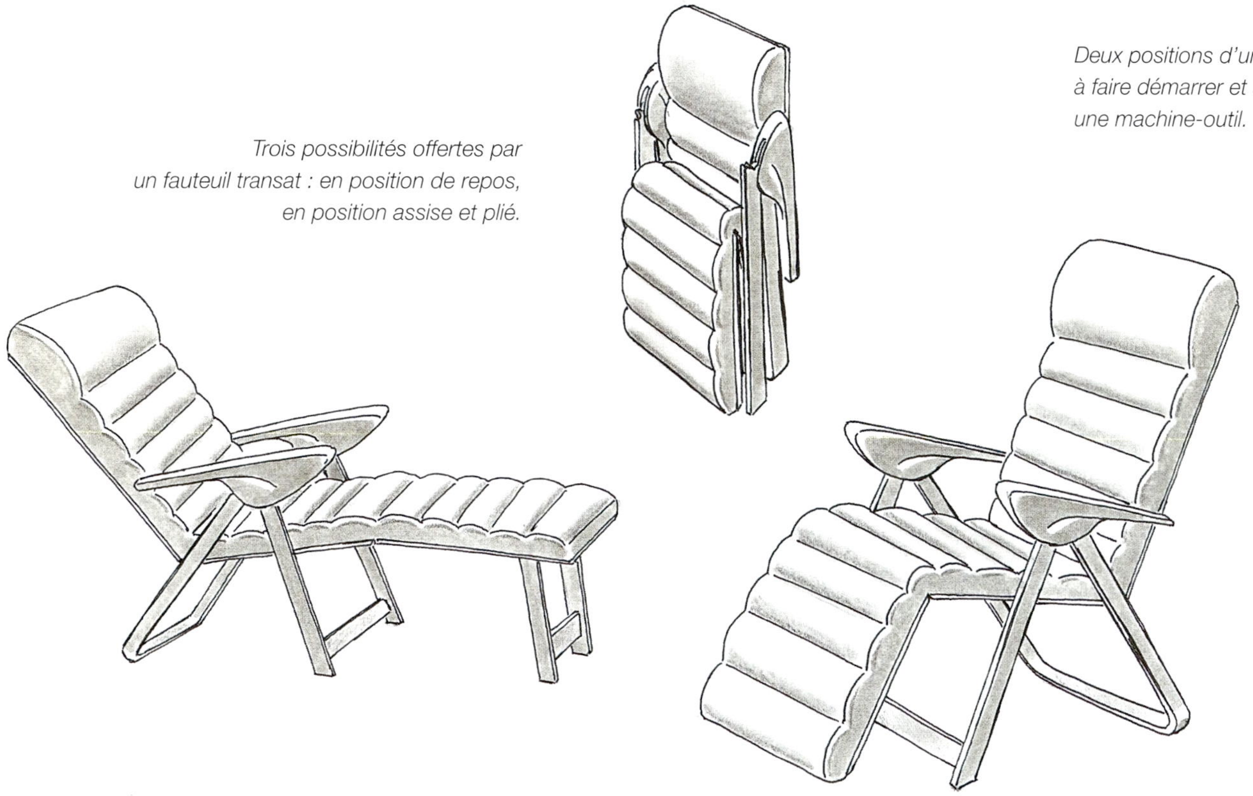

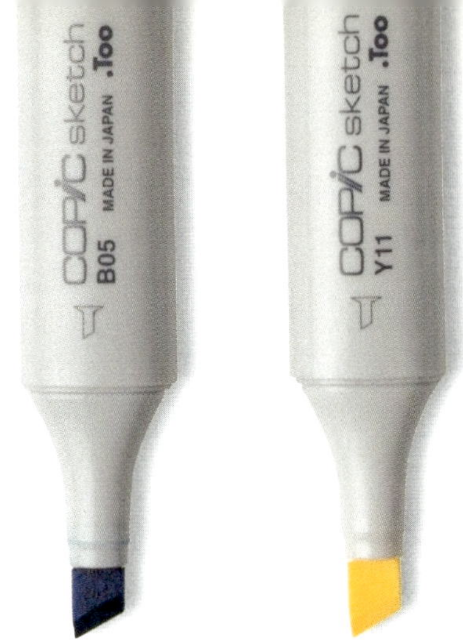

les Diagrammes d'utilisation

Les diagrammes d'utilisation décrivent les actions que doit exécuter une personne pour se servir d'un produit. La représentation de l'élément humain est fondamentale, qu'il s'agisse de tout le corps ou de seulement certains membres.

FONCTION DES PERSONNAGES

Concrètement, c'est souvent durant la phase de conception du projet que l'on utilise des personnages ou certaines parties de leur corps. Ils permettent de présenter un concept de façon claire et vivante : montrer une main qui manipule un produit donne par exemple des informations sur son mode d'utilisation. La représentation du corps humain aide en outre à comprendre l'échelle du dessin. Enfin, si le produit a une fonction annexe, il est possible de la signaler au travers de nouveaux dessins.

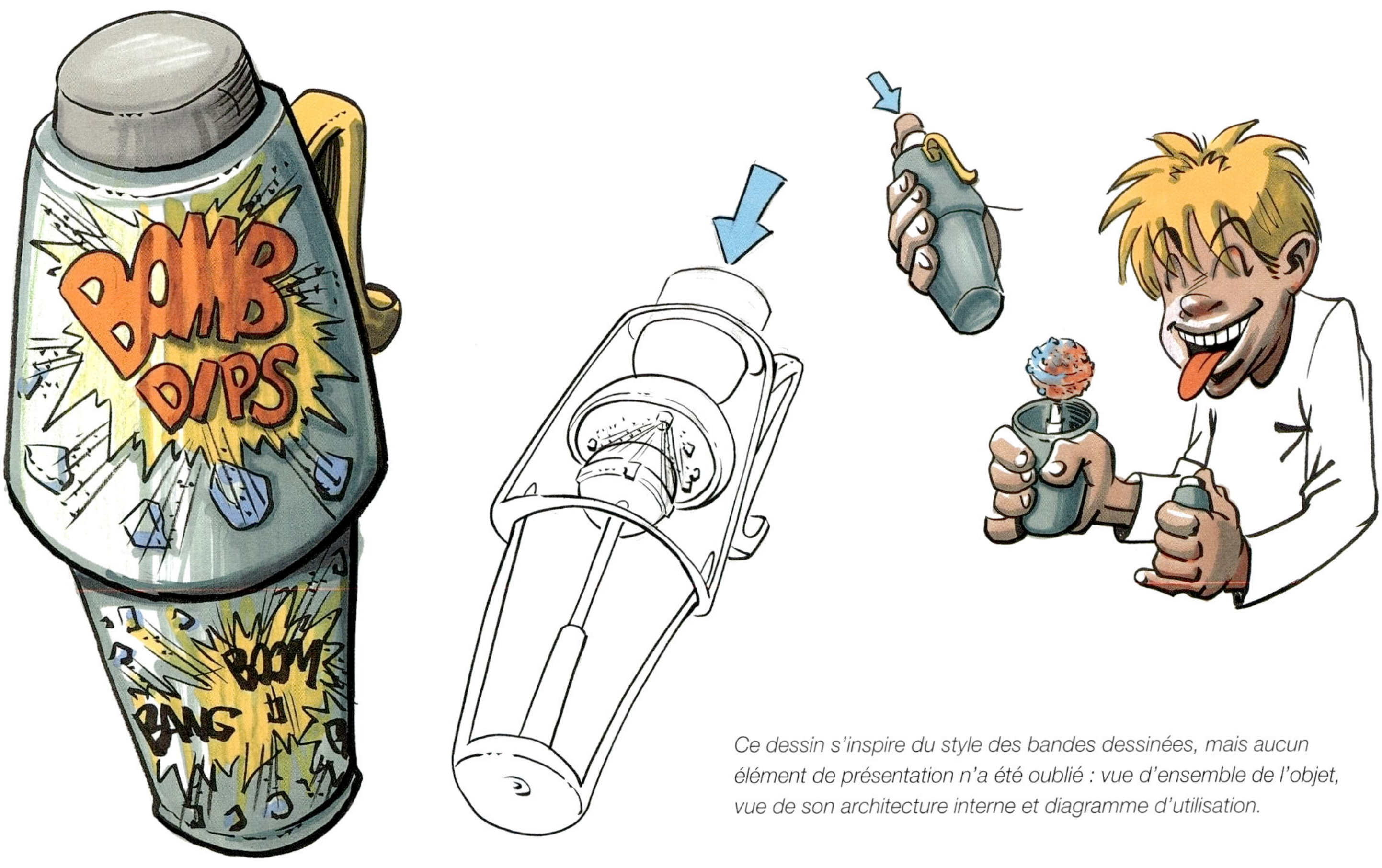

Ce dessin s'inspire du style des bandes dessinées, mais aucun élément de présentation n'a été oublié : vue d'ensemble de l'objet, vue de son architecture interne et diagramme d'utilisation.

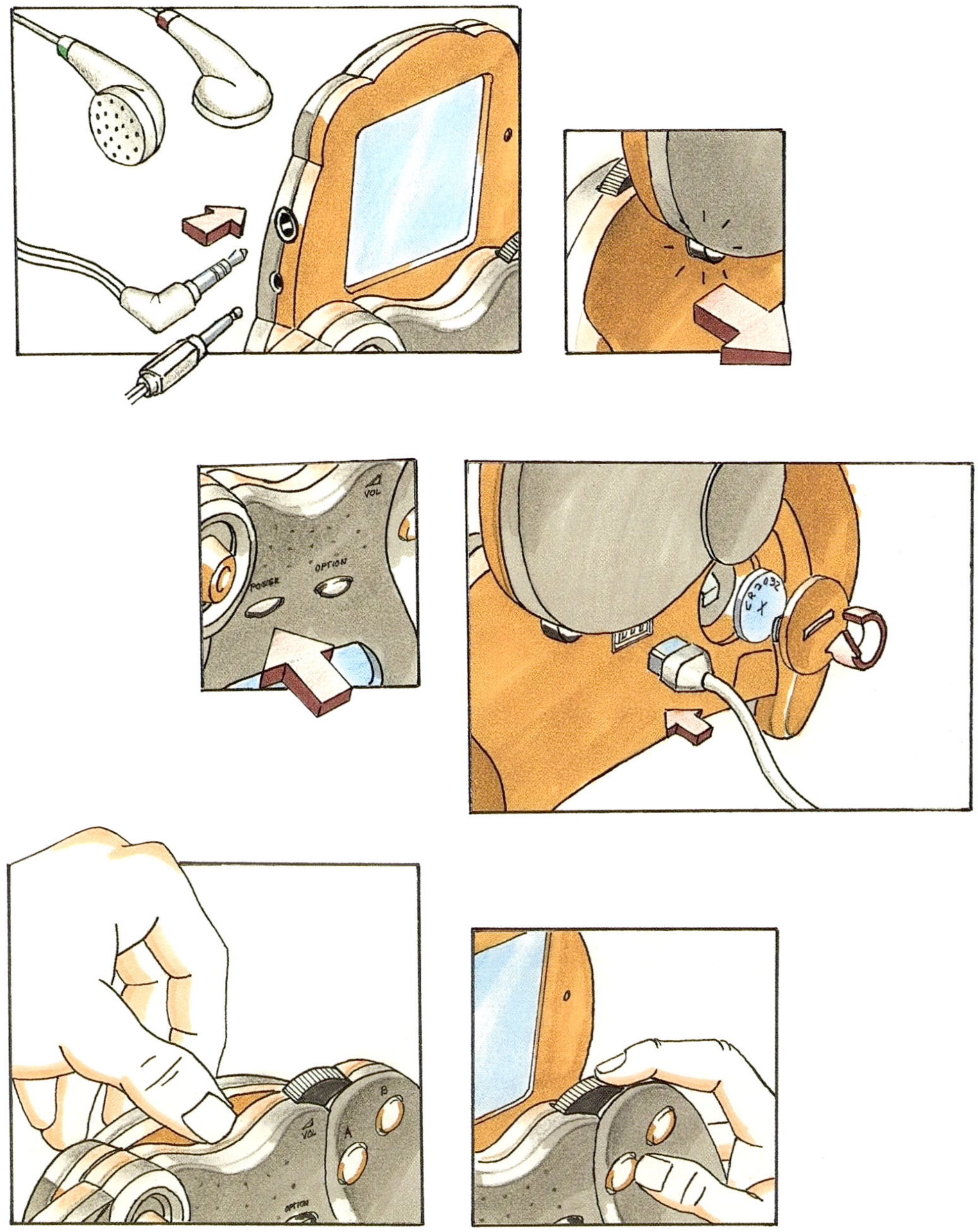

REPRÉSENTATION DU CORPS HUMAIN

Comme nous l'avons analysé précédemment (voir page 138), il existe différentes manières de représenter le corps humain. Il est aussi possible de ne dessiner qu'une main, une jambe ou la tête. On évite en général d'ajouter trop de détails, car le corps ne doit pas prendre plus d'importance que l'objet présenté. Pour les différencier clairement, on peut d'ailleurs dessiner l'objet en couleur et le personnage dans un seul ton. Dans tous les cas, la représentation du corps est très utile pour donner du réalisme au dessin et pour permettre aux futurs utilisateurs de s'approprier l'objet.

Série de vignettes présentant la mise en service d'une console de jeux. Pour mieux expliquer les interactions avec ce produit, le concepteur-designer a intégré des flèches et représenté une main.

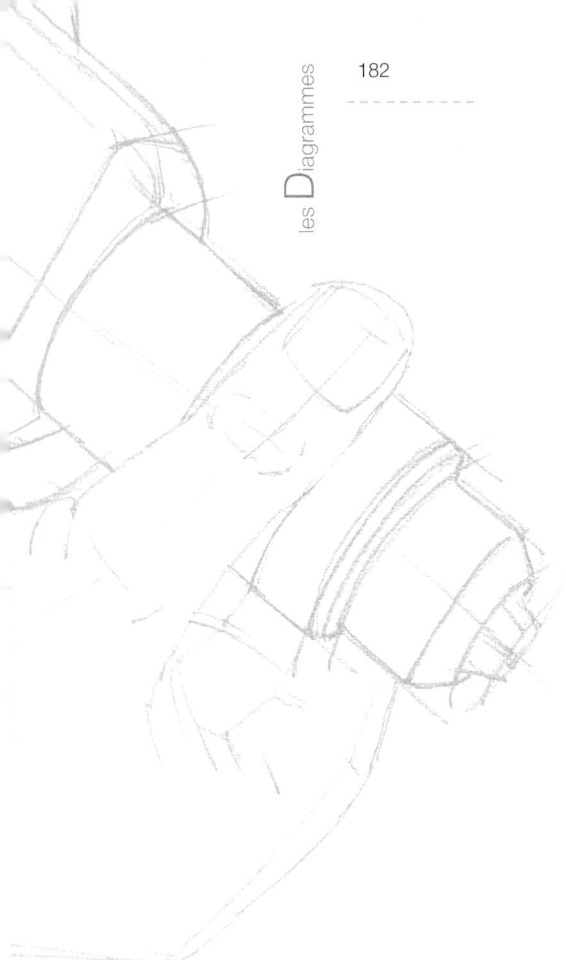

SÉQUENCE D'UTILISATION

Pour montrer une séquence d'utilisation d'un produit, c'est-à-dire les différentes phases de l'interaction entre l'utilisateur et le produit, on recourt à une représentation narrative. Dans le cas d'une perceuse, par exemple, on montre l'ouverture du mandrin, la fixation du foret, et, pour terminer, le perçage d'un trou. Il serait également possible d'illustrer les différents modes d'utilisation de la perceuse au travers d'une série de positions de travail. Certains concepteurs-designers se servent de vignettes, comme dans une bande dessinée. On peut aussi utiliser des légendes expliquant l'action qui se déroule, et éventuellement le temps qu'elle prend. La représentation peut être plus ou moins réaliste, mais souvenez-vous que c'est toujours votre projet qui doit ressortir du dessin.

Trois dessins expliquant comment insérer un foret dans une perceuse. L'important ici est d'indiquer la position des mains.

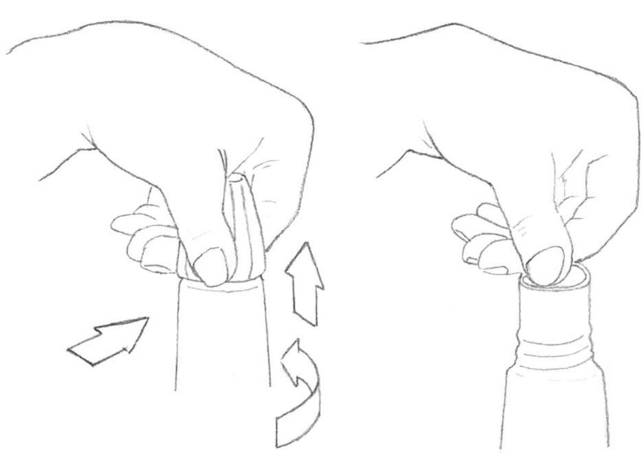

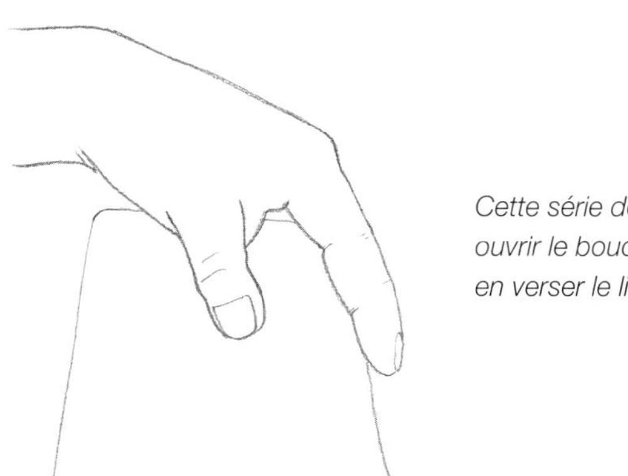

Cette série de dessins montre comment ouvrir le bouchon de ce récipient et en verser le liquide.

STYLE DE REPRÉSENTATION HUMAINE

Le concepteur designer peut s'orienter vers une représentation schématique du corps humain (voir page 136), ou vers une représentation plus figurative. Les mannequins dessinés ci-contre, par exemple, sont inspirés de ceux utilisés dans la conception de voitures. Ces derniers sont en général réalisés à taille réelle, alors que nous dessinons à échelle réduite.
L'utilisation des ordinateurs a permis d'importants progrès dans ce domaine. Les logiciels de DAO sont de plus en plus complets, et certains gèrent les représentations humaines : le concepteur-designer n'a qu'à régler un certain nombre de paramètres pour obtenir le résultat voulu. Il est ensuite possible d'imprimer ces résultats, et de s'en servir comme base de travail pour ses esquisses.

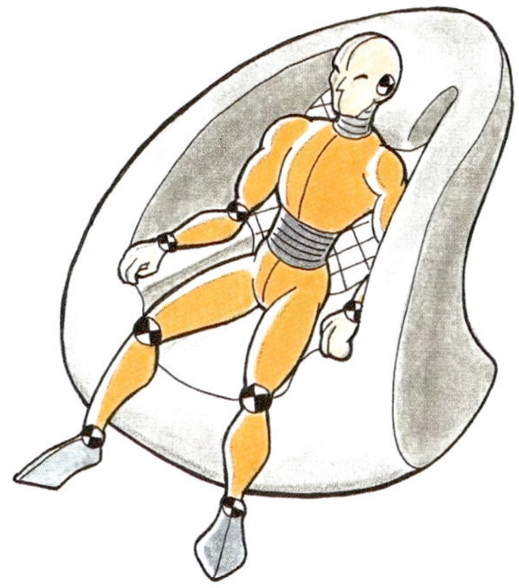

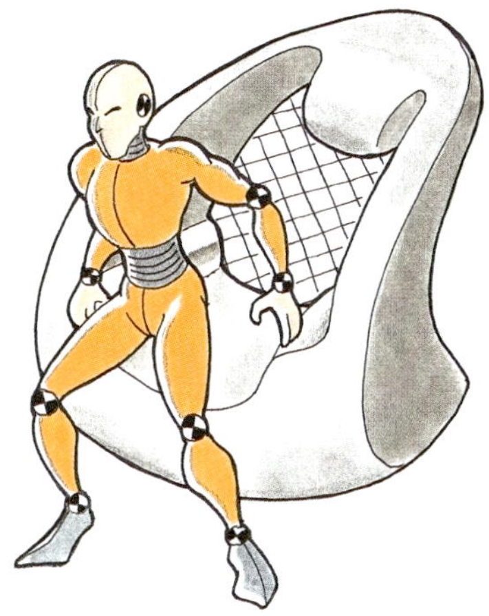

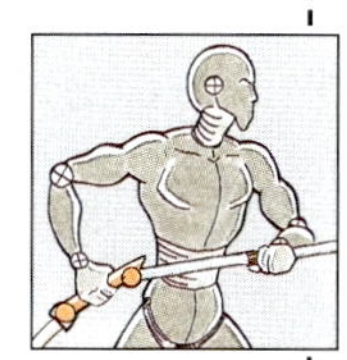

La représentation du corps humain peut être très réaliste ou se résumer à une silhouette, divers degrés intermédiaires de détails étant envisageables.

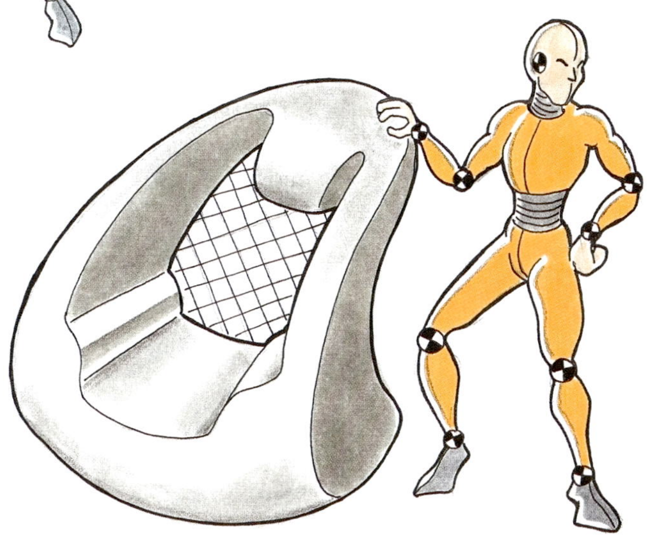

Le concepteur-designer s'est servi d'un personnage futuriste pour souligner l'originalité de son sofa.

Pour cette séquence d'utilisation d'un casque de moto, on a donné un visage très réaliste au personnage.

Également appelés diagrammes cinématiques, les diagrammes de flux sont utilisés pour indiquer la trajectoire d'un élément. Ils peuvent, par exemple, décrire le parcours de l'essence à l'intérieur d'un moteur, ou celui de l'eau dans une cafetière.

les Diagrammes de flux

Normalement, on dessine ces diagrammes de façon schématique, même si une représentation réaliste peut parfois être envisagée. Les flux sont indiqués sous forme de flèches. Vous pouvez utiliser les différentes techniques de dessin monochromatique ou en couleur décrites dans les chapitres précédents.

Radiateur électrique dessiné au trait, en une seule couleur.

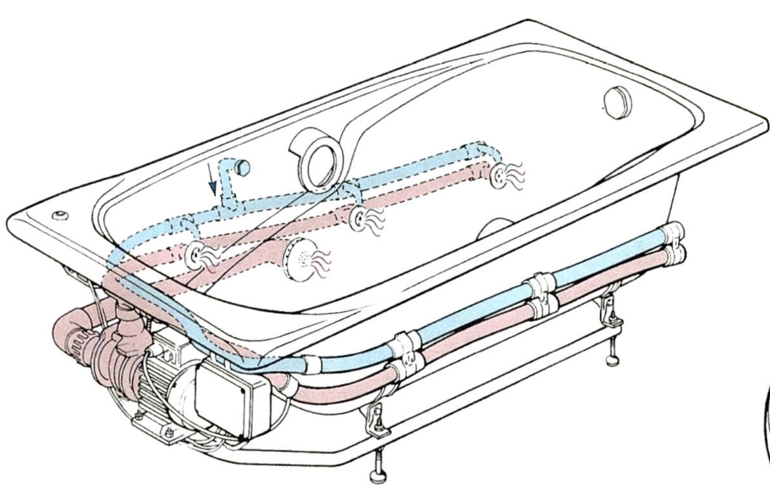

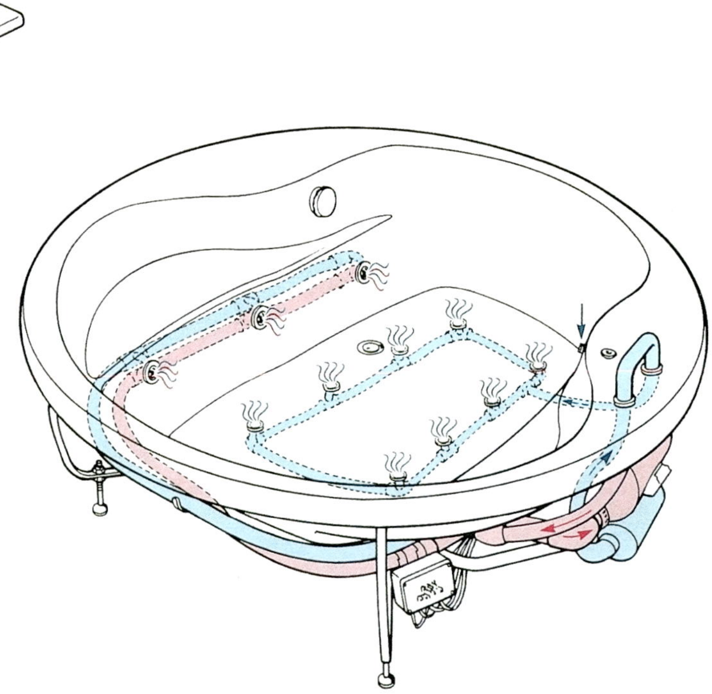

Schéma de fonctionnement d'une baignoire hydromassante. Les circuits d'air et d'eau sont représentés avec des couleurs différentes.

Il convient de laisser au second plan la représentation du produit. À cette fin, vous pouvez utiliser une technique monochromatique et dessiner avec plus de détails les différents parcours qui vous intéressent. Les flèches indiquant les flux sont souvent mises en valeur par des couleurs.
Des textes peuvent également accompagner les diagrammes. Ils doivent être parfaitement lisibles et placés le plus près possible de la zone commentée. On peut éventuellement ajouter des filets. Une autre solution consiste à donner un numéro à chaque zone commentée : les chiffres seront suffisamment gros pour être lisibles, sans gêner pour autant la compréhension du diagramme. Ensuite, sur une feuille à part, on les place par ordre croissant et on rédige un commentaire pour chacun d'eux.

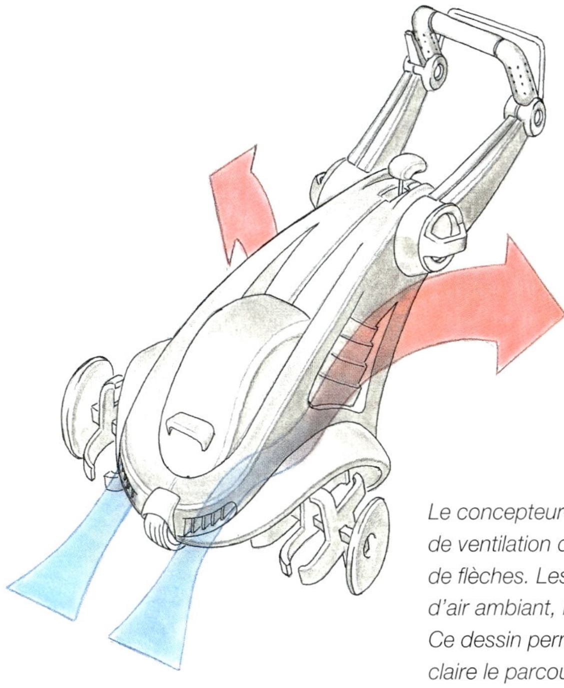

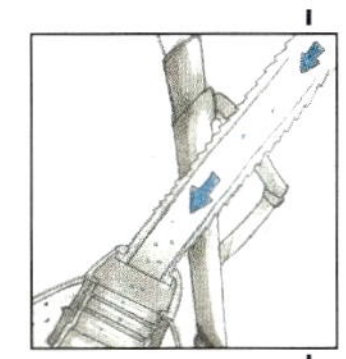

L'utilisation de flèches et de couleurs permet de faire comprendre de façon immédiate le parcours de l'air.

Le concepteur-designer a représenté le système de ventilation de ce motoculteur au travers de flèches. Les flèches bleues indiquent l'entrée d'air ambiant, les rouges la sortie d'air chaud. Ce dessin permet de visualiser de façon très claire le parcours de l'air à l'intérieur de l'appareil.

Ces trois dessins présentent les différents flux générés par un aspirateur. Le premier décrit l'entrée de la poussière dans le filtre et la sortie de l'air, les deux suivants indiquent les différents flux à l'intérieur de l'aspirateur. Comme souvent dans les représentations de diagrammes de flux, on a réalisé quelques coupes pour montrer l'architecture interne de l'appareil.

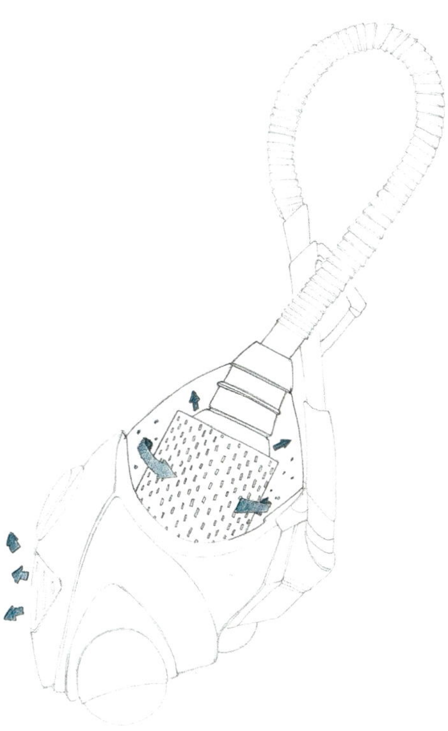

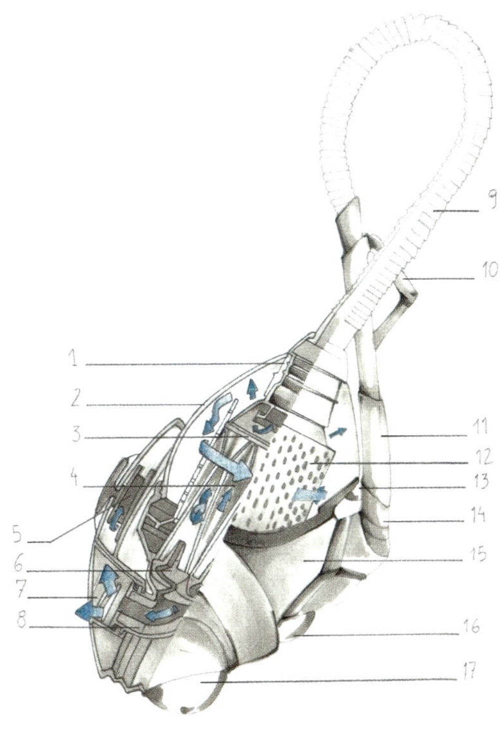

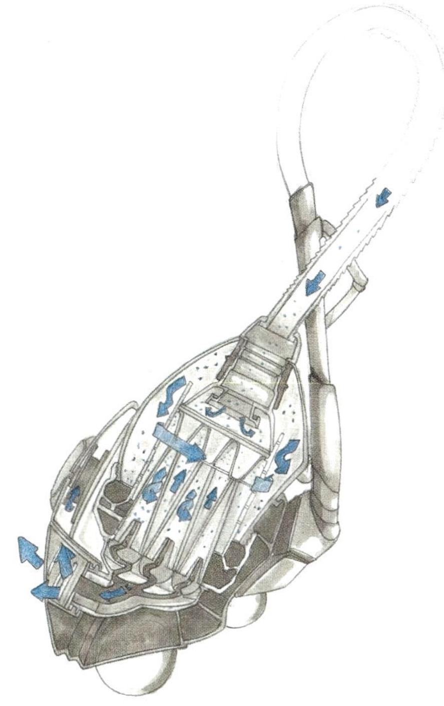

glossaire

Aérographe. Appareil à air comprimé servant à pulvériser de l'encre ou de la peinture.
Arête. Angle vif formé par la rencontre de deux faces d'un même objet. Par analogie, ligne d'intersection de deux plans.

Bidimensionnel. À deux dimensions ; qui n'a pas de volume.
Brillance. Reflet brillant. Dans un dessin, la brillance est représentée par un point ou une zone de luminosité maximale, correspondant à la valeur blanche extrême de l'échelle tonale.

Chromatique. Relatif à la couleur, qui est composé de couleur.
Contraste. Différence entre les intensités lumineuses minimale et maximale de deux plans.
Cotation. Mise en place des cotes.
Cote. Sur un dessin, chacun des nombres qui indiquent les dimensions réelles d'un élément.
Coupe ou **section.** Représentation graphique de la structure intérieure d'une pièce ou d'un objet selon un plan qui la traverse verticalement ou horizontalement (le plan de coupe).
Croquis. Dessin technique rapide réalisé à main levée. Les croquis sont souvent utilisés pour représenter plusieurs vues d'un même objet, ce qui permet d'en montrer la forme d'ensemble et les caractéristiques techniques.

DAO. Dessin Assisté par Ordinateur.
Dégradé. Aspect produit par la diminution progressive de l'intensité d'une lumière (chromatique ou achromatique).
Dessin à main levée. Dessin réalisé à la main, sans le secours d'un instrument.
Dessin au trait. Dessin sans ombres ni modelés, constitué seulement de lignes.
Dessin de communication. Représentation graphique devant permettre au concepteur-designer de présenter son projet au client ou à des collègues.
Dessin de conception. Représentation graphique devant permettre au concepteur-designer d'élaborer son projet.
Dessin technique. Représentation graphique fournissant, à une échelle adéquate, les indications nécessaires pour la mise en fabrication.

Échelle. Rapport de dimensions entre la représentation graphique d'un objet et ses dimensions réelles. Un dessin « à l'échelle » représente l'objet à sa taille réelle.
Équidistant. Qui est à égale distance de points, lignes ou plans déterminés ; série de points, lignes ou plans situés à égale distance d'un point, d'une ligne ou d'un plan déterminé.
Ergonomie. Étude de l'adaptation de l'homme à ses outils de travail et, par extension, à l'ensemble de son environnement.
Esquisse. Croquis rapide réalisé à main levée, qui sert de base de travail pour la réalisation de dessins plus élaborés.
Estompe. Petit rouleau de peau ou de papier cotonneux terminé en pointe, servant à adoucir ou à ombrer un dessin. Par extension, technique d'utilisation de cet outil.

Feutre. Matériau composé d'une étoffe non tissée obtenue en pressant de la laine ou des poils. Par extension, crayon dont la pointe est faite de ce matériau.
Fixatif. Produit vaporisé sur des dessins

au graphite ou au pastel afin de les fixer sur le support et d'éviter qu'ils soient altérés par la lumière ou le frottement.

Génératrice. Droite dont le déplacement permet de définir une surface réglée ; courbe dont la rotation autour d'un axe engendre une surface de révolution.
Glacis. Film translucide obtenu à l'aide d'une préparation peu chargée en pigments.
Gouache. Peinture à l'eau mélangée à des colles ou des résines qui la rendent pâteuse et opaque.
Gradation. Progression d'un ton à un autre sur une zone donnée.

Lavis. Procédé consistant à diluer l'encre ou la peinture avec de l'eau afin de créer des variations tonales.

Maquette. Modèle en trois dimensions d'un projet, à échelle réduite ou à taille réelle. Les détails sont en général reproduits de façon approximative.
Méridienne. Intersection entre une surface de révolution et un plan délimité par l'axe de cette surface.
Modeler. Donner une forme.
Monochrome. Qui est d'une seule couleur (mais cette couleur peut être déclinée en une infinité de nuances).

Nuances. Différents degrés d'une même couleur.

Opaque. Qui ne laisse pas passer la lumière.

Papier layout. Papier très peu absorbant utilisé pour le travail au feutre.
Perspective. Technique de la représentation, sur une surface plane, de la troisième dimension des objets, tels qu'ils apparaissent vus d'une certaine distance selon un point d'observation donné.
Perspective axonométrique. Perspective dans laquelle les projections sont orthogonales ou obliques par rapport au plan du dessin. Le parallélisme des droites et le rapport de proportions y sont conservés, d'où son utilisation courante dans le dessin de design industriel.
Perspective cavalière. Type de perspective axonométrique oblique établie à partir d'une vue en élévation ou d'une coupe, selon un angle de projection généralement compris entre 30 et 60°.
Perspective conique. Perspective la plus proche de la perception visuelle, dans laquelle les projections convergent vers un, deux ou trois points de fuite. Dans la perspective conique à un point de fuite, la vue est frontale.
Perspective isométrique. Perspective axonométrique orthogonale la plus utilisée, dans laquelle les angles sont souvent projetés à 120°.
Pigment. Substance colorante d'origine minérale, organique ou métallique, généralement insoluble.
Plan de projection. Plan sur lequel se projettent les vues de l'objet.
Point de fuite. Dans une représentation en perspective conique, point situé sur la ligne l'horizon vers lequel convergent toutes les lignes parallèles horizontales (sauf celles qui coïncident avec le plan de projection dans une perspective conique frontale).
Point de vue ou **point d'observation.** Place fictive ou réelle occupée par le dessinateur, qui détermine l'angle de vision de l'objet représenté.
Profil. Contour de la section ou de la coupe d'un élément.
Projection orthogonale ou **orthographique.** Représentation en plan, en élévation ou en coupe de l'objet, obtenue par projection perpendiculaire des différentes faces de l'objet.

Reflet. Image formée par la réflexion de la lumière sur une surface.

Satiné. Qui a un aspect intermédiaire entre la matité et le brillant.
Saturer. Imprégner un corps d'un fluide (par exemple, l'encre d'un feutre) au point qu'il ne puisse plus en absorber davantage.
Section. Voir coupe.

Texture. État de surface.
Ton. Degré d'intensité d'une couleur.
Tracé. Exécution des lignes d'un dessin ; contours d'un dessin au trait.
Trame. Ensemble de lignes ou de points organisés selon une structure répétitive, servant à représenter des ombres, des textures, des valeurs de tons...
Transitions tonales. Passages de certains tons à d'autres d'une façon continue ou régulière.
Tridimensionnel. À trois dimensions (hauteur, largeur et longueur).

Vue de détail. Représentation graphique illustrant un élément d'un ensemble complexe, présentée sur un dessin distinct ou dans un encadré et réalisée à grande échelle.
Vue éclatée. Représentation graphique qui permet de montrer la structure interne d'un objet en séparant les éléments qui la constituent et en les dessinant en perspective.

bibliographie

ARNHEIM Rudolf. *Art and visual perception*. University of California press, Berkeley, Los Angeles, 1965.

ASSOCIATION FRANÇAISE DE NORMALISATION. *Dessins techniques*. Afnor, Saint-Denis-La Plaine, 1998.

AUBERT Jean. *Axométrie : théorie, art et pratique des perspectives parallèles : axonométrie orthogonale, axonométrie oblique, perspectives cavalières et militaires, complétés d'une brève histoire orientée de l'axonométrie*. Éd. de la Villette, Paris, 1996.

BARLIER Claude & BOURGEOIS René. *Mémotech plus conception et dessin*. Casteilla, Saint-Quentin-en-Yvelines, 2003.

BECKERS Pierre. *Communication graphique*. Éd. de l'Université de Liège, Liège, 2003.

BLEUX Jean-Michel & BOUDERLIQUE Fabrice. *Dessin industriel*. Nathan, Paris, 1996.

BONBON Bernard S. *La perspective scientifique et artistique*. Eyrolles, Paris, 1990.

CALVAT Gérard. *Perspectives coniques et axonométriques : pas à pas*. Eyrolles, Paris, 2000.

CHELSEA David. *La perspective en BD*. Eyrolles, Paris, 2006.

CHEVALIER André. *Guide du dessinateur industriel : pour maîtriser la communication écrite*. Hachette éducation, Paris, 2001.

CHEVALIER André. *Guide pratique du dessin technique*. Hachette éducation, Paris, 2001.

GEORGE Y. & HIGELE P. *Ateliers de dessin technique : préalables pour comprendre le dessin technique*. Dunod, Paris, 1990.

HAZARD Claude. *Mémotech dessin industriel*. Éducalivre, Montigny-le-Bretonneux, 1998.

LOCQUET Jean-Jacques & PERROT Norbert. *Perspectives cavalières et axonométriques*. Tec et Doc, Paris, 1988.

PARRENS Louis. *Traité de perspective d'aspect : tracé des ombres*. Eyrolles, Paris, 1991.

RICORDEAU André & GHERARDI Janine. *Premières notions de dessin technique*. Casteilla, Saint-Quentin-en-Yvelines, 1989.

RICORDEAU André, COMPAIGN-MEFRAY Pierre. *Exercices rapides de dessin industriel*. Casteilla, Saint-Quentin-en-Yvelines, 1999.

RICORDEAU André, CORBET Claude & HAZARD Claude. *Méthode active de dessin technique : lycées professionnels, lycées techniques, apprentissage, formation continue*. Casteilla, Saint-Quentin-en-Yvelines, 2003.

RICORDEAU André. *Code élémentaire du dessin technique*. Casteilla, Saint-Quentin-en-Yvelines, 1991.

Ouvrages généraux sur le design industriel

ALESSI Alberto. *Alessi, l'usine à rêves*. Köneman, Cologne, 1999.

BARSAC Jacques. *Charlotte Perriand*. Norma, Paris, 2005.

COLLECTIF. *Christophe Pillet : designer*. Pyramyd, Paris, 2004.

COLLECTIF. *Cognition et création : explorations cognitives des processus de conception*. Mardaga, Sprimont, 2002.

COLLECTIF. *D-Day, le design aujourd'hui*. Éd. du Centre Pompidou, Paris, 2005.

COLLECTIF. *Jean-Marie Massaud : architecte, designer*. Pyramyd, Paris, 2003.

COLLECTIF. *La critique en design : contribution à une anthologie*. J. Chambon, Paris, 2003.

COLLECTIF. *Matali Crasset*. Pyramyd, Paris, 2004.

COLLECTIF. *Patrick Jouin : designer*. Pyramyd, Paris, 2004.

COLLECTIF. *Patrick Norguet : designer*. Pyramyd, Paris, 2005.

CORDIN Laura. *Raymond Loewy*. Flammarion, Paris, 2003.

DUBUISSON-QUELLIER Sophie & HENNION Antoine. *Le design, l'objet dans l'usage : la relation objet-usage-usager dans le travail de trois agences*. Presses de l'école des mines, Paris, 1996.

FIELL Charlotte & FIELL Peter. *25 + 1, design industriel : A-Z*. Taschen, Cologne, 2006.

GRENIER Jean, TOUCHARD Jean-Baptiste & SALOMON Jean-Jacques. *Design, techniques et matériaux*. Flammarion, Paris, 2006.

LEBAHAR Jean-Charles. *Le Design industriel : sémiologie de la séduction et code de la matière*. Parenthèses, Marseille, 1994.

LOEWY Raymond. *La Laideur se vend mal*. Gallimard, Paris, 1990.

MASI Marie. *Les métiers de la création et du design*. L'Étudiant, Paris, 2006.

PAGNEUX Dominique. *Philippe Charbonneaux : esthète et styliste*. ETAI, Boulogne-Billancourt, 2004.

QUARANTE Danielle. *Éléments de design industriel*. Polytechnica, Paris, 2001.

SPARKE Penny. *Un siècle de design automobile*. Flammarion, Paris, 2003.

TRETIACK Philippe. *Raymond Loewy*. Assouline, Paris, 1998.

VERCELLONI Matteo & BIANCHI Riccardo. *Le design : l'évolution des formes, des idées et des matières, de la révolution industrielle à nos jours*. Solar, Paris, 2005.

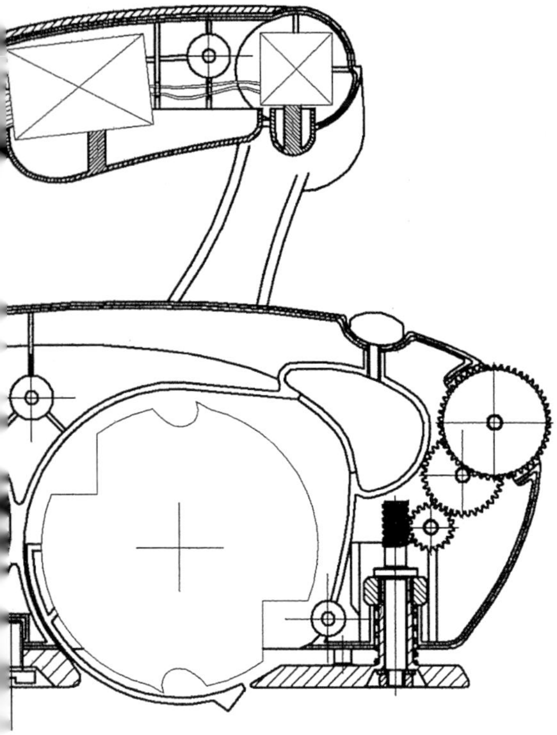
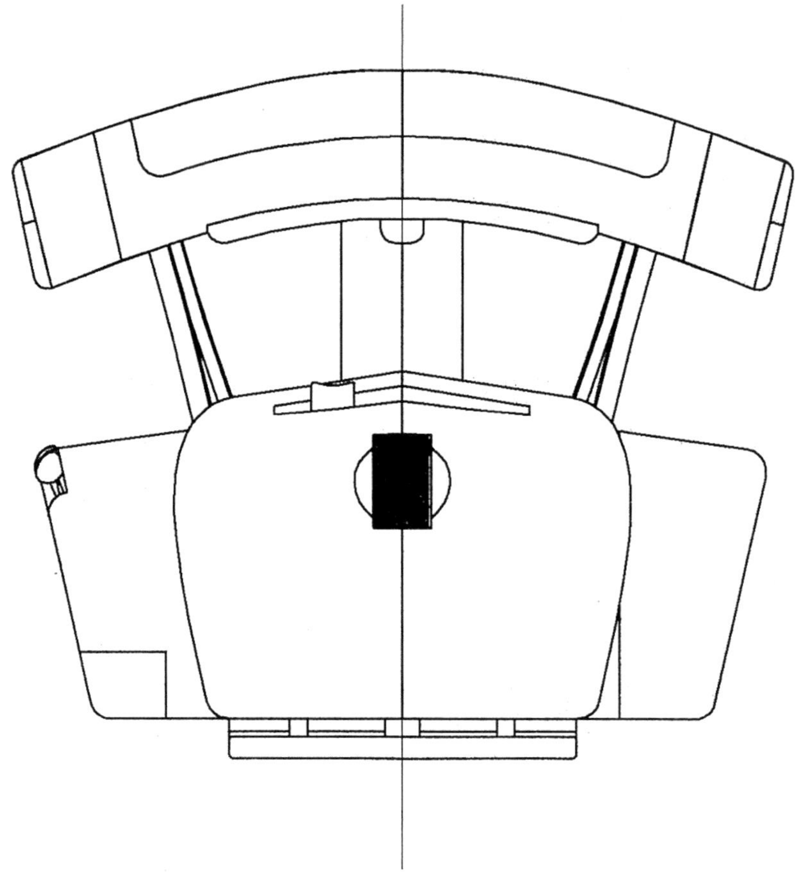
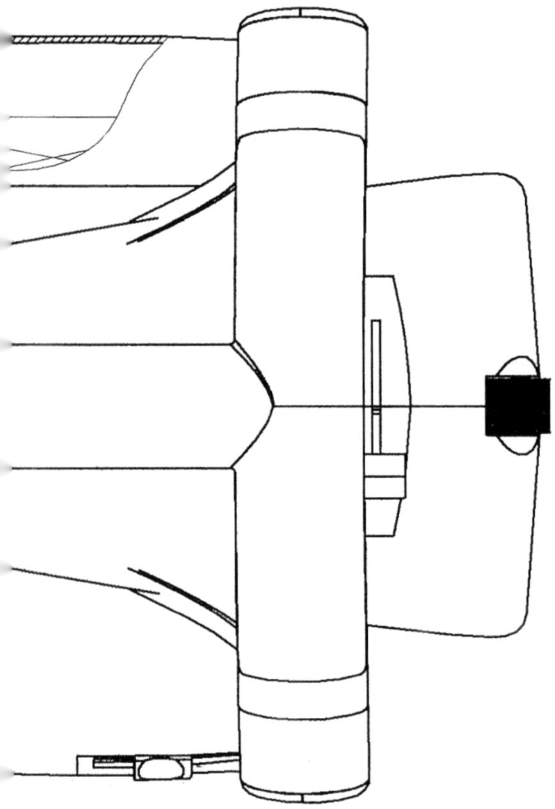
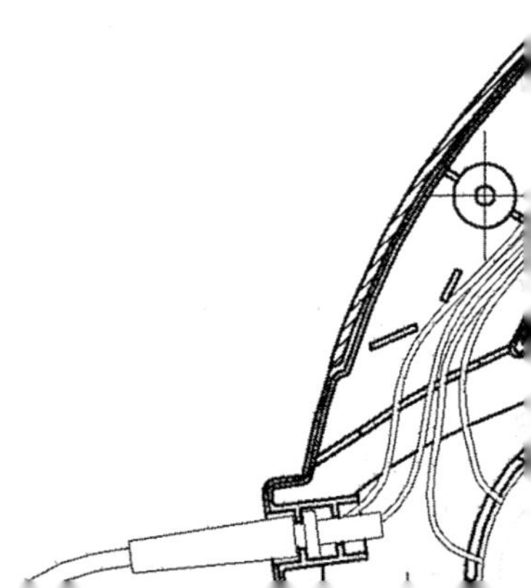

CRÉDITS ICONOGRAPHIQUES

Réalisation des dessins et exercices :

Fernando Julián
Jesús Albarracín
Francesc Carreras
Juan Manuel González
Aarón Julián
Lluís Matas
Bruno Peral
Claudi Ripol
Daniel Soler
Mario A. Suez
Nuria Triadó
Pablo Vilar

Photographies :

Nos & Soto

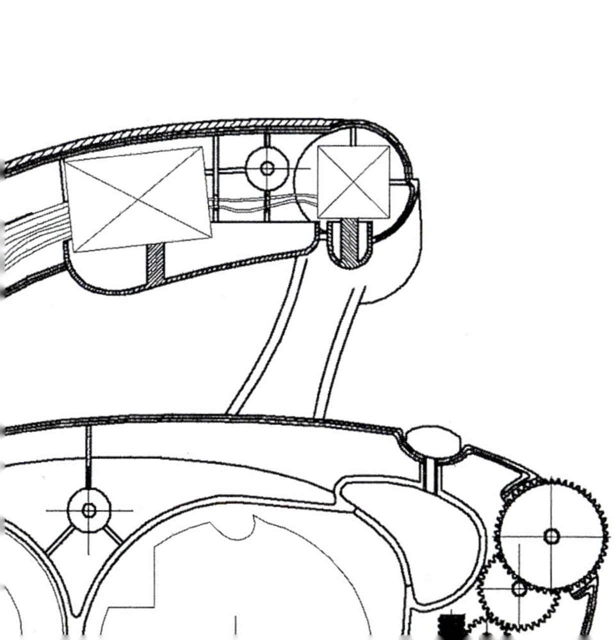

Remerciements

Les auteurs remercient :

- *les professionnels et les élèves en design industriel de l'université et de l'école Elisava de Barcelone pour leur appui et leur collaboration à ce projet ;*

- *Jordi Mila (EDDA DESIGN), Puig i Novell, Schmidt & Lakner Design, BCF Estudio, Cactus y Mormedi, qui nous ont aidés à illustrer ce livre avec leurs dessins ;*

- *Jaume Nos, Joan Soto et Sergi Oriola, qui nous ont fourni de nombreuses photos ;*

- *Josep et Lourdes de Estudi Guasch, pour leur professionnalisme dans le travail de mise en pages et pour leur capacité d'écoute ;*

- *Parramón, pour avoir accepté de consacrer un livre au travail du concepteur-designer et au dessin à main levée. Nous remercions spécialement Maria Fernanda Canal pour sa disponibilité totale, sa rigueur et sa patience, qui ont considérablement facilité notre travail.*

Achevé d'imprimer en Espagne
Dépôt légal : février 2006
N° d'éditeur : 7362